"十四五"职业教育国家规划教材·修订版

体育与健康
（第2版）

主　编　赫忠慧　　张　凯
副主编　王　琦　　胡德刚　　梁凤波　　李　影　　田治国
参　编　韩立娟　　李贵森　　陈永发　　杜晓红　　花　琳
　　　　车　磊　　邢衍安　　郭美娟　　勇　刚　　邹爱华
　　　　张晓鸿　　肖美财

北京理工大学出版社
BEIJING INSTITUTE OF TECHNOLOGY PRESS

版权专有　侵权必究

图书在版编目（CIP）数据

体育与健康 / 赫忠慧，张凯主编 . -- 2 版 . -- 北京：北京理工大学出版社，2024.4
ISBN 978 - 7 - 5763 - 3847 - 8

Ⅰ. ①体… Ⅱ. ①赫… ②张… Ⅲ. ①体育-高等职业教育-教材②健康教育-高等职业教育-教材 Ⅳ. ①G807.4

中国国家版本馆 CIP 数据核字（2024）第 081469 号

责任编辑：李慧智　　　**文案编辑**：李慧智
责任校对：周瑞红　　　**责任印制**：施胜娟

出版发行 /	北京理工大学出版社有限责任公司
社　　址 /	北京市丰台区四合庄路 6 号
邮　　编 /	100070
电　　话 /	（010）68914026（教材售后服务热线）
	（010）68944437（课件资源服务热线）
网　　址 /	http：//www.bitpress.com.cn
版 印 次 /	2024 年 4 月第 2 版第 1 次印刷
印　　刷 /	河北盛世彩捷印刷有限公司
开　　本 /	787 mm×1092 mm　1/16
印　　张 /	20.75
字　　数 /	450 千字
定　　价 /	49.80 元

图书出现印装质量问题，请拨打售后服务热线，负责调换

体育是人生最好的学校

——写给《体育与健康（第2版）》教材的读者们（代前言）

  高职高专体育课程是高等教育的重要组成部分，担负着增强学生体质、促进学生身心全面发展的重任。根据中共中央、国务院《关于进一步加强和改进新时期体育工作的意见》和教育部《全国普通高等学校体育课程教学指导纲要》的精神，为了加强高职高专体育课程建设，提高教学质量，充分拓展体育教学的功能，促进学生健康发展，使当代大学生成为德、智、体、美、劳全面发展的社会主义事业建设者和接班人，在广泛参考优秀教材的基础上，编写了这本集理论与实践于一体的高等职业教育公共基础课创新示范教材——《体育与健康（第2版）》。

  党的二十大报告更加明确提出，要"推进健康中国建设，重视心理健康和精神卫生"，培养"有理想、敢担当、能吃苦、肯奋斗的新时代好青年"。新时代十年来，我国体育事业取得长足发展。2016年，"健康中国"国家战略的提出，从国家层面上确定并提出了"健康中国2030"的规划和指导纲要，确定了"塑造自主自律的健康行为，提高全民身体素质"的发展方向；2019年，"体育强国"战略的提出，进一步明确持续提高全民族身体素养和健康水平的发展目标。近年来，我国全民健身更是持续推进，体育产业稳步提质增效，我国青少年体育不断加强，体教融合深入推进。2022年，中央办公厅、国务院办公厅印发《关于构建更高水平的全民健身公共服务体系的意见》，实施全民健身设施补短板工程，不断推动公共体育场馆免费或低收费开放。同年，《关于体育助力稳经济促消费激活力工作方案》《户外运动产业发展规划（2022—2025年）》印发。全面修订后的《中华人民共和国体育法》已于2023年1月1日起正式施行。

  体育锻炼绝不仅仅靠"四肢发达"就可以达到理想效果。近年来融合音乐、舞蹈、武术、旅游、历史、文化等多领域的视角，显著提升了人们对体育的兴趣，丰富了人们对体育健康的切身感受，也使得体育健康所承载的文化越发丰富。随着时代的发展与进步，体育在人的生活中扮演着越来越重要的角色，本教材的编写理念是希望能够通过体育的教育，让学生拥有较为完整的人生体验，通过体育，可以学习知识、学习探究、学习社交、学习卓越、学习创新与决策、学习自主并不断发展，它是人生最好的学校。

高职高专的学生需要了解更为新颖的体育知识和运动技能，因为这些专业人才步入社会的时候，将会对社会产生积极、有力和具有引领作用的影响。给予他们正确的理论知识的引领以及专业化的运动技能教育，对提升全民体育和全民体育健康意识，具有不可估量的作用和重大意义。

本书共包含 12 个模块，前 3 部分结合当代体育与健康行为、运动与卫生保健、营养膳食等知识讲授，结合奥林匹克文化和 2022 北京冬季奥运会，以发展体能为切入点，侧重职业体能的训练和发展，并在球类运动、田径运动、体操运动、游泳运动、冰雪类运动、武术与民族传统体育、新兴体育运动等方面开展运动技能传授。

本书的特点是贴近高职高专学生的职业方向，针对学生毕业后所从事的职业特点，以案例加以引导，普及运动与健康的知识、技术和技能；结尾列举出成功的体育教育的典型案例，并设置了"探索与思考"板块等内容，形式新颖。

我们深知，编写一本完全贴合时代需要的教材是艰难的，不可能一蹴而就，有些尝试还要通过具体的实践来检验和修正，需要学术界的理解和更为广泛的社会共识。因此，本教材的编写是抛砖引玉式的尝试，是作者团队集体智慧的体现。我们期待着教师和学生能用开放、积极和质疑的态度来审视并反馈更多更好的意见和建议，也希望使用者和同行给予我们更多的帮助、理解和支持。

主　编

2023 年 7 月

目 录

- 学习导论　上好高等职业教育体育与健康课程的意义 / 1

- 模块一　体育运动与人的健康 / 3
    - 单元 1.1　健康及影响健康的因素 / 4
    - 单元 1.2　体育运动与健康 / 10

- 模块二　合理营养与专项营养补给 / 22
    - 单元 2.1　体育锻炼与合理营养 / 23
    - 单元 2.2　专项运动与营养补给 / 29

- 模块三　体育运动与卫生保健 / 34
    - 单元 3.1　常见运动损伤的预防与处理 / 35
    - 单元 3.2　常见职业性疾病的运动干预 / 47

- 模块四　体能训练与发展 / 59
    - 单元 4.1　健康体能发展的基本原理 / 60
    - 单元 4.2　体能锻炼计划的制订与实施 / 69
    - 单元 4.3　发展职业体能的实用技术 / 76

- 模块五　体育运动与奥林匹克教育 / 85
    - 单元 5.1　奥林匹克运动起源与发展 / 86
    - 单元 5.2　奥林匹克文化 / 94

模块六 球类运动 / 104

单元 6.1 篮球 / 105

单元 6.2 足球 / 130

单元 6.3 羽毛球 / 145

单元 6.4 乒乓球 / 160

模块七 田径运动 / 170

单元 7.1 走与跑 / 171

单元 7.2 跳跃 / 180

单元 7.2 投掷 / 189

模块八 操类运动 / 196

单元 8.1 基本体操 / 197

单元 8.2 健美操 / 210

模块九 游泳运动 / 222

单元 9.1 蛙泳 / 223

单元 9.2 自由泳 / 228

模块十 冰雪运动 / 233

单元 10.1 滑冰运动 / 234

单元 10.2 滑雪运动 / 243

模块十一 武术与民族传统体育 / 254

单元 11.1 太极拳 / 255

单元 11.2 毽球 / 286

模块十二 新兴体育运动 / 295

单元 12.1 轮滑 / 296

单元 12.2 拓展训练 / 301

参考资料 / 322

后　　记 / 324

学习导论　上好高等职业教育体育与健康课程的意义

一、高等职业教育学生身心发展特点与体育与健康课学习

体育与健康课是实现立德树人目标的重要载体，对于促进学生综合素质和核心素养的发展有着重要的意义。你知道体育与健康课对促进高职学生的身心发展都有哪些作用吗？

高职学生的身体形态和机能已经基本成熟，生长发育基本完成，表现为身体更加强壮，力量素质有了进一步发展，体能和运动能力接近成人水平。在这一时期，如果身体得到充分的锻炼，不仅能有效地发展体能和运动能力，还能为中年甚至老年的健康奠定坚实的基础。

高职学生的脑和神经系统发育也基本完成，思维能力和智力水平已经是成人水平，自主、自立意识已经形成，对自然界和社会有了比较全面的看法；但有时会出现急于求成、对困难和挫折认识不足、情绪波动、灰心丧气等情况。

高职学生的社会性需要也在迅速发展，表现为产生了结交朋友、参加社团活动的强烈愿望，并对自己今后的志向有了初步的思考和规划，对理想和信念有了更深入的探索和追求。

认真上好体育与健康课，积极参加体育锻炼和各种形式的体育竞赛活动，不仅能使大脑获得更充足的营养物质和氧气，消除神经紧张和脑疲劳，提高学习效率，还能够增强自尊自信，培养奋勇争先的进取意识，促进个性和思维的发展，提高团队合作的意识和沟通能力，养成不怕失败的坚强意志品质和乐观向上的人生态度，塑造坚定的理想信念和社会责任感，这将为同学们的成长奠定良好的基础。

二、体育与健康课时提高学科核心素养的主要途径

高职体育与健康课的学习是提高运动能力、培养良好健康行为习惯、发展体育品德的重要途径。你知道这三个方面学科核心素养的内涵和表现形式吗？

（一）运动能力

运动能力是体能、技战术能力和心理能力等在身体活动中的综合表现，是人类身体活动的基础。运动能力分为基本运动能力和专项运动能力。

（二）健康行为

健康行为是增进身心健康和积极适应外部环境的综合表现，是提高健康意识、改善健康状况并逐渐形成健康文明生活方式的关键。塑造自主自律的健康行为也是《"健康中国2030"规划纲要》的重要内容之一。

（三）体育品德

体育品德是指在体育运动中应当遵循的行为规范以及形成的价值追求和精神风貌，对维护社会规范、树立良好的社会风尚具有积极作用。

运动能力、健康行为和体育品德集中体现了体育与健康学科的独特价值和作用，同时这三个方面又是内在关联、相互影响的，每个方面有以下表现形式：

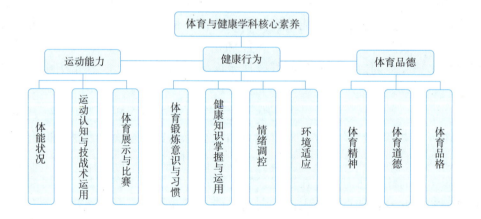

模块一　体育运动与人的健康

模块导读

健康是人的基本权利，也是满足人对美好生活向往的基本条件。

现代的生活方式对健康产生了很多影响。所谓现代生活方式，指的是人类社会进入工业文明以后所形成的、有别于以前社会形态的基本生活方式。它的特征是造成人与自然的疏离、物质与精神的失衡、生存竞争的激烈化。上述3个方面互相联系作用，不仅带来了一系列生态和社会问题，也对人类自身的健康构成了威胁和隐患，导致生活方式疾病的大量出现和存在，例如高热量、高蛋白、高脂肪的"三高"营养模式，"以车代步"等过度依赖现代工具减少体力活动，"四季如春"式的住宅条件，都使人付出了健康的代价。那么究竟何为健康？影响健康的因素都有哪些？运动在促进健康方面的作用是如何体现出来的？

单元1.1　健康及影响健康的因素

学习目标

1. 掌握健康的概念。
2. 了解健康的标准。
3. 了解"亚健康"的概念和表现。
4. 掌握健康的影响因素。

导入案例

忽视健康的"代价"

2017年，以优异成绩进入重点高中就读的君君，开学几个月来每晚熬夜学习，一天清晨被母亲发现她趴在写字台上，已经没了呼吸。诊断结果显示15岁的她是因熬夜导致心血管破裂大出血而离世的。

小林作为一名田径体育特长生，有着良好的身体素质。但最近正在准备体育单项考试的他一反常态，一直消化不良，晚上也辗转反侧难以入睡。他意识到自己太过焦虑，但也没找到解决的办法，感到深深的无力。

健康是人类生存发展的要素。以往，人们普遍认为"健康就是没有病的，有病就不是健康"。随着科学的发展和时代的变迁，现代健康观告诉我们，健康已不再仅仅是指四肢健全、无疾病或虚弱，除身体健康外，还需要精神上有一个良好的状态。人的精神、心理状态和行为对自己、他人和社会都有影响。更深层次的健康观还应包括人的心理、行为的正常和社会道德规范以及环境因素的完美。现代健康的含义是多元的、相当广泛的。同时，健康是人类永恒的主题和共同追求的目标。

一、健康的概念

（一）健康的定义

健康的定义是随着人类对客观世界认识的不断深化而改变的。过去，不少学者认为健康的定义是没有疾病，有疾病就是健康受损，在形式上形成了健康的循环定义。这种建立在疾病基础上的健康概念，只反映了健康的负向方面，被称为健康的消极定义。1948 年，世界卫生组织（WHO）在它的章程中给健康做了如下定义："健康不只是没有身体上的疾病和病态（虚弱现象），而且是一种在身体（生理）上、心理上、社会上完全安好的状态。"1989 年，世界卫生组织又深化了健康的概念，认为健康应包括躯体健康、心理健康、社会适应良好和道德良好，要求人们不仅以躯体状态来评判一个人的健康，还应从这四个方面综合评价。当这些成分处于平衡时，就达到健康的高水平状态。对这几个方面的健康可做如下解释：

（1）躯体健康：一般指人体的生理健康，即机体完整或功能完善。

（2）心理健康：有三个方面的标志，第一，人格的完整；第二，在所处的环境中，有充分的安全感，保持适度的焦虑，有较好的自控能力；第三，对未来有明确的目标，能切合实际地、不断地进取，有理想和事业的追求，对未来充满信心。

（3）社会适应良好：指个体的社会行为，能适应复杂的环境变化，能保持正常的人际关系，能受到别人的欢迎。

（4）道德良好：不以损害他人利益来满足自己的需要，有辨别真伪、善恶、美丑等是非观念，能按社会行为规范的准则约束、支配自己的行为，能为人民的幸福做贡献。

这就是现代关于健康的较为完整的科学概念。现代健康的含义是多元的、广泛的，包括生理、心理、社会适应性和道德 4 个方面，其中社会适应性归根结底取决于生理和心理的素质状况。心理健康是身体健康的精神支柱，身体健康又是心理健康的物质基础。良好的情绪状态可以使生理功能处于最佳状态，反之则会降低或破坏某种功能而引起疾病。身体状况的改变可能带来相应的心理问题，生理上的缺陷、疾病，特别是痼疾，往往会使人产生烦恼、焦躁、忧虑、抑郁等不良情绪，导致各种不正常的心理状态。作为身心统一体的人，身体和心理是紧密依存的两个方面。

（二）健康的标准

世界卫生组织提出的健康的 10 条标准如下：

（1）有足够充沛的精力，能从容不迫地应付日常生活和工作的压力而不感到过分紧张。

（2）处事乐观，态度积极，乐于承担责任，事无巨细不挑剔。

(3) 善于休息,睡眠良好。

(4) 应变能力强,能适应外界环境的各种变化。

(5) 能够抵抗一般性感冒和传染病。

(6) 体重得当,身材均匀,站立时,头、肩、臂位置协调。

(7) 眼睛明亮,反应敏锐,眼睑不易发炎。

(8) 牙齿清洁,无空洞,无痛感,齿龈颜色正常,无出血现象。

(9) 头发有光泽、无头屑。

(10) 肌肉、皮肤有弹性。其中前4条为心理健康的内容,后6条则为生物学方面的内容(生理、形态)。

(三)青年人的健康要点

(1) 吃得正确。在青春期保持饮食平衡和有规律,有助于使人现在健美将来健康。

(2) 喝得正确。干净的水和果汁是有利于健康的,不要饮酒,喝醉是不明智的。

(3) 不吸烟。如果想健美、有吸引力,请别吸烟。

(4) 适当放松。运动、音乐、艺术、阅读、与他人交流,可帮助你成为兴趣广泛的人。

(5) 积极自信。要积极自信和富有创造性,要珍惜青春。

(6) 知道自制。遇事能三思而后行,大多数的事故是可以避免的。

(7) 负责的性行为。了解自己的性行为并对此负责。

(8) 运动有好处。运动可以使人健美和感觉良好,参加运动的每个人都可以赢得健康。

(9) 散步。散步是一种轻缓的运动,而且能使人感到舒适。

(四)健康生活方式

2018年最新健康大数据显示,中国人的平均寿命为73.4岁,位居全球第83位。中国社科院《人才发展报告》指出70%中国人有过劳死危险,并且也出现疾病年轻化的情况:中国22%的中年人死于心脑血管疾病,白领中亚健康比例高达76%。慢性病患病率已达20%,死亡数占总死亡数的83%。过去10年,平均每年新增慢性病例接近2倍,心脏病和恶性肿瘤病例增加了近1倍。慢性病成为威胁中国人健康的致命因素。真正意义上的健康人比例不足3%。形成健康生活方式,从日常生活点滴做起迫在眉睫。

美国加州大学公共健康系莱斯特·布莱斯诺博士对约7 000名11~75岁的不同阶层、不同生活方式的男女居民进行了9年的研究。结果证实,人们的日常生活方式对身体健康的影响远远超过所有药物的影响。据此,他和他的合作者研究出一套简明的、有助于健康的生活方式。例如：每日保持 7~8 小时睡眠；有规律地吃早餐；少吃多餐；不吸烟；不饮或少量饮低度酒；控制体重；有规律地锻炼；等等。一般来说，年龄超过 55 岁的人如果能按照上述的 6~7 种习惯生活，将比仅仅遵循 3 种或更少的习惯生活的人长寿 7~10 年。

（五）亚健康

亚健康（sub-healthy）是一种临界状态，也称为第三健康状态、灰色健康、亚临床期等，是一种自感不爽、检查无病、介于疾病与健康之间的一种身心状态。亚健康是国际医学界在 20 世纪 80 年代提出的医学新思想，已被医学界称为"21 世纪人类健康的最大敌人"之一。

亚健康以主观感受为主，客观体征极少或没有，症状可单一出现，也可以交替或合并出现。亚健康在临床上的主要表现有疲劳、失眠、健忘、食欲缺乏、烦躁不安、抑郁或消极、焦虑不安、头晕、心悸气短、大小便异常、免疫功能下降等。据世界卫生组织一项全球性的调查，全世界真正健康的人仅占 5%，诊断有病的人也只占 20%，而 75% 的人处于亚健康状态。

根据上述标准，据推测，我国大约只有 15% 的人处于健康状态，另外 15% 的人处于疾病状态，而其余 70% 的人处于健康与疾病之间的某一状态，即亚健康状态。

亚健康是一个动态的状态，它不会停留在原有的状态中，或者向疾病状态转化，这是自发的；或者向健康状态转化，这是需要自觉的，就是需要付出代价和努力的。健身运动、消遣娱乐恰恰是治疗亚健康状态的一种最积极、最有效、最廉价的手段。

二、健康的影响因素

（一）遗传和心理因素

1. 遗传因素

后代形成和亲代相似的多种特征称为遗传特征。遗传不仅使后代在形态、体质以至性格、智力、功能等方面和亲代相似，而且还把亲代的许多隐性或显性的疾病传给了后代。某些遗传病不仅影响个体终身，而且是重大的社会问题。

2. 心理因素

消极的心理因素能引起许多疾病，如心血管病、高血压、肿瘤等。积极的心理状态是保持和增进健康的必要条件，是人们适应环境的良好表现。

（二）环境因素

1. 自然环境

大自然在为人类提供各种营养物质的同时，也在传播着对人体健康有害的物质，如广泛存在的有害微生物（细菌、病毒）、空气中的污染物、溶于水中的有害物质等。另外，气候的突然变化（如酷暑、严寒、气压、空气湿度异常等）也会影响人体健康。

2. 社会环境

社会是人类生存和发展的最基本、最重要的环境。一方面人们享受着社会生产的成果（例如科技的进步、工业的发展，使人们有了丰富的物质文明），另一方面社会生产的发展（例如现代工业发展的同时带来了废水、废气、废渣、噪声等）也会对人体健康造成危害。

（三）生活方式因素

生活方式指的是人们长期受一定的民族文化、社会经济、风俗，特别是家庭影响而形成的一系列的生活习惯。不良的行为和生活方式是影响人类健康的主要原因。

（四）卫生保健设施因素

保健是包括对疾病患者进行治疗在内的康复训练、普查疾病、促进健康、预防疾病、预防伤残以及健康教育等一系列活动的总和。健全的社会保健制度是维护和促进健康的重要保障。社会保健制度涉及多个方面，而其中最重要的是建立和健全初级卫生保健制度。初级卫生保健是最基本的卫生保健制度，它的特点是能针对本区域人群中存在的主要卫生问题，相应地提供增进健康、预防疾病、治疗伤病以及促进身心健康等方面的卫生服务。

（五）体育锻炼因素

人体在适宜的运动过程中，机体将产生一系列适应性的良性变化，从而达到健身防病的目的。然而，运动量过大，则可能导致伤害；运动量过小，又达不到刺激体内各组织器官，从而提高生理功能的目的。因此，体育锻炼要想获得健身效果，必须注意其科学性。

纳入人才招聘标准的"心理测评"

以往招聘流程中都会有体检项目，如今越来越多的企事业单位将心理测评加入体检项目之中，以便找到身心健康、社会适应能力良好的合适人选。常见的测试问卷有症状自评量表SCL90、艾森克人格问卷（Eysenck Personality Questionnaire，EPQ）、卡特尔16种人格因素问卷等。

探索与思考

1. 尝试使用遗传和环境因素分析自己的健康状况。
2. 参考健康的标准进行自我检查，根据结果调整生活作息。

单元1.2 体育运动与健康

学习目标

1. 掌握体育运动对身体健康的益处。
2. 掌握体育运动对心理健康的益处。
3. 掌握体育运动对社会适应能力的益处。

导入案例

体育运动的益处

小明是个很少参与体育运动的学生。他认为学生只要关注学习就好，其他时间花在运动上还不如好好休息放松。他认为体育课的存在就是为了让老师们多出来时间安排补课，运动会的存在只是一种"形式"和表面功夫。但他渐渐发现，身边那些经常参加运动的同学总是精力很充沛，学习成绩也没有因为参与运动受到影响，反倒在运动中结交到很多朋友。感到孤单和困惑的小明陷入深思：之前的想法是不是有偏差？我是不是应该试着开始锻炼呢？

一、体育运动对身体健康的益处

（一）体育运动对呼吸系统的益处

人体在进行体育锻炼时，肌肉要消耗大量的养料和氧气，同时产生比平时多的二氧化碳，这就需要呼吸系统加强工作，吸进新鲜氧气，排出二氧化碳以满足身体的需要。肺部的呼吸运动，实现了肺与外界环境的气体交换及肺泡与肺毛细血管血液的气体交换，前者称为肺通气，后者称为肺换气。肺活量是指尽最大可能深吸气后再尽最大可能呼气所呼出气体的量，是衡量肺通气功能的指标。健康成年男子肺

活量值一般为 3 500～4 000 毫升，平均 3 500 毫升，女性一般为 2 500～3 500 毫升，平均 2 500 毫升。体育锻炼能够大大增强人体的肺功能。一般人体在安静状态下，每分钟呼吸 12～16 次，每次吸入新鲜空气 500 毫升，每分钟通气量为 6～8 升。而人体在进行运动时，由于肌肉活动需要更多的氧气，因而呼吸次数增加，每分钟可达 40～50 次；呼吸深度增大，每次吸气量达到 2 500 毫升，是安静时的 5 倍；肺通气量增大，每分钟可高达 50～70 升。因此经常参加体育锻炼，呼吸器官能够得到良好的锻炼与加强。

坚持进行体育锻炼还可以使呼吸肌力量增加，胸廓活动性增强，肺泡具有更好的弹性，提高肺部摄氧能力。一般人在安静时，只需要大约 1/20 的肺泡张开就可以满足需要，因此肺泡活动不足。而体育锻炼时，由于需氧量增加，促使大部分肺泡充分张开，对肺泡弹性的保持及改善十分有益，有助于预防肺部疾病的发生。

（二）体育运动对血液循环系统的益处

体育锻炼时人体所需要的养料和氧气是由血液运送到全身各处的。而血液之所以能够在血管中流通，是由于心脏肌肉的收缩与舒张活动所产生的动力所致。心脏在人体整个血液循环系统中起着最关键的作用，心脏的健康与人体的健康有着密不可分的关系。

心脏通过收缩和舒张运动将血液不停地射入血管，血液的流动保证全身各组织器官代谢的需要。健康成人每分钟心跳约 75 次，心脏每搏输出量（心脏每搏动一次的血液输出量）大约 70 毫升，每分输出量（心脏每分钟搏动的射出血量）大约为 5 升。心脏射出的血液在血管内流动时对血管壁有一定的压力，称为血压。在心脏舒缩的一个心动周期中，血压随心室的收缩与舒张而有所改变。心脏收缩时血液大量射入血管，主动脉压力急剧升高，这时的血压称收缩压；心室舒张时压力降低，称舒张压；收缩压与舒张压之差称脉压差。我国健康成年人安静时收缩压为 13.3～16.0 千帕，舒张压为 8.0～10.7 千帕，脉压差为 4.0～5.3 千帕。血压可随年龄、性别和体内生理状况的变化而有所变动。

经常参加体育锻炼的人，心脏肌肉发达，心肌收缩力增强，每搏输出量增多，心脏能用较少的跳动次数去完成所需的工作量，增加了心脏休息的时间，有助于减少心脏的酸劳程度。运动时肌肉不断收缩和舒张，可以促进静脉血液回流加快，有利于心脏工作。

另外，通过体育锻炼，可以增加骨中含有造血细胞（特别是红细胞）的红骨髓，并促进红骨髓的造血功能，经常参加体育锻炼的人的红细胞比不锻炼的人的红细胞要多 10%～25%，这样可提高输氧能力，对人体的新陈代谢活动大有益处。白细胞的增加可增强身体抵抗疾病的能力，对于青少年来说尤为重要。

（三）体育运动对运动系统的益处

人体的运动系统主要包括骨骼、肌肉、关节、韧带等。

经常参加体育锻炼，可以加强体内新陈代谢，加强血液循环，增加血液量。这样可以保证肌肉和骨骼获得充足的营养物质，使肌肉纤维增粗，肌肉变得强壮有力；使骨骼的生长力加强，骨密质增厚，骨骼变得坚固有力；使人体的关节囊、肌腱、韧带增厚，其伸展性和弹性增加，最大抗张力提高，承受力加大，同时加大了关节的活动范围，提高关节的稳定性和灵活性。

进行各种肌肉力量练习时，由于肌纤维的主动收缩与放松，大大促进肌肉中的血液供应和新陈代谢。肌肉中有着丰富的毛细血管，在一平方毫米的肌肉中，就有数千根毛细血管。当肌肉处于安静状态时，肌肉中的毛细血管仅开放很少一部分，只有在进行体育锻炼或体力活动时，肌肉内毛细血管才大量开放。这就使肌肉获得更多血液供应，带来更多氧气和养料，使肌肉代谢过程大大加强。其结果使肌纤维内的蛋白质增加，肌纤维逐渐粗壮，肌肉内供能物质含量增加，肌肉的结缔组织弹性改善，使肌肉弹性、韧性加强。这不仅使体格健壮，还大大有益于健康。

（四）体育运动对神经系统的益处

经常参加体育锻炼，神经系统的功能会得到逐步的加强。人体是一个完整的有机体，一切活动均在中枢神经系统的控制和指挥下进行。进行体育锻炼时，人体的各个器官、系统都要较平时复杂，而神经系统为了对运动时错综复杂的变化及时地做出协调的反应，大脑皮层必须对外界的刺激做出准确迅速的反应，久而久之大脑及神经系统的功能就会明显地提高。所以，体育锻炼也是神经活动的"体操"。体育锻炼还可以减少工作中不必要的肌肉收缩，这是因为运动神经传来的兴奋更精确了，减低并限制了神经系统的过分冲动性，从而对内脏器官有很大好处。体育锻炼又可使神经细胞得到充分的营养，特别是氧的供应能力，从而可使人经常保持充沛的精力和发挥最大的工作效率。

另外，体育锻炼还能加快胃肠的蠕动，促进消化液的分泌，提高胃肠的吸收能力，保证身体对营养的需求，对消化系统有良好的影响。对于内分泌系统、感觉系统、生殖系统等功能也有促进作用。

总之，体育锻炼对人体的各个系统都有良好作用，是日常生活中不可缺少的部分。在儿童、少年、青年时期，它可以促进人体的生长发育。在壮年时期，它可以保持充沛的精力与体力，不至于使机体出现早衰现象。到了老年，它可以防止细胞过早退化，使我们的生命充满活力。另外，体育锻炼可增强人体抵抗疾病的能力，在锻炼时可以忘却一些烦恼和忧愁，培养乐观情绪，这些对于各个内脏器官和整个机体的新陈代谢有特殊的作用。

二、体育运动对心理健康的益处

良好的心理状况与良好的身体状况一样，对健康都具有重要的意义。身体健康可根据客观指标来衡量，具有相对的稳定性；心理活动是难以通过定性与定量来判断的。但是，判断心理是否健康也是有标志的，如认知健全、情绪饱满适度、意志坚强可控、个性和谐统一、人际关系和谐、没有异常心理等。

美国国际健康学会的观点认为体育锻炼的心理健康效应是：减少状态焦虑，降低神经紧张、心理紊乱、心理抑郁等作用，体育锻炼能够减少各种应激反应，调节各种情绪反应等。

国外研究学者 Taylor（泰勒）等人将体力活动对参与者的心理效益归纳于表1-1。

表1-1 体力活动对参与者的心理效益

增加或提高	减少或降低
学业成绩	工作缺勤
做事和决策果断	过度饮酒
信心	怒气
情绪稳定性	焦虑
独立性	抑郁
智力水平	痛经
心理控制源内控倾向	敌意态度
记忆力	恐惧感
良好心境	神经质表现
知觉能力	应激反应
交往可接受性	紧张
积极身体自我评价	A型行为
性生活满意感	工作错误
主观良好感	慌乱
工作效率	

那么具体对于青年人的心理健康来说，有哪些方面的益处呢？

（一）促进智力的发展

正常的智力是正确感知和认识世界的前提，是心理健康的基础。经常参加体育锻炼，不仅使锻炼者的注意力、记忆力、反应力、思维力、想象力等能力得以改善提高，还可以令其情绪稳定、性格开朗，而这些非智力因素对人的智力具有促进作用。科学研究表明在进行智力活动的过程中，如果伴随着学习与思考的兴奋、激动和对发现真理的诧异和惊讶，产生愉快的心理体验，那么这种健康的情感就能强化人的智力活动，促进智力发展。

体育锻炼促进智力发展，概括地讲有以下几个方面：

1. 增强神经系统的功能，促进大脑的开发与利用

经常参加体育锻炼的人神经系统的调节更加准确、灵活，兴奋与抑制转换更加合理、协调，并能对外界的刺激迅速地做出反应。体育锻炼能有效促进血液循环，提高呼吸系统的功能，这就使大脑获取更多的养分，从而有助于大脑的记忆、思维和想象，最终提高脑力劳动的效率。

2. 减缓应激反应

应激是指个体对应激源或刺激做出的反应，当个体所感知的环境要求与他所认为的自我能力之间不平衡时，则会出现应激反应。经常参加体育锻炼，可降低肾上腺素受体的数目和敏感性，能降低心率和血压，从而减轻处于消极应激状态下应激源对生理的影响。

3. 在一定程度上消除疲劳，提高学习效率

疲劳是一种综合性症状，它与人的生理和心理因素有关。人的随意活动主要通过大脑皮层来调节，如学生持续紧张的学习压力极易造成身心疲劳和神经衰弱。而当一个人情绪消极或任务超出个人的能力时，其生理和心理上都会很快地产生疲劳。体育锻炼能够使与文化学习有关的中枢神经得以休息，有利于消除脑力劳动所产生的疲劳，从而提高文化知识的学习效率。

（二）提高调控情绪的能力

情绪调控对人的身心健康具有重要的意义，不良的情绪既可导致心理疾病，还可能导致生理疾病。体弱多病的人常常产生痛苦、烦闷、焦虑和狂躁等心情，他们精神不振、思想迟钝，行动也常为感情所支配，这是生理上的病态导致情绪上的病态。他们体验不到健康人的快乐，往往会产生一种自卑感。面对这种自卑感又可能进一步导致一系列不良情绪，如郁郁寡欢、精神空虚、思想苦闷，且常常产生孤独感，觉得生活没有意义，生命也无希望。善于调控自己情绪的人，往往能自如地表达、控制和改善情绪状态，既有利于自己的身心健康，又有助于自身的发展。

经常参加体育锻炼，可以增强体质、锻炼意志品质、培养良好的个性，这对有效抵制不良情绪具有积极的作用。体育活动中情境的变化、能量的发泄等都对不良

情绪起着重要的调节作用。学校的体育学习，有助于大学生了解不良情绪对身心健康的危害，学会运用所学的方法调控自己在体育活动和比赛中的情绪，如紧张、恐惧、精神不振和疲劳感等，并能在日常的学习、生活和工作中自觉运用适宜的调控情绪的方法。

（三）有助于树立正确的自我价值感

自我价值感是新时代的一项重要心理品质，自我价值感过高或过低都会对心理健康产生不良影响，甚至制约着自身的发展。自我价值感过高的人，对自己的认识基本上是不切实际的、不客观的、缺乏自知之明。一个人的自我价值感越高，越容易导致自负、自恋、自我膨胀，通常会为了避免自我价值观的失落而采取一些过激的行为和表现，如攻击他人、情绪低落等。反之，自我价值感过低的人，由于对自己缺乏清楚的认识，很少对自己进行正确的描述，从而导致自卑、嫉妒等心理问题。

积极的自我价值感会促使人更加努力地去克服学习、工作和生活中的种种困难，既不像自我价值感过高的人那样对困难估计不足而导致半途而废，也不像自我价值感过低的人那样知难而退。人生态度是自我价值观的核心，一个人的心理健康首先是建立在正确的人生态度基础之上的。在现实生活中，面对同样的环境和挫折，不同的人会有不同的行为表现。有的人遇到困难和挫折，仍然能保持乐观、奋发向上的情绪；而有的人还没有遭受到严重的打击，就不能忍受，甚至从此一蹶不振。学校的体育学习，有助于学生正确分析体育活动中成功与失败的原因，在不断进步的过程中培养自尊和自信，形成正确的自我价值感和积极进取的人生态度。

（四）有助于形成坚强的意志品质

意志品质是指一个人的果断性、坚韧性、自制力以及坚韧顽强和主动独立等精神。意志品质既是在克服困难的过程中表现出来的，也是在克服困难的过程中培养起来的。参加体育锻炼就是不断克服主观和客观上的种种困难，如胆怯、疲劳、气候条件、动作难度等，有助于磨炼人的意志，从而培养人果断、坚韧等优良的意志品质，而且这些从锻炼中培养起来的坚强的意志品质，也会迁移到日常的学习、生活和工作中去。

（五）有助于消除心理障碍，促进健康心理的形成

健康的心理寓于健康的身体之中。人的焦虑、忧愁、烦恼、抑郁等不良情绪，会影响人的情感、意志、性格和良好的人际关系的建立，容易形成不健康心理。研究表明：体育锻炼有助于摆脱压抑、悲观等消极情绪，降低焦虑、忧郁等心理障碍的程度。美国心理学家德里斯考发现，跑步能减轻大学生在考试期间的焦虑情绪。

体育锻炼不仅能有效地促进人体的智力发展和良好的心理品质的形成,而且还能够调节情绪、改善人际关系、消除心理障碍,确立良好的自我概念,从而形成健康心理,达到增进健康的目的。

三、体育运动对社会适应能力的益处

人是否适应社会是决定事业成功与否的关键。不管你拥有多少知识,不管你具备多强的业务能力,不管你坚定了多么高的理想信念,其最终的成功都离不开社会适应能力的帮助。体育锻炼以其自身特点,对提高人的社会适应性产生着积极影响。

(一)现代社会对人的适应能力的要求

1. 现代社会的特征

现代社会是一个社会生产力迅速发展和生产方式发生了巨大改变的社会。现代科学技术的发展不断地促使科学技术和生产一体化,使生产朝着机械化、电气化、自动化、智能化的方向发展。人们的体力劳动越来越多地被现代化的技术装置代替,脑力劳动逐渐增多,同时都市化或城镇化使社会生活的社会化程度大大提高,节奏加快,社会生活内容丰富多彩。这一切都给社会生活方式带来了一些不利因素,如人们深居简出,减少了与新鲜空气和阳光的接触,身体活动减少;交通拥挤、人口密集造成的空气环境的污染等,改变了社会生产的面貌、劳动条件、生产方式的性质,同时也改变了人们的社会生活方式,表现为人们的闲暇时间大大增加,消费水平大大提高,消费结构发生重大变化。

另外,由于科学技术的日新月异,社会已进入了知识爆炸的时代。面对复杂庞大的网络信息、日趋激烈的各类生存竞争,人们在拓宽生活空间、寻求自我发展之际,必然要充分张扬个性和才干,以达到实现自我并不断超越的目的。这一切也使人们普遍感觉到工作和生活的强度大、负担重、心理压力大。

综上所述,不难看出现代社会生活的特征包含着压力大、节奏快、精神紧张、污染增加、消费水平和结构发生变化等诸多因素。

2. 现代社会对人的适应能力的要求

现代社会的特征决定了生活在现代社会中的人们必须具备良好的适应能力。人的社会适应能力概括起来,表现为下列几个方面:正确的价值观念;良好的竞争意识与竞争能力;较强的合作精神与能力;良好的人际关系;民主、平等和参与意识;积极向上的个性特征;崇尚知识和追求正面文化;丰富的情感生活。

（二）体育锻炼对社会适应能力的益处

1. 培养正确的价值观

体育运动有着统一的规则要求，各个运动项目都有严格的技、战术分类，锻炼原则和裁判规则，因此参加体育锻炼能够规范人们的行为，使人们在潜移默化中养成公平竞争、遵纪守规的价值取向。

2. 培养竞争意识

在任何体育运动中，竞争都是普遍存在的。对参与者来讲，不论资历、国籍、贫富，都是在统一的规则与要求下进行的公平竞争，完全凭个体的实力以分胜负。所以参加体育锻炼，能够培养人们吃苦耐劳、勇于拼搏的精神，不断提高自己的身体技能、心理水平和把握机遇的能力，从而形成良好的竞争意识和手段。

3. 培养团体协作精神

现代社会科学技术快速发展，知识与信息纷至沓来，各个学科相互渗透，社会分工既精细又要求互相合作。因此要求每一个现代人必须具备合作精神与能力。体育锻炼有其明显的群体性，要求参加运动的人们，尤其是参加团体运动项目的人们，必须团结一致、齐心协力、共同拼搏才能取得胜利。所以经常参加体育锻炼能够促进人们的合作精神，提高合作能力。

4. 培养交际能力

体育锻炼的任何一个项目，都有其规定的技术动作和运动要求，所有参与者在锻炼过程中都需要学习和练习，都需要讲解与示范，都需要对技术动作进行纠正和完善。这就要求无论是自我纠正和完善，还是互相纠正与完善，都需要相互配合和主动沟通。特别是在集体项目中，每个人能否在完成自己任务的同时，实现与同伴的协助配合，对竞赛的输赢关系重大，这也要求队员之间必须要有良好的合作。所以经常参加体育锻炼能提高人的沟通和交际能力，促使良好人际关系的形成。

5. 培养民主参与意识

人们的年龄阶段、人种肤色、宗教信仰、健康状况、文化程度各不相同，但是人人都有参加体育锻炼的权利，并且这种民主权利已经写入联合国教科文组织的《体育运动国际竞赛》中。另外，体育竞赛的规则和竞赛文件，明确地与参与者形成了一种契约关系，鼓励参与者战胜对手，同时要求相互之间平等竞争，尽管竞赛结果有不确定性，但最终结果必须是透明的、公开的。因此，每一位参加体育活动的人，都能从竞赛活动的组织和运动实践中感受到民主化的作风，从而有助于形成良好的民主参与意识。

6. 培养积极向上的个性特征

参加体育锻炼的人，其体力、智力、心理、情感均要投入运动中去，促使每一位锻炼者在运动过程中都会发现自己的优点和不足。因此体育锻炼能够形成正确的自我认识、自我发现意识，同时为扬长避短、不断进步、追求完美所表现出的积极主动性，又能够帮助参与者形成自我改造的意识，这些都能够锻炼和培养积极向上的个性特征。

四、几种常见的心理疾病及辅助心理健康的运动方法

（一）几种常见的心理疾病

1. 焦虑症

焦虑症是一种以焦虑情绪为主的神经症。它以广泛和持续性焦虑或反复发作的惊恐不安为主要特征，常伴有自主神经紊乱、肌肉紧张与运动性不安。临床将其分为广泛性焦虑障碍与惊恐发作两种形式。广泛性焦虑常常表现为对他们生活的诸多方面都有过度持续的担心，包括家庭、健康、工作或经济状况。惊恐发作是指常常由于经历反复和无法预期的惊恐发作，持续担心再一次出现惊恐发作而出现的诸如感到就要死去的表现。

2. 抑郁症

抑郁症是指一种以持久的心情低落为特征的心理疾病。患者常伴有焦虑，躯体不适感，睡眠障碍和情绪低落，思维缓慢，沉默寡言；自觉疲惫乏力，精神不振；不愿主动和人交往，但被动接触良好，愿意接受同情；兴趣减退，但并没有丧失对前途的追求，悲观但不绝望。表现在生理上，患者面容憔悴，目光迟滞，体重减轻，出虚汗，常常早醒，又难以入眠。

3. 自卑

自卑是自我情绪体验的一种形式，是个体由于某种生理或心理缺陷或其他原因所产生的对自我认识的态度体验，表现为对自己的能力或品质评价过低，轻视自己或看不起自己，担心失去他人尊重的心理状态。自我评价过低，常把某一方面的缺陷或不足泛化到其他方面，认为自己哪儿都不如别人；往往对自己的不足和

别人对此的评价特别敏感，常把别人与自己无关的言行看作是对自己的轻视；常采用回避与别人交往的方法来避免别人看出自己的缺陷和不足，容易形成闭锁的性格。

4. 恐惧症

恐惧症是一种以过分或不合理地惧怕外界某种客观事物或情境为主要表现的神经症。患者明知是过分和不合理的，但在相同场合仍反复出现，难以控制。恐惧发作时常常伴有焦虑和自主神经症。病人为了回避恐惧场合或情境，常影响正常的日常生活。有的患者尚能去面对这种情境，但非常不情愿而且恐惧。

5. 孤独

孤独是一种感到与世隔绝、无人与之进行情感或思想交流、孤单寂寞的心理状态。孤独者往往表现出萎靡不振，并产生不合群的悲哀，从而影响正常的学习、交际和生活。这类学生主要由以下几种原因引起：性格、过于自负和自尊、挫折。"水至清则无鱼，人至察则无友"，自尊、自负、自傲都会引起孤独的产生。如何让自己融入集体中是他们希望解决的问题。

（二）提高心理健康水平的体育方法

体育锻炼是学生保持健康心理、适应社会的一种简便有效的方法。下面介绍几种调节焦虑、孤独、自卑、抑郁、恐惧、暴躁等不良心理状态的体育方法。

1. 身体活动调节法

身体活动调节法是指通过人的大脑与肌肉之间的信息双向传导，选择不同强度、幅度、节奏的身体练习来调节人的情绪的一种体育锻炼方法。如当情绪低沉时，采用健身操、健身舞、快步走等节奏快、幅度小、强度处于中等偏上的身体练习，用以提高大脑的兴奋性水平，使情绪逐渐活跃起来。每次可进行时间不少于20～30分钟，心率控制在平均每分钟130～150次的中等强度的有氧活动。

2. 肌肉放松法

肌肉放松法是一种通过一定方式（呼吸、暗示、表象、音乐等）使肌肉一步步放松，使大脑逐渐平静，从而调节中枢神经系统的兴奋性水平，缓解紧张情绪，增加大脑对全身的控制支配能力的训练方法。具体方法是：选择适宜的姿势，以舒适轻松、全身都不费力为准，通常采用靠背坐姿势，轻松闭合双眼，想象自己正处于一个非常舒适宁静的环境中，变正常呼吸为慢速、加深、均匀而自然的腹式呼吸，在语言的诱引下，按照从右到左、自上而下、先前而后的顺序体验肌肉放松的感觉。

同样按上述顺序在语言的诱导下，体验身体各部位温暖的感觉。此刻全身心进入放松安静状态，肌肉放松、心情愉快。这时你可以慢慢睁开眼睛，感觉眼前一切更加清晰，恢复正常状态即结束放松训练。

3. 呼吸调节法

呼吸调节法是通过慢而深的呼吸方法，来消除紧张，降低兴奋性水平，使人的波动情绪逐渐稳定下来的一种方法。具体方法是：站直或坐直，紧闭双眼，排除杂念，尽力用鼻吸气，轻轻呼吸，慢数一、二、三，重复以上步骤3次以上。大学生可以根据自己的情绪状况随时进行，特别是在体育比赛或考试前。

4. 身体沉思法

身体沉思法是一种通过把力量、耐力、平衡及注意力集中在内的静静的、有节奏的运动，使人平息激动、进行放松的方法。具体方法是：呈站立姿势，整个身体保持在一条直线上，双肘和两肩与地面平行，将右脚放至左脚的前面，以身体感觉平衡和舒适为宜，同时全力集中注视你的正前方某一点，然后，左脚慢慢移动到右脚前面，同时呼气，慢慢地将前臂推离身体（掌心朝下），当左脚又返回原来位置时，吸气，掌心转至朝上，将手臂"拉"向自己的身体。重复这一动作，并注意动作的节奏。

5. 其他

通过弈棋、钓鱼等活动，怡情畅志，凝神静气，精诚专一，从而调节情绪，减少抑郁、失眠等不良情绪的干扰，提高自己的心理健康水平。提高心理健康水平的锻炼方法还有很多，并不拘泥于固定的形式，可以根据自己的心理和身体状况选择适宜的方法进行练习。

普京："运动使我精力充沛"

俄罗斯总统普京可以被称作运动健将。他从11岁开始学习桑勃式摔跤，后来又对柔道产生了浓厚兴趣，并曾多次获得圣彼得堡市的柔道冠军。普京的"硬汉"形象一直深入人心，这位运动达人"十八般武艺样样精通"：柔道、游泳、冰球、射击、滑雪、骑马、潜水、攀岩、足球等。在接受中央广播电视总台台长专访时，普京表示他每天会健身两个到两个半小时，做各种器械运动。尽管要处理许多重要事务，他也始终坚持锻炼，他认为坚持运动以及与积极乐观的人交往不仅使自己精力充沛，还有助于保持良好的体型和精神状态。

探索与思考

1. 试着用运动调节心情。想想自己在运动时和运动后常体会到怎样的情绪？是否觉得心情更舒适？

2. 尝试加入一个体育社团或运动组织，养成运动习惯，并试着在组织中结交新朋友。

模块二　合理营养与专项营养补给

模块导读

拥有健康是我们从事一切活动的前提。体育锻炼与营养，是影响人体健康的两个重要因素。体育锻炼时，体内物质能量消耗明显增大。注意饮食卫生，保证营养物质的充分供给，对提高体育锻炼的效果，具有十分重要的意义。不注意饮食卫生，如偏食、不遵守饮食制度等，将会影响营养物质的正常供应和吸收。

本模块通过营养基本知识、各项运动的营养特点、比赛前和训练期运动员的饮食特点的论述，让同学们了解并掌握营养膳食的合理性原则，帮助同学们通过合理营养膳食进一步提高体育锻炼水平，塑造美好、健康的人生。

单元 2.1　体育锻炼与合理营养

1. 认识六大营养素。
2. 了解并掌握营养膳食的合理性原则。
3. 在通过合理营养的基础上进一步提高体育锻炼水平。

你吃的每一口饭，心血管都知道

减肥人士天天喊着要限制热量，其实不减肥的人日常热量摄入也在悄悄影响着疾病的发展。

限制热量摄入的好处可能远不止有利于心血管健康，对于延缓衰老、延长寿命也有帮助。

《柳叶刀》子刊 The Lancet Diabetes & Endocrinology 发表了一项杜克大学（Duke University）医学院的研究，在年轻和中年健康人群中实施适度热量限制，对心血管健康有极大好处（如图 2-1 所示）。

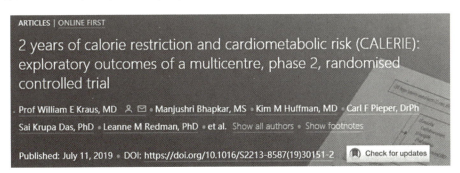

图 2-1　杜克大学的研究论文

一、营养与健康

(一) 营养的含义

生命的存在，机体的生长发育，各种生命活动及体育活动的进行，都依赖于体内的物质代谢过程，机体必须不断地从外界摄取新的构成细胞的物质、能源和其他活性物质，主要是从食物中摄取。这一获得与利用食物的过程，称为营养。营养是保证机体生命存在和延续的重要条件。

(二) 营养膳食的合理性

营养膳食的合理性原则就是要求膳食中必须含有机体所需的一切营养素，而且含量适当，种类互补，全面满足身体的一般需求和特殊需求，此外，营养的合理性还要求食物是易消化吸收的，不含对机体有害的成分。膳食的合理性应注意以下两个问题：

1. 要做到食物营养成分的互补

任何一种食物，营养成分都不十分全面。在富含一种或数种营养成分的同时，可能缺少另一种成分。如：粮食主要提供糖类，肉、禽、蛋主要提供蛋白质和脂肪，蔬菜和水果是维生素、无机盐的主要来源。只有各种食物合理搭配，才能实现营养的互补，满足机体的需要。

2. 要进行不同年龄阶段营养成分的选择

人类各个时期对营养的需求，无论从种类上还是数量上，都有明显的不同。儿童和青少年时期处于生长发育的高峰，对各类营养物质的摄取方面，在种类和数量上要有充分的保障，做到高蛋白、高热量、高维生素、适量脂肪，全面均衡；而中老年人的营养也各有其特点。

二、营养素与健康

营养素是指能在体内消化吸收，供给热能，构成机体组成部分，调节生理机能，为机体进行正常物质代谢所需的物质。包括蛋白质、脂肪、糖类、维生素、矿物质和水六大类。营养素与健康有着密切的联系。

(一) 蛋白质

蛋白质是生命活动的第一重要物质，其主要生理功能是：构成机体组织，促进生长发育；构成酶和激素的成分，调节酸碱平衡；增强机体免疫力；供热；等等。机体一旦缺乏蛋白质，将影响生长发育，出现肌肉萎缩甚至贫血现象，并出现抗病能力下降、内分泌紊乱、易疲劳、伤口不愈合等现象。日常膳食中的肉、蛋、奶是动物蛋白，而豆类是植物蛋白的主要来源。米、面、谷物含蛋白较低，只有10%左右。一般认为动物性和植物性蛋白在食物中应各占50%。我国成人蛋白质摄入量为每日每千克体重1.0~1.9克，青少年可达3.0克，参加体育锻炼的人，应适当增加。

（二）脂肪

脂肪的作用是构成细胞膜和一些重要组织，参加代谢，供热，保护内脏，保持体温，促进脂溶性维生素吸收等。动物性脂肪来源于肉、蛋黄、奶等，植物性脂肪来源于植物油和各种植物性食物。就我国目前生活水平来看，普通膳食一般即可满足每天脂肪的需要量。食物中的粮食类，在体内也很容易转变成脂肪供机体利用或贮存起来。

（三）糖类

糖类首要作用是供热。人体所需能量的60%是由糖类供应的。其次还构成组织并参与物质代谢，对中枢神经系统有特殊的营养作用，另外还有解毒作用，起到保护肝脏的功能。机体缺糖使血糖下降，首先影响中枢神经系统大脑的机能，使兴奋性下降，反应迟钝，四肢无力，动作协调性下降，甚至晕厥，使运动不能继续。糖的来源较广泛，食物中的米、面、谷物约80%属于糖类；也可直接摄取糖果和含糖饮料，提高肝糖原、肌糖原储备。日常膳食即可满足糖类的需求，不必大量补充。

（四）维生素

维生素是维持人体生命和调节正常机能不可缺少的一类营养素。它们在体内的贮存量很少，必须经常从食物中获得。维生素的种类很多，按性质分为脂溶性和水溶性两大类。前者有维生素A、D、E、K四种，后者包括维生素B_1、B_2、C等。维生素在体内不构成组织原料，也不提供能量，它们的机能是调节物质能量代谢，保证生理机能。

1. 维生素A

主要功能是维持正常视力，主要来源于动物的肝脏和鱼卵、乳品、蛋黄及胡萝卜、菠菜等黄绿色蔬菜。

2. 维生素D

对机体的钙磷代谢和骨骼生长发育极为重要，能促进钙的吸收。主要来源于鱼肝油、蛋黄、奶制品。

3. 维生素 E

可增强机体对缺氧的耐受力，扩张血管，改善循环，增加肌肉力量和耐力。如与维生素 C 结合使用，能缓解和预防动脉硬化。主要来源于动物性食品、玉米和绿叶菜。

4. 维生素 C

能加强体内氧化还原过程，从而提高耐力，减缓疲劳，促进体力恢复；促进造血机能，参与解毒过程，增强抗病能力。主要来源于蔬菜和水果。

（五）矿物质/无机盐

体内矿物质元素种类很多，约占体重的 5%，是构成机体组织成分，调节生理机能的重要物质，其中含量较多的有钙、镁、钾、磷等，其他的如铁、锌等称微量元素。人体代谢过程中有一定量的矿物质排出，因此必须从食物中得到补充。正常膳食一般能满足机体需要，最易缺乏的是钙和铁。

（六）水

水的主要作用是构成机体主要成分，参与所有物质代谢，完成机体的物质运输，调节体温，保证腺体正常分泌。体内水分必须保持恒定，大量出汗后要合理地补充水分（加适量的盐，以补充电解质），以保证正常的生理机能。

三、体育锻炼与合理营养

体育锻炼与营养，是影响人体健康的两个重要因素。体育锻炼时，体内物质能量消耗明显增大。注意饮食卫生，保证营养物质的充分供给，对提高体育锻炼的效果，具有十分重要的意义。不注意饮食卫生，如偏食、不遵守饮食制度等，将会影响营养物质的正常供应和吸收。由此可见，饮食卫生与体育锻炼有着不可分割的联系。

（一）热能平衡的意义

饮食摄入的热能，是人体进行活动的能源，供给充足，才能保持人体的健康。保证体育锻炼者充足的营养，将有利于提高锻炼效果，否则影响人体健康，但摄入过多会导致身体肥胖，对健康也不利。所以，应根据人体能量消耗的情况来确定摄入量，以维持热能的平衡。

饮食中摄入热能是否恰当，应根据食物的发热量和人体能量的消耗来计算，也可用人体体重的变化来做粗略的估计。锻炼者与不锻炼者相比，在热能消耗上有明显的差异。据调查，我国大学生平均每天消耗热能的情况如下：男生约为 10 463.75 千焦耳，女生约为 8 789.55 千焦耳，积极参加锻炼的男生可达 13 812.15 千焦耳，女生也可达 10 463.75 千焦耳。据全国 1979 年及 1985 年两次体质调研表明，不经常参加体育锻炼的人中，身体瘦弱、营养不良和身体肥胖的比例，明显高于经常锻炼的人。

(二) 摄入的热源物质比例适当

在膳食中，人体所需要的热源物质的比例是否适当，对机体的代谢、生长发育、工作能力有很大影响，如从事耐久项目的训练者应适当增加脂肪食物的比例，一般体育运动参加者膳食中蛋白质、脂肪和糖可按质量以 10∶7∶5 的比例配合，或按热量百分比 13%∶21%∶66% 合理安排膳食。为保证每日摄入的热源物质的比例适当，应养成不偏食的好习惯。

(三) 保证摄入充足的维生素和矿物质

维生素不仅对人体的生命活动具有重要意义，对体育锻炼的效果也有明显的影响。体育锻炼者对维生素和矿物质的需要量较大，一方面是由于进行体育锻炼时，体内代谢加强，消耗较大；另一方面由于大量出汗，维生素和矿物质的损失也较多。因此，体育锻炼者饮食中的维生素和矿物质含量应适当增高。实验证明，合理地增加维生素和矿物质供给量，可以改善和提高机体的调节和工作能力，并有利于体育锻炼后疲劳的消除，但应防止维生素摄入量过多给人体带来某些不良影响。一般来说，体育锻炼者每日维生素需要量稍高于普通人，按正常标准或稍高于正常指标供给即可。

(四) 建立合理的饮食制度

良好的饮食制度有利于食物的消化吸收和体内的物质能量代谢，并有利于预防消化系统的疾病。饮食制度应包括每日三餐的时间应基本稳定并力求做到与体育锻炼有一定的时间间隔：运动后一般应休息 30 分钟以上再进食；进食后一般要间隔 1 小时以上再进行体育锻炼。在一日三餐中食物所含的热能，各种营养素的配比情况，应根据个人一天的身体活动情况决定。原则上，体育锻炼前的一餐适宜安排易于消化，含有较多的糖、维生素和磷的食物，但量不宜过多。锻炼后的一餐食物量可多一些，但晚餐不宜过多。各餐热量分配要科学合理。

(五) 合理的烹调加工

食物的烹调加工具有消毒、利于消化和促进食欲等作用。因而，食物的烹调加工，既要做到易于消化，又要避免营养素的损失，还要注意食物的色、香、味、形等因素，以增进食用者的食欲。不同的食物有不同的加工方法，如肉类、豆类和粮食要充分加热以利于营养物质的消化吸收，而蔬菜则应急火快炒以免加工过程丢失过多的维生素。

(六) 注意食物的清洁卫生

俗话说"病从口入",许多病菌、病毒都是通过消化道而侵入人体的,应十分重视饮食过程中的清洁卫生,做到进食前洗手,餐具经常消毒,熟食应烧透,冷食瓜果用凉开水洗净或去皮,不吃霉烂变质物品,不饮生水等。

(七) 体育锻炼时应注意饮水卫生

体育锻炼的人排汗量明显加大,尤其是在较热的环境里进行锻炼会造成人体水分大量丢失,进而影响机体的工作能力。因此,要根据需要在运动时补充水分,但不宜采用一次暴饮的补水方法。因为暴饮将会增加心脏循环系统和肾脏的负担,促进无机盐的丢失等,从而引起心率过快、恶心甚至中暑和肌肉痉挛,影响神经系统的兴奋性。一般地说,每小时的饮水总量应控制在0.8升以下,以每15分钟补水150~200毫升为宜,为防止机体无机盐丢失过多,可用0.5%的盐水作饮料。

膳食纤维你真吃对了吗?

你有没有想过,便秘、腹泻,都是因为纤维没吃够?

根据2016年出版的《中国居民膳食纤维摄入白皮书》显示:中国居民膳食纤维摄入严重不足,每日摄入量只有11克,还不到推荐量的一半!

虽然纤维不能提供我们能量,但根据世卫组织(WHO)、美国梅奥医院(Mayo Clinic)等世界顶尖医学机构给出的资料,补充膳食纤维,可以治疗便秘,控制血糖,降血脂,滋养肠道益生菌,维护肠道健康。

就像补充蛋白质、维生素等营养素一样,补充膳食纤维最好的方法也是吃天然食物。

豆子、蔬菜、坚果、水果、粗粮(全谷物)等食物,是膳食纤维的主要来源。多吃这些天然食物,可以补充日常所需的膳食纤维。

 探索与思考

1. 简要描述牛奶的营养素构成。
2. 食物分配中早、中、晚餐分别占总热能的多少为宜?
3. 加工烹调对蔬菜营养价值有何影响?
4. 蛋白质的主要生理功能有哪些?

单元2.2 专项运动与营养补给

 学习目标

1. 了解各项运动的营养特点。
2. 了解并掌握比赛前和训练期运动员的饮食特点。
3. 通过合理营养补给进一步提高运动能力以及身体健康水平。

菲尔普斯：飞鱼食谱

里约奥运会男子200混决赛中，菲尔普斯霸气夺得个人第22金，1分54秒66！菲尔普斯用22块奥运金牌结束职业生涯。新闻发布会上，他笑称退役最开心的事就是以后爱吃什么就吃什么。

菲尔普斯三餐食谱如下：

早餐：3个加奶酪、生菜、番茄、炸洋葱、蛋黄酱的煎蛋三明治，两杯咖啡，一份加了5个鸡蛋的煎蛋卷，一碗粗燕麦，3片抹了糖粉的法式吐司，3个巧克力薄饼；

中餐：一磅营养强化意面，两个大号抹蛋黄酱火腿奶酪三明治，含1 000卡路里热量的能量饮料；

晚餐：一磅意面，一整个比萨，更多的能量饮料。

英国《卫报》的美食记者约翰·亨利甚至试图模仿菲尔普斯在一天内吃下如此之多的食物，结果在早餐一环节就宣告失败。

一、各项运动的营养特点

1. 田径

田径项目较多，根据其不同的代谢特点可分为以下3种：

(1) 短跑与中距离等速度性项目。

运动时主要是由糖的无氧酵解供应能量，体内酸性产物较多。另外，对神经系统的要求较高，要求兴奋与抑制转化速度快，因此其营养特点是要求供给能量要迅速，减少酸性物质的形成。为此，饮食应增加含糖、维生素 B_1 和维生素 C、磷以及蛋白质丰富的食物，还应供应大量的蔬菜和水果。

(2) 长跑和超长跑等耐力性项目。

运动时能量消耗大，热能主要来自糖原的有氧分解。因此，要供给充分的糖，保持充足的糖原储备。另外，耐力项目对循环呼吸等机能要求也高，血红蛋白要维持较高水平，要保证蛋白质、维生素、无机盐尤其是铁的充分供给。

(3) 投掷等力量性项目。

由于肌肉蛋白质增长的需要，对蛋白质的需要量较高，其供给量每天每公斤体重可达 2.5 克。

2. 体操

动作复杂，要求融技巧、协调为一体，特别是高难动作，对神经系统机能要求较高。另外，女体操运动员，还要控制体重。因此，体操运动员的营养要做到食物体积小，含热量高，脂肪少，维生素 B_1 和维生素 C、磷、钙和蛋白质的量要充足。维生素 B_1 在 4 毫克/日以上，维生素 C 在 140 毫克/日以上，磷在 400 毫克/日以上，蛋白质食物发热量应占总热量的 14%～15%。

3. 游泳

运动消耗能量多，代谢强度很大，膳食中要补充增加维生素 B_1 和维生素 C。短距离游泳时，蛋白质摄入量为每日 150 克，长距离游泳时，为每日 700 克，并适当增加脂肪比例，可以减少散热。

4. 球类

对身体素质要求较全面，要求速度快、力量大、反应灵敏、耐力好，所以食物中蛋白质、维生素 B_1 和维生素 C 等供给量要充分。如足球运动员的运动量大，所以要求热量要多些。

5. 举重

热能消耗多，糖类食物要求高，可达 800 克/日。蛋白质及脂肪供给量需要适当增加，注意补充动物性蛋白质及钾、钠、钙等物质。

6. 射箭、击剑等项运动

对视力要求高，应供给充足的维生素 A 以保持视力。

二、比赛前运动员的饮食特点

比赛使运动员机体处于高度紧张状态，能量消耗大，因而比赛前的饮食十分重要。但往往因为比赛前神经紧张，出现食欲不振、消化紊乱等现象，所以赛前应提高饮食质量。比赛前，饮食中要注意充分地补充糖，使糖原储备达到最高水平。同时还要充分补充无机盐，不要过分补充蛋白质及脂肪等酸性食物，以免体液偏酸对运动不利。在比赛前可以食用葡萄糖和维生素 C，维生素 C 每日供给量为 140 毫克。

比赛前的饮食制度应逐步过渡到比赛期的膳食。但由于比赛前一般都是减量训练，能量消耗减少，所以比赛前不宜吃得过多，以免体重增加，不利于比赛。

比赛当天的饮食要求应当是食物体积小，发热量高，易消化吸收。不要多食难于消化及产气的食物，如肥肉、豆类等。食物含磷、糖、维生素 C、维生素 B_1 丰富，以糖作为主要能源，特别是长时间的耐力项目，除了在食物中含有丰富的糖外，还要有一定量的脂肪，以维持饱腹感，且由于脂肪代谢参与能量供应，不致使血糖下降，可推迟疲劳的出现。

比赛前进餐的时间要根据比赛时间而定，一般要在比赛前 2.5～3 小时前完成。比赛后，运动员需要补充热量和水分。超长距离赛跑后即刻可补充 100～150 克的葡萄糖，这不仅能补充运动员的能量消耗，还能促进肝糖原储备的扩充，预防肝脂肪浸润。比赛后 2～3 天应补充高热量的饮食以及维生素 B_1、维生素 C，主要能源是糖，其次是蛋白质，水分以及无机盐也需连续补充，但饮食中脂肪应少些。

从事某些时间长、热量消耗较大的项目，如马拉松、长距离公路自行车、竞走及划船等，机体在运动过程中失去大量水分及能量，若不及时补充，不仅有损于健康，而且也直接影响运动成绩。因此，为了维持机体的正常循环，调节体温，这些项目途中可以补充饮料和食物，运动规则中已明文规定。

（1）途中饮料一般采用葡萄糖、维生素 C、少量蔗糖、盐类（磷及氯化钠）及果汁等食物进行配方，要等渗或低渗，含糖量不宜过高。下面举一例配方仅供参考：

葡萄糖 25～60 克，蔗糖 25～60 克，鲜果汁 100 毫升，食盐 1 克，柠檬酸 1 克，加水至 1 000 毫升。

（2）途中饮食大都采用易吸收的流质或半流质食物。食量宜小，发热量高，可略带酸味以消除口咽部干燥。一般离起点 15 千米处设立第一个饮料站。以后每隔 5 千米均有一个站。两饮料站之间设一个饮食站。有的运动员没有途中进食的习惯，不必勉强，可在赛后补充。

三、训练期的营养特点

(一) 夏季训练期的营养特点

夏季训练期气温较高,因此,水、盐、维生素及蛋白质的代谢都旺盛。同时,由于高温的影响,运动员的食欲下降,这样势必造成体内热量的收支不平衡,从而影响运动能力以及身体健康。为了避免这些不良的影响,在饮食方面要特别加以注意。夏季训练期,因高温使蛋白质分解代谢加强,排汗量增加致使排氮量也相应增加,为此应增加蛋白质供给量。另外,由于代谢旺盛,维生素B_1、维生素B_2、维生素C等需要量也明显增加,再加上排汗量多,一些水溶性维生素损失也增加,所以要额外补充维生素,特别是维生素B_1、维生素B_2、维生素C。由于气候炎热,加上运动量大,排汗量就会明显增大,水分损失较多。同时,无机盐也随水分的损失而损失较多。例如,4小时长跑训练可损失水分4.5升,补充水分非常必要。对水分的补充不能一次暴饮,而是少量多次地补充,水中可加适量食盐(一般为0.2%较好),也可加以蔗糖、钾、果汁等做成饮料,供运动员随时饮用。

夏季训练期的膳食具体安排应注意:

(1) 食物要调配好,多样化,清淡可口,促进食欲。

(2) 适当地吃些凉拌盘,但要注意卫生,防止污染。黄瓜、西红柿、萝卜可以糖拌生吃。

(3) 主副食要注意含丰富的B族维生素、维生素C和矿物质。

(4) 可配制含盐分的清凉饮料,放在运动场供运动员随时饮用,但不可在饭前或饭后暴饮。

(5) 主餐可放在早上或晚上凉爽的时间,也可采用一日4餐的办法,以增加热能的补充。

(二) 冬季训练期的营养特点

冬季训练期正处在寒冷季节,由于气温低,机体的散热量大,基础代谢相应升高,加上运动量较大,所以热能消耗比较多。脂肪的摄入量也应增加,以保温御寒。同时还要增加维生素B_1、维生素B_2、维生素C的摄入量。维生素C、维生素B_1可增加30%~50%,维生素B_2可增加到5毫克/日。北方地区冬季青黄不接,蔬菜供应往往不足,为补充体内维生素的不足,可以补充维生素制剂。运动员冬训时的膳食要注意:食物要温热、丰富、利于消化吸收。食物应保证充足的热能,可适当增加脂肪或肉类,缩小食物体积。

模 块 二

合理营养与专项营养补给

为什么要在训练前喝咖啡？

咖啡因是一种天然的兴奋成分，它安全并且广泛存在于植物的叶子中，从茶和巧克力中我们也可以摄取咖啡因，大多数运动饮料中也含有咖啡因，很多健身者在训练前都会喝上一两杯的咖啡，它可以增加你的新陈代谢，帮助血液循环，使你在健身时燃烧更多卡路里。此外，有外国研究指出摄取咖啡因可以使你输出更多力量，增强你短暂的爆发力与耐力，使你的健身更有效率。

澳大利亚体育研究中心发现咖啡可以让肌肉组织开始使用脂肪作为能量来源来替代碳水化合物，咖啡被很多耐力性运动员使用，因为它可以提高人体的能量水平，很多研究都发现在训练前喝咖啡对训练是有帮助的，并且咖啡可以弥补很多人类运动基因的先天不足。这也是咖啡因这种物质被国际奥委会禁止的原因，是的，国际奥委会甚至规定在比赛前不可以吃士力架，直到2004年之前咖啡因都仍是奥运会的违禁品。

 探索与思考

1. 抗疲劳的营养物质有哪些？
2. 营养配餐的目的、意义以及理论依据是什么？
3. 运动中糖的营养功能有哪些？
4. 简介运动饮料与普通饮料的区别。

模块三　体育运动与卫生保健

模块导读

按照人体发展的基本规律，科学合理地安排体育锻炼能够达到促进身体的生长发育、增强体质、提高健康水平的目的。在体育锻炼过程中，要遵循合理适度的原则，掌握体育锻炼的卫生常识，控制运动负荷，不做过量运动，防止体育锻炼过程中出现不必要的损伤。

本模块通过常见运动损伤和运动性疾病发生的规律、处理和康复方法的论述，帮助同学们主动预防损伤；通过认识职业特征及其职业病的预防、练习并掌握常见职业病的体育疗法，强化学生职业体适能水平，增强职业工作的效果和在独立生产活动中保持良好的工作能力，提升工作效率、工作质量并延长工作寿命。

单元 3.1 常见运动损伤的预防与处理

1. 认识常见的运动损伤。
2. 掌握运动损伤发生的规律，做好预防工作。
3. 了解并掌握常见运动损伤的处理和康复的方法。
4. 了解并掌握常见运动性疾病的处理和康复的方法。

踝关节韧带损伤的处理

踝关节主要韧带有外侧副韧带、内侧副韧带和胫腓韧带联合，外侧副韧带是最容易受伤的踝关节韧带。在跑、跳练习中，身体处于腾空阶段时，足部就有自然拓屈内翻的倾向。如果落地向一侧倾斜、踩在他人的脚上或球上，就会让足部的前外侧着地，内翻而导致踝关节韧带扭伤。踝关节扭伤时有撕裂感，踝关节内侧或外侧有明显的压痛；内、外踝有明显肿胀，局部有皮下瘀斑，踝关节活动受限，行走困难。

处理方法：急性损伤 24 小时内可将踝部浸入冷水中或用冰块敷于患处，每次 10～20 分钟，消肿止痛。24 小时之后则需热敷，以促使局部血液循环加快。如果韧带损伤较重，疼痛剧烈，可用 4 厘米宽的 3 条胶布敷贴踝部，起固定作用，但要防止粘贴过紧，阻碍血液，并要及时就医。

一、运动损伤的概述

（一）运动损伤的分类

体育运动过程中受到机械性和物理性方面因素所造成的伤害，称为运动损伤。

运动损伤的分类方法很多，概括起来有以下几种：

1. 按损伤组织的种类分类

可分为肌肉韧带的扭伤、撕裂、挫伤、四肢骨折、颅骨骨折、脊椎骨折、关节脱位、脑震荡、内脏破裂等。根据北京运动医学研究所的统计，由于运动所造成的严重创伤很少，大部分属小创伤。其中，以肌肉、筋膜伤、肌腱腱鞘、韧带和关节囊伤最多，其次是肩袖损伤、半月板撕裂和髌骨软骨病。

2. 按运动创伤的轻重分类

不损失工作能力的轻伤；失掉工作能力24小时以上，并需要门诊治疗的中等伤；需要长期住院治疗的重伤。

3. 按运动能力丧失的程度分类

受伤后能按锻炼计划进行练习的"轻度伤"；受伤后不能按锻炼计划进行练习，需停止患部练习或减少患部活动的"中度伤"；完全不能锻炼的"重度伤"。

4. 按损伤组织是否有创口与外界相通的分类

可分为开放性损伤与闭合性损伤。此外，根据发病的缓急，还可分为急性损伤和慢性损伤；根据病因，又可分为原发性损伤和继发性损伤等。

（二）运动损伤发生的原因

运动损伤发生的原因是多方面的，可分为直接原因和诱因。

1. 直接原因

（1）思想上不重视，缺乏合理的准备活动。在体育活动之前掉以轻心，忽视身体活动需要一个由安静状态过渡到剧烈活动状态的过程，往往容易发生运动损伤。青少年运动损伤最多的是骨折，其次是扭挫伤。

（2）技术上的错误，运动负荷较大。由于锻炼者运动时间过长，运动量过大，身体接受的负荷量太大，使机体未得到充分恢复造成过度训练，这是运动损伤发生的主要原因之一。

（3）身体功能和心理状态不良。如果注意力不集中或集中持续时间不长，发生损伤的危险性会增加。情绪不稳定、易急躁、急于求成，或在运动中因畏难、恐慌或害羞而犹豫不决的人，容易造成运动损伤。

（4）组织方法不当，运动粗野或违反规则。运动中对手技术动作不正确，故意犯规，以及执行规则不严不公，极易造成损伤。

(5) 场地设备的缺点，不良气象的影响。运动场地不平坦，器械安装不牢固，器械的高低、大小与轻重不符合锻炼者的年龄、性别和训练水平的特点等，所有这些都能成为受伤的原因。雨后路滑、光线不足、气温过高、过低等，也能引起运动损伤。

2. 诱因

诱因即为诱发因素，它必须在直接原因（如局部负担量过大，技术动作发生错误等）的同时作用下，才可成为致伤的因素。由于局部解剖的生理特点，某些组织所处的特殊解剖位置，可导致负荷最大的组织发生损伤。另外，各项运动的技术特点，使人体各部位的负担量不尽相同，因此，人体在各运动项目中都有易伤部位。例如，足球比赛的激烈性、对抗性造成踝关节受伤；在田径训练中，没有充分地做好准备活动，导致韧带拉伤等。因此，运动损伤的预防应该得到我们的重视。

（三）运动损伤的预防原则和方法

主动预防损伤，比发生损伤后再去治疗更为重要。那么，如何预防呢？一般来说，在体育锻炼中运动损伤的预防应做好以下几个方面的工作：

1. 训练方法要合理

要掌握正确的训练方法和运动技术，科学地增加运动量。对于不同性别、年龄、水平及健康状况的人，训练时在运动量的安排上应因人而异、循序渐进。例如，年龄小的在训练内容上，应把全面身体训练和专项身体训练结合起来，并以全面身体训练为主；在运动量的安排上应考虑到他们的生理特点，与成年人比较起来训练时间要短些，强度、密度要小些。

2. 准备活动要充分

在实际工作中，我们发现不少运动伤是由于准备活动不足造成的。因此，在训练前做好准备活动十分必要。准备活动可以提高中枢神经系统的兴奋性，克服机体机能活动的生理惰性，为正式练习做好准备。准备活动能增加肌肉中毛细血管开放的数量，提高肌肉的力量、弹性和灵活性。同时也可以提高关节韧带的机能，增强韧带的弹性，使关节腔内的滑液增多，防止肌肉和韧带的损伤。在进行准备活动时，既要使躯干、肢体的大肌肉群和关节充分活动开，同时也要注意各个小关节的活动。准备活动还应增加一些专项素质的内容。

3. 注意间隔放松

在训练中，每组练习后为了更快地消除肌肉疲劳，防止由于局部负担过重而出现的运动伤，组与组之间的间隔放松非常重要。在间隔时间内，一些运动员对这一问题重视不够。他们在每组练习后往往站在一旁不动或千篇一律地做些放松跑。这样并不能加快机体疲劳的消除，在进行下组练习时还易出现损伤。由于各个项目的练习内容不同，间隔放松的形式也应有所区别。例如，着重于上肢练习的项目，在间隔时间内可做些放松慢跑；着重于下肢的项目结束后，可以在垫子或草地上仰卧，将两腿举起抖动或做倒立。这样，一方面可以促进血液的回流，改善血液的供给；另一方面也能使活动肢体中已疲劳的神经细胞加深抑制，得到休息。这对于消除疲劳及防止运动伤有着积极意义。

4. 防止局部负担过重

训练中运动量过分集中，会造成机体局部负担量过重而引起运动伤。例如，膝关节半蹲起跳动作过多，易引起髌骨损伤；过多地练习鸭步可引起膝内侧副韧带及半月板的损伤。因此，在训练中应避免单调片面的训练方法，防止局部负担量过重。

5. 加强易伤部位肌肉力量练习

据统计，在运动实践中，肌肉、韧带等软组织的运动伤最为多见。因此，加强易伤部位的肌肉力量练习，对于防止损伤的发生具有十分重要的意义。例如，加强股四头肌力量的练习可以防止膝关节损伤；而防止肩关节伤则应加强三角肌、肩胛肌、胸大肌和肱二头肌的练习。

除上述几条以外，搞好医务监督，遵守训练原则，加强保护，注意选择好训练场地，也是预防运动损伤的重要内容。

二、常见运动损伤及其处理

（一）擦伤

擦伤指皮肤表面被粗糙物擦破的损伤。最常见的是手掌、肘部、膝盖、小腿的皮肤，如田径类运动中摔倒时易引起皮肤擦伤。由于真皮含有丰富的神经末梢，损伤后往往十分疼痛。但表皮细胞的再生能力很强，如伤口无感染则愈合很快，并可不留疤痕。

1. 原因

运动中动作技术错误，动作不协调或不小心导致身体跌倒引起皮肤擦伤。

2. 症状

擦伤后可见表皮破损，创面呈现苍白色，并有许多小出血点和组织液渗出。

3. 处理

清创可用淡盐水（1 000毫升凉开水中加食盐9克，浓度约0.9%），没有条件也可用自来水、井水边冲边用干净棉球擦洗，将泥灰等脏物洗去。清洗创面是防止伤口感染的关键步骤。有条件者可用碘酒、酒精棉球消毒伤口周围，沿伤口边缘向外擦拭。注意不要把碘酒、酒精涂入伤口内，否则会引起强烈的刺激痛。上药可在创面上涂一点红药水（红汞）。此药有防腐作用且刺激性较小。新鲜伤口不宜涂紫药水（龙胆紫）。此药虽杀菌力较强，但有较强的收敛作用，涂后创面易形成硬痂，而痂下组织渗出液存积，反而易引起感染。

4. 预防

运动前充分做好准备活动，使关节肌肉活动灵活；运动中注意动作正确，少发生错误动作；活动时要谨慎，注意力集中，确保健康安全运动。

（二）挫伤

挫伤又叫撞伤，损伤症状以外力直接作用部位为主，多引起该处皮下组织、肌肉、肌腱等损伤。最常见的挫伤部位是大腿、小腿前部。此外，头、脑、腹部及睾丸的挫伤也较常见。

1. 原因

挫伤多是因直接暴力使身体跌仆撞击或重物挤压等作用于人体而引起的闭合性损伤。

2. 症状

一般都有疼痛，初轻后重，约持续24小时。疼痛程度与淋巴液、血液在局部积聚的量、局部实际损害的情况及部位有明显的关系。按照挫伤后的出血量和部位不同，可形成瘀点、瘀斑和血肿。多数出血可逐渐吸收消散。

3. 处理

伴有休克的挫伤首先是要纠正休克，如睾丸或腹部损伤的运动员。然后将伤员安置在适当的位置使之休息。上肢的挫伤可用三角巾悬带休息。下肢则需静卧床上，应将患肢抬高，冷敷并加压包扎，以减少出血及水肿。大的肌肉群损伤多伴有严重的出血，应密切观察。疼痛较重的挫伤，应根据不同情况给予止痛药物。

4. 预防

在练习、比赛时，应加强自我保护意识，提供必要的保护，穿戴好保护装置，改进错误动作，严格裁判，禁止粗野动作。

(三) 肌肉拉伤

肌肉拉伤是肌肉在运动中急剧收缩或过度牵拉引起的损伤。这在长跑、引体向上和仰卧起坐练习时容易发生。肌肉拉伤的部位以大腿后群肌肉的拉伤最为常见，如股二头肌拉伤；其次是小腿的腓肠肌和大腿的股四头肌以及腰背肌、腹直肌、上臂肌。

1. 原因

肌肉拉伤的主要原因多半是肌肉的准备不够，或是受伤尚未复原、暖身不足等。另外就是因为肌肉使用过度而失去应有的弹力和协调性而受伤。

2. 症状

肌肉损伤的症状与肌肉拉伤的程度有关。若是细微的损伤，症状较轻；若是肌纤维完全断裂，则病态较重。一般表现为伤处疼痛、局部肿胀、肌肉紧张或抽筋，有明显的压痛，摸上去发硬。当受伤肌肉做主动收缩或被动拉长时疼痛更厉害。严重的肌肉拉伤在肌纤维断裂时，受伤者自己往往感到或听到断裂声，随即局部肿胀，皮下出血，肢体活动有障碍，在断裂处摸到凹陷或两端异常膨大。

3. 处理

肌肉拉伤后，要立即进行冷处理，即用冷水冲局部或用毛巾包裹冰块冷敷，然后用绷带适当用力包裹损伤部位，防止肿胀。在放松损伤部位肌肉并抬高伤肢的同时，可服用一些止疼、止血类药物。24~48小时后拆除包扎。根据伤情，可外贴活血和消肿胀膏药，可适当热敷或用较轻的手法对损伤局部进行按摩。肌肉拉伤严重者，如将肌腹或肌腱拉断者，应抓紧时间去医院做手术缝合。

4. 预防

肌肉拉伤预防，主要是针对发生原因进行。如剧烈运动前做好准备活动，尤其是易拉伤部位的准备活动；体质较弱、训练水平不高的，运动时要量力而行，防止过度疲劳和负荷太重；要提高运动技术及动作的协调性，不要用力过猛；改善训练条件，注意运动场所的温度。

(四) 关节韧带扭伤

是指关节韧带扭伤运动中由于外力使关节活动超出正常生理范围，造成关节周围的韧带拉伤、部分断裂或完全断裂。最容易发生关节韧带扭伤的部位在膝关节、手指关节和踝关节。

1. 原因

造成关节韧带扭伤的原因有：准备活动不合理，技术动作不正确，运动负荷过大，不带护膝、护踝，场地、器械因素。

2. 症状

关节韧带扭伤后，局部肿胀、疼痛、压痛，有皮下出血的可见青紫区。

3. 处理

早期正确处理关节韧带扭伤非常重要。因为韧带组织不易再生恢复，如果处理不当或误诊而转成慢性疾病，可能遗留功能障碍，且以后易再次扭伤。急性损伤发生后，应立即停止活动，以减少出血。可立刻用冷水冲损伤部位或用冰块冷敷局部以达到止血的目的。然后覆盖绷带加压包扎防止肿胀。韧带完全断裂或怀疑并发骨折的，在加压包扎后必须请医生进一步检查和治疗。经过24～48小时后，损伤部位的内出血已停止，这时可用温热毛巾热敷或按摩以消肿和促进血液吸收。在进行温热敷时，温度不要太高，时间不宜太长。按摩时也不宜太重，以免加重渗出、水肿或发生再出血。为了促进关节功能的恢复，应注意动静结合，在没有疼痛感觉的前提下进行早期活动。基本痊愈后，应加强关节周围肌肉的力量练习，提高关节的相对稳定性。

4. 预防

（1）训练方法要合理。要掌握正确的训练方法和运动技术，科学地增加运动量。

（2）准备活动要充分。在实际工作中，不少运动损伤是由于准备活动不足造成的。因此，在训练前做好准备活动十分必要。

（3）注意间隔放松。在训练中，每组练习之后为了更快地消除肌肉疲劳，防止由于局部负担过重而出现运动伤，组与组之间的间隔放松非常重要。

（4）防止局部负担过重。训练中运动量过分集中，会造成机体局部负担过重而引起运动伤。

（5）加强易伤部位肌肉力量练习。

（五）胫腓骨疲劳性骨膜炎

胫腓骨疲劳性骨膜炎是体育运动中常见的伤病。初参加运动的人，下肢的肌肉还不发达，缺乏弹性，跑跳时不能协调地收缩和放松，脚落地时，也不会利用缓冲力量，致使骨膜反复受到牵扯和拉拽，故而发病率较高。

1. 原因

胫腓骨疲劳性骨膜炎的发病原因是跑跳的时间过长，小腿肌肉在胫腓骨的附着点受到过分的牵拉和扯拽，刺激骨膜引起的非细菌性的炎症。另外，在天气较冷时，没有做好准备活动，腿部的肌肉、肌腱比较僵硬，以及在硬地上跑跳时间过长，都容易引起这种损伤。

2. 症状

（1）疼痛：小腿下部、脚腕上部疼痛最剧烈。多数人在跑跳后疼，也有的人一跑就疼，尤其在脚尖用力向后蹬地时疼痛最明显。

（2）压痛：用手轻压胫骨的内面和腓骨的外面，即感到剧烈的疼痛。尤其是在无肌肉覆盖的地方压，疼痛更明显。

（3）骨膜下水肿：骨膜受到牵拉，有不同程度的水肿、炎症和出血。用手轻轻抚摸时，感到表面粗糙不平，有小硬结，用 X 光照像，可见骨膜有病理变化。

3. 处理

发生了胫骨疲劳性骨膜炎，要注意以下事项：第一，要停止大运动量的训练，避免剧烈的跑跳，并用绷带将小腿下部包扎起来，休息几天就会好转；第二，要用热水袋或热水毛巾局部热敷，促进血液循环，加快渗出物的吸收；第三，中药黄栀子研成细面，用鸡蛋清调和后摊在布上，裹在患处，每天换一次。也可用泼尼松龙配普鲁卡因局部封闭，每三天一次；第四，病情严重的要完全休息，彻底治愈后再运动。

4. 预防

（1）初参加锻炼的人，尤其是练习跑跳时，要掌握循序渐进的原则，不要突然加大运动量，更要防止过度疲劳。

（2）脚尖着地跑要和脚掌着地跑交替进行，后蹬跑和上下坡跑要练习一会儿休息一会儿，增强下肢肌肉的力量和弹性，使其有个适应过程。

（3）剧烈跑跳前要充分做好准备活动，使肌肉和肌腱充分活动开。脚着地时注意利用缓冲力，更不要在坚硬的场地上长时间跑跳。

（六）运动性腹痛

在进行中长跑、越野跑、游泳和自行车运动等耐力性较强的项目时容易发生运动后腹部疼痛。

1. 准备活动不充分

开始运动时运动量过大，由于内脏器官功能还没有提高到应有的运动水平就加大了运动强度，特别是心肌力量较差时，搏动无力，影响静脉血回流，下腔静脉压力上升，肝静脉回流受阻，从而引起肝脾瘀血肿胀，增加了肝脾被膜张力，以致产生牵扯性疼痛。

处理方法：运动前要做充分的准备活动，使内脏器官适应。

2. 胃肠痉挛

运动时胃肠发生痉挛引起腹痛，轻者钝痛、胀痛，重者呈阵发性绞痛，其疼痛部位多在脐周及腹上部。发生这类腹痛，可在腹部热敷以缓解痉挛。

处理方法：运动前别吃得太饱，也别吃容易产气的食物，如豆类、薯类及冷饮。

3. 腹直肌痉挛

多发生在夏季进行较为剧烈的运动时，由于大量水、盐丢失，体内代谢失调，加上疲劳，可引起腹直肌痉挛性疼痛。

处理方法：夏季运动出汗时要适当补充盐水，局部按摩腹直肌，做背伸运动，拉长腹直肌，可以缓解腹痛。

4. 呼吸节律紊乱

大运动量锻炼时，破坏了均匀的有节奏的呼吸，使吸氧量下降，造成体内缺氧，导致呼吸肌疲劳、膈肌疲劳后减弱了它对肝脏的按摩作用，导致肝脏瘀血肿胀而引起腹痛。

处理方法：调整呼吸节律，尽可能用鼻呼吸而不要张嘴呼吸。

（七）肌肉痉挛

肌肉痉挛俗称抽筋，是指肌肉不由自主地强直收缩。体育锻炼中，尤其在游泳时，最容易发生痉挛的肌肉是小腿腓肠肌。其症状为局部肌肉坚硬或隆起，剧烈疼痛，且一时不易缓解。

1. 原因

（1）体内失盐过多。

在进行剧烈运动时，由于身体大量出汗，体内盐分失去过多，破坏了体内电解质的平衡，由于体内氯化钠含量过低，引起肌肉神经的兴奋性增高而使肌肉发生痉挛。

(2) 肌肉收缩与舒张失调。

运动中,由于肌肉快速连续收缩,放松的时间太短,破坏了肌肉收缩与舒张交替进行的协调关系,引起肌肉痉挛。这种强烈收缩抑制舒张的痉挛情况在肌肉疲劳时更易发生。

(3) 冷刺激。

在寒冷的环境中进行体育活动时,如果没做充分的准备活动,肌肉在受到寒冷刺激的时候,常容易痉挛。

2. 处理

肌肉痉挛发生时,一般通过慢慢加力、持续牵拉的方法,就可使痉挛的肌肉得到放松并消除疼痛。小腿抽筋时,可平躺在地上,用异侧手抓住前脚掌,伸直膝关节用力拉;也可平坐或仰卧,伸直膝关节,让同伴双手握其足部抵于腹,痉挛者躯干前倾适度用力,同伴用手促其脚背缓慢地伸展,同时推、揉、捏小腿肌肉,就可以使痉挛缓解。

(八) 网球肘(肱骨外上髁炎)

本病因多见于网球运动员而得名,凡反复用力做伸腕运动者皆易得此病。

1. 原因

网球、乒乓球运动中,由于"下旋""反拍"回击急球时,因球的冲力作用,使肌腱纤维受到反复牵扯而发生劳损。

2. 症状

初期只感到肘关节外侧酸困和轻微疼痛,或仅在用力伸腕与前臂用力旋前、旋后时出现局部疼痛。病情发展时,肱骨外上髁部发生持续性疼痛,疼痛可向前臂外侧发散,患者手的力量减小,持物不牢,端提重物、拧毛巾、反手击球时,肘外侧疼痛尤为明显。

3. 处理

早期症状轻微,按摩、理疗效果良好。手腕和前臂用力活动时,于前臂肌腹处缠绕弹性绷带,可以减少疼痛发生。当肘外侧出现持续疼痛时,除继续早期治疗外,应限制腕部用力活动,尤其是腕背伸用力活动。在用药方面,可用泼尼松止痛注射,效果良好。注射后患肢暂停用力活动1~2周。中药、针灸也有较好效果。

4. 预防

加强腕部力量训练,防止前臂肌肉疲劳积累,做好准备活动,提高肌肉的反应性。正确掌握"反拍"击球技术，早期发现症状，及时治疗。

（九）脑震荡

脑震荡是指头部受到暴力作用后，脑的神经组织被震荡而引起大脑暂时的意识和机能障碍，其病理解剖和神经系统检查无明显器质性病变。

1. 症状

脑受伤后即刻出现轻度的短时间意识障碍，最多不超过半小时。昏迷时全身肌肉松弛无力，面色苍白，皮肤、腱反射减弱或消失，瞳孔散大，脉搏细弱，呼吸表浅，伴有头痛、头昏、耳鸣、心悸、失眠等。少数患者有恶心、呕吐、心烦不安、注意力不集中，并可因头部活动或情绪紧张而加重。以上症状大多于数日后减轻或消失。

2. 处理

首先进行急救。立即让伤者平卧，保持安静，防寒或防暑，不可随意搬动和让伤员坐或站立，避免摇晃、震动，以免加重病情。昏迷不醒者，可掐人中使之苏醒。休息观察期间，停止任何运动。

（十）"男女有别"：运动性月经失调

运动性月经失调是女性运动员特殊和常见的现象。主要表现为：月经初潮推迟，月经周期过长或过短，月经量过少，甚至闭经或功能失调性子宫出血以及经前期紧张综合征等，影响全身机能和运动能力。

1. "女运动员三联征"

20世纪90年代初，美国运动医学学会提出，饮食失调、闭经和骨质疏松是女运动员经常出现的健康问题，并将之称为"女运动员三联征"。

2. 人工月经周期

对于不习惯经期参加比赛的运动员，可用内分泌制剂提前或错后月经，人为地形成卵巢、子宫内膜的周期性变化，即为"人工月经周期"。

3. 月经期的体育卫生

目前较为一致的看法是，一般运动员经前期状态最差，运动能力低下。一般认为经前期紧张比经期对运动的影响要大。

（1）经期应避免过冷、过热的刺激，特别是下腹部不宜受凉，以免引起痛经或月经失调。

（2）经期的第一、第二天应减小运动量及强度，运动时间也不宜太长，特别是月经初潮不久，周期尚不甚稳定的少年运动员更应注意，否则易造成月经失调。

（3）经期不宜从事剧烈运动，尤其是震动强烈、增加腹压的动作，如疾跑、后蹬腿跑、高抬腿跑、跳跃、跳起扣球、跳起投篮、负荷过大的力量性训练等，以免造成经血量过多或影响子宫的正常位置。

（4）经期一般不宜下水游泳，以免在生殖器官自洁作用降低时病菌侵入造成感染。

（5）有痛经、月经过多或月经失调者，经期应减少运动量、强度及训练时间，甚至停止体育活动。

运动损伤治疗措施：RICE 原则

Rest（休息）：不要走动，让患肢保持休息状态。

Ice（冰敷）：注意不要直接把冰放到受伤部位，为避免冻伤需要加条毛巾垫一下。每次 20 分钟每天 3 次的频率。冰敷的作用是缓解疼痛，使毛细血管收缩，淋巴管收缩，避免肿胀。

Compression（加压包扎）：用弹力绷带给患肢包扎，给予脚踝部一定压力避免水肿。

Elevation（抬高）：将足抬高，高于心脏的位置，这利于血液循环避免水肿。

 探索与思考

1. 怎样预防运动损伤？
2. 请说说肌肉拉伤的原因以及拉伤后如何处理。

单元3.2 常见职业性疾病的运动干预

1. 认识职业特征及其职业病的预防。
2. 练习并掌握常见职业病的体育疗法。
3. 了解职业体适能的发展途径及其练习方法。

你不知道的尘肺病之殇

胸闷、呼吸沉重、咳不完的痰、跪着睡觉……

用命挣钱，用钱买命

这是尘肺病人的真实状态

胸闷、呼吸沉重、肺里有咳不完的痰。随着病情的加重，患者的肺会变得像石头一样坚硬。为了顺畅呼吸，他们只能坐着、跪着，直到生命的终结。这就是号称"藏起来"的隐形矿难——尘肺病。

尘肺病的规范名称是肺尘埃沉着病，是由于在职业活动中长期吸入生产性粉尘（灰尘），并在肺内潴留而引起的以肺组织弥漫性纤维化（瘢痕）为主的全身性疾病。洗肺时，从引流管排出来"洗肺水"的颜色，就能看出来工人从事的工种，矿工流黑水，陶瓷工流白水。但洗肺只是洗掉肺泡中的粉尘，并不能使"受伤"严重的肺泡恢复正常。

尘肺病的潜伏期受到很多因素影响，比如粉尘的性质、浓度、接触时间、个人防护措施等。尘肺病虽然如此可怕，但只要防尘工作做到位，完全可以避免患上尘肺病。

防治尘肺病，从预防做起

愿所有人远离职业尘肺病

一、职业特征及其职业病的预防

（一）职业范围及其劳动特征

依据职业劳动者的身心活动的基本特征，以劳动者在工作过程中较多出现的身心活动类型为主要依据进行归类，职业劳动者的操作类型可以划分为以伏案操作、站立操作、移动操作为主的3种类型。

1. 伏案操作类型

（1）范围。
会计、财务、文秘、电脑、制图、描图、仪表、化验、家电维修和珠宝鉴定等职业。
（2）劳动特征。
①长期低头、含胸、弯腰、静坐、伏案，工作精确度要求高，心理紧张。
②长时间坐立，颈前屈，脑部供血受限，眼睛长时间处于紧张状态。

2. 站立操作类型

（1）范围。
车工、电工、化工、轮机、驾驶、采掘、建筑、纺织、制模、医护、烹调等职业。
（2）劳动特征。
①该职业以站立或行走为主要身体姿势。
②长时间站立、含胸，导致人体协调机能和各器官的负担重。

3. 移动操作类型

（1）范围。
经销、护理、导游、农业、林业、地质、石油、矿产、航海、水上作业、高空作业等职业。
（2）劳动特征。
①多为室外劳动操作，客观环境条件比较艰苦复杂，天气、温度、湿度等条件容易对身体产生不良影响。
②一般劳动强度大，运动系统和心肺功能负担重，付出与消耗体力较多。

（二）常见职业病

职业病（Occupational Diseases），是指企业、事业单位和个体经济组织（以下统称用人单位）的劳动者在职业活动中，因接触粉尘、放射性物质和其他有毒、有害物质等因素而引起的疾病。要构成《中华人民共和国职业病防治法》中所规定的职业病，必须具备4个条件：

①患病主体是企业、事业单位或个体经济组织的劳动者。

②必须是在从事职业活动的过程中产生的。

③必须是因接触粉尘、放射性物质和其他有毒、有害物质等职业病危害因素引起的。

④必须是国家公布的职业病分类和目录所列的职业病。

4个条件缺一不可。

中外古代医籍中已提到的有关职业病内容有：古罗马的老普林尼记述了奴工用猪膀胱预防熔矿烟气的办法；瑞士医生帕拉切尔苏斯提出铸造及熔炼中的劳动卫生问题；G. 阿格里科拉报告，矿工中呼吸病多发；B. 拉马齐尼所著《论工匠的疾病》一书，详细分析和记载了多种生产有害因素与职业病的关系。随着大工业生产及自然科学的发展，职业性疾病越来越多。

在生产劳动中，接触生产中使用或产生的有毒化学物质、粉尘气雾、异常的气象条件、高低气压、噪声、振动、微波、X射线、γ射线、细菌、霉菌、长期强迫体位操作、局部组织器官持续受压等，均可引起职业病，一般将这类职业病称为广义的职业病。广义的职业病一般有尘肺、职业中毒、职业性皮肤病等。

同样，在日常工作中，由于长期重复性工作，容易使颈椎疲劳，引起颈椎病，出现骨质增生等症状，有的影响血液循环，出现习惯性头晕等症状。由于工作方式的机械性，经常以固定姿势进行操作，各部分的肌肉容易出现劳损。长时间的坐姿、站姿、弯腰等工作形式，也容易引起腰肌等劳损甚至导致腰椎间盘突出症，容易出现便秘等不良症状。此类由于特殊的工作造成的职业性损伤一般有颈椎病、椎间盘突出、下肢静脉曲张、肩周炎，等等。这些由于长期以固定的或重复的动作造成的职业病，需要通过一定的体育运动疗法加以治疗。

对其中某些危害性较大、诊断标准明确、结合国情由政府有关部门审定公布的职业病，称为狭义的职业病，或称法定（规定）职业病。我国卫生部[①]从1972年首次公布职业病14种，至2013年12月23日，国家卫生计生委、人力资源和社会保障部、安全监管总局、全国总工会4部门联合印发的《职业病分类和目录》中，将职业病分为职业性尘肺病及其他呼吸系统疾病、职业性皮肤病、职业性眼病、职业性耳鼻喉口腔疾病、职业性放射性疾病、职业性传染病、职业性肿瘤、其他职业病10类132种。我国政府规定诊断为规定职业病的，需由诊断部门向卫生主管部门报告，规定职业病患者在治疗休息期间，以及确定为伤残或治疗无效而死亡时，按照国家有关规定，享受工伤保险待遇或职业病待遇。有的国家对职业病患者给予经济赔偿，因此，也有称这类疾病为"需赔偿的疾病"。职业病的诊断一般由卫生行政部门授

---

① 卫生部：今为卫计委。

权，由具有一定专职条件的单位进行。

（三）职业病的诊断原则和程序

1. 职业病诊断原则

职业病诊断政策性强，技术要求高，是一项严肃的工作，须由各级政府卫生行政主管部门认定的专职医疗卫生机构进行。一般采取（诊断小组）集体讨论、诊断的方式。诊断的核心问题是明确职业危害因素与所患疾病是否有确切因果关系，需要收集和分析下述资料：

（1）病因资料：确定患者受职业危害的可能性及其程度，包括职业史、现场劳动卫生调查资料、作业场所有害物质强度（浓度）数据、患者体内特异性生物标志物数据，以及其他特异测试数据。

（2）临床资料：鉴定患者受职业性有害因素损害的后果及其病情程度。应当收集的资料有疾病史，临床症状和体征，常规、生化检查及其他辅助检查，活体组织检查等资料。

（3）综合分析以上两方面资料，确定以下问题：
①职业危害因素的危害作用与临床表现是否相符。
②剂量（强度）与疾病严重程度是否一致。
③接触时间、方式是否符合职业病发病规律。

一般来说，经过这些步骤即能做出诊断。对一时不能确诊的可疑职业病，必须随访观察，定期复查。

2. 职责

（1）尘肺、中毒、物理因素诊断组和职业病科严格按《职业病诊断与鉴定管理办法》的要求和《职业病诊断国家标准》进行职业病诊断。

（2）各诊断组负责做出科学、客观、准确的职业病诊断结论，并对其职业病诊断结论承担责任。

（3）职业病诊断领导小组负责对所有职业病诊断工作和职业病劳动能力医学鉴定工作的领导，负责对《职业病诊断证明书》的最后审核。

3. 诊断程序

根据卫生部颁布的《职业病诊断与鉴定管理办法》的有关规定，从事接触性职业危害的劳动者，经职业性健康检查发现异常，可以进行职业病诊断。职业病诊断程序如下：

（1）劳动者可以选择用人单位所在地或本人居住地的职业病诊断机构进行

诊断。

（2）申请职业病诊断时应当提供以下材料：职业史、既往史；职业健康监护档案复印件；职业健康检查结果；工作场所历年职业病危害因素检测、评价资料；诊断机构要求提供的其他必需的有关材料。

（3）用人单位和有关机构应当按照诊断机构的要求，如实提供必要的资料。职业病诊断机构在进行职业病诊断时，应当组织 3 名以上取得职业病诊断资格的执业医师进行集体诊断。

（4）确诊为职业病的患者，用人单位应当按照职业病诊断证明书上注明的复查时间安排复查。

（5）职业病诊断的费用由用人单位承担。

（四）工作场所的职业卫生要求

工作场所存在职业病危害因素可以说是难以避免的，除了极少数国家明令禁止使用的设备或者材料外，大部分可能产生职业病危害因素的设备、材料，国家并没有禁止使用，例如，氰化物是剧毒物品，国家并没有禁止使用。触电会致命，火可引起火灾导致重大伤亡，但我们照样要用电、用火，问题是我们是否采取严格、有效的预防措施。

不少企业作业场所缺乏应有的通风、排尘、排毒设施，车间布局不合理，有毒作业场所与无毒作业场所不分开，存在严重的先天不足。随着新材料、新工艺、新技术的不断引进，加上境外不少职业病危害项目往内地转嫁，所带来的职业病危害日趋严重，群体职业病危害及死亡事故不断发生，尤其是到了 20 世纪 90 年代中后期，职业病发病已呈上升趋势，不少新的职业病病种也因此而产生。从近年来几十起职业病事故原因分析看，建设项目未实行"三同时"、车间布局不合理、作业场所缺乏必要的职业病防护设施，是职工病发生的主要原因。

对存在职业病危害因素的工作场所，《职业病防治法》明确规定应当符合以下职业卫生要求：

（1）职业病危害因素的强度或者浓度要符合国家职业卫生标准。

（2）有与职业病危害防护相适应的设施。

（3）生产布局合理，符合有毒害与无毒害作业分开的原则。

（4）有配套的更衣间、洗浴间、孕妇休息间等卫生设施。

（5）生产设备、工具、用具等生产设施和劳动条件符合保护劳动者生理、心理健康的要求。

（6）还要符合法律、法规和卫生部关于保护劳动者健康的其他要求。

用人单位如违反上述规定，可被处以 8 万元以上 20 万元以下的罚款。

二、常见职业病的体育疗法

由于现代工作的各种特征如长期伏案工作，容易使颈椎疲劳，引起颈椎病、骨质增生等症状，有的影响血液循环，出现习惯性头晕等症状。由于工作方式以上肢活动为主，经常以固定姿势进行柜台操作，肩部的肌肉出现劳损，容易出现肩周炎。长时间的坐姿形式和不时的柜台迎送服务，也容易引起腰肌劳损甚至导致腰椎间盘突出症，容易出现便秘等消化不良症状。现对颈椎病、腰椎间盘突出症和肩周炎这三种常见职业病的预防及体育疗法进行简单阐述。

（一）颈椎病的医疗体操

1. 伸颈拔背

两足分开同肩宽站立，两手叉腰。两肩下垂，同时做引颈向上伸的动作，保持此姿势3~8秒，然后放松，还原至预备姿势。如此连续做8~10次。

2. 与颈争力

两足分开同肩宽站立，双手十指交叉置于头后。头颈用力向后仰，同时双手用力向前拉，保持此种姿势3~8秒，然后放松，还原至预备姿势。如此连续做6~8次。

3. 头颈侧屈

两足分开同肩宽站立，双手叉腰。
①先向右侧屈颈8~10次。
②再向左侧屈颈8~10次。侧屈头颈时不能耸肩，尽可能使耳触及肩部，向两侧屈头颈可多做几次，动作宜缓慢、柔和。

4. 回头望月

头向左转，眼望左后上方，然后头向右转，眼望右后上方。左右各做8~10次，动作宜协调、柔和、缓慢。

5. 头颈绕环

头颈向顺时针方向绕环4~6次，然后头颈向逆时针方向绕环4~6次。动作要柔和、缓慢，活动幅度逐渐增大。

医疗体操每天做2~3次。

（二）腰椎间盘突出症的医疗体操

1. 预备姿势

患者仰卧于床上，腰部垫一小枕。

2. 屈踝运动

四肢放松，两踝关节做尽力屈伸运动，重复20~30次。

3. 交替屈伸腿

左腿用力屈曲，膝关节贴近胸部，随后用力踢腿伸直。左右腿交替，重复10~18次。

4. 举臂挺腰

两手用力后举同时用力挺腰，尽量使腰部抬离床面，重复10次。

5. 交替直抬

两腿重复做直腿抬高动作，重复18次。

6. "五点"式挺腰

屈双膝，两手握拳，屈双肘置于体侧，头顶、双肘、双足同时用力尽量抬高腰部，在最高处停留3秒复原，重复10次。

7. "三点"式挺腰

两手握拳，屈双肘置于体侧，头、双肘同时用力抬起腰部，重复10次。

8. 屈膝屈髋

屈两膝用力贴近胸部，双手抱住两膝停留2分钟。

9. 抱膝滚腰

完成屈膝屈髋后，继续用腰作为接触面前后轻轻晃动，重复18次。

（三）肩周炎的医疗体操

1. 弯腰画圈

两足分开同肩宽站立。

（1）向前弯腰 90°，患者上肢自然下垂，先顺时针方向画圈 20~30 次。

（2）还原至预备姿势，休息约 1 分钟。

（3）再弯腰，患者以臂沿逆时针方向画圈 20~30 次。

（4）还原至预备姿势。画圈的幅度逐渐加至最大，画圈的次数也应逐渐增加。

2. 屈肘摸背

两足分开同肩宽站立。

（1）患者屈肘将臂置于身后，手背贴在腰部，手指徐徐向上摸背，直至最高限度。

（2）患者将臂放松，手指沿后背慢慢落下，置于腰部。如此反复做 7~8 次。

3. 旋转上肢

两足分开同肩宽站立。

（1）患者上臂屈肘上举，先由后向前做肩关节旋转运动 18~20 次。

（2）再由前向后旋转运动 18~20 次。动作应柔和，运动幅度要逐渐增大。

4. 手指爬墙

面对墙而立，两足分开同肩宽。

（1）患者手指扶墙，沿墙徐徐向上爬行，直至最高限度。

（2）手指沿墙下落回至原处。如此做 7~8 次。手指向上爬墙时，不要扭动身体或提踵，患者手臂要尽量上举。每次锻炼都要使手指爬墙的高度逐渐增加，直至恢复正常。

5. 滑车举臂

先在门架或树枝上吊一滑轮，然后用一条细绳穿过滑轮后在细绳两端系一短棒。锻炼时，双手握住短棒，以健肢的活动来带动患肩的活动。每次练习 3~4 分钟，中间可以休息一会儿。患肩活动要柔和，运动幅度逐渐增加，也要注意用患肩的运动来带动健肢活动，以发展患肩部肌肉的力量。

三、职业体适能的发展途径及其练习方法

（一）职业体适能

职业体适能是与职业（劳动）有关的身体素质以及在不良劳动环境条件下的耐受力和适应能力，是经过特定的工作能力分析后所需具备的身体活动能力，包括重复性操作能力、背肌能承载静态力的能力、其他肌肉群能达到维持工作姿势要求的能力以及人体对于湿热工作环境的忍耐程度等能力。我们认为职业体适能应包括一

般职业体适能和职业特殊体适能两个方面：一般职业体适能主要是指人体活动能力能满足执行日常职业工作而没有感到疲劳，并留有充足的活力去享受闲暇时间的各种休闲活动的能力；职业特殊体适能主要是指人体能满足职业工作特殊环境、特殊工作方式以及预防和矫正职业病的工作能力。

（二）职业体适能的发展途径及其练习方法

表3-1、表3-2分别列出了不同专业和工种的职业体适能发展的途径选择。

表3-1 不同专业职业体适能发展途径选择

分类	所学专业	职业体适能需求特征	发展途径
机械安装类	机械制造、安装、修理等	一般耐力、动作协调性、动作准确性等	中长跑、器械练习、体操技巧、球类运动等
土建类	土木工程、建筑、市政工程、工程监理等	肩背部力量、静力性耐力、平衡能力、协调性、高空作业能力	平衡木、拓展训练、爬竿、爬绳、乒乓球、健美操等
计算机信息类	计算机、网络、软件开发、自动化、控制等	手指灵敏性、反应速度、爆发力、动作准确性等	反应跑、掷球、球类运动等
服务类	导游、文秘等	形体、反应速度、抗挫折能力、适应性等	艺术体操、体育舞蹈、信号跑、越野等
艺术类	声乐、美术、影视、摄影等	耐力、肺活量、适应能力、形体等	中长跑、野外生存、体操、舞蹈等
交通运输类	桥梁道路、公路海洋、驾驶、运输等	上下肢肩带力量、一般耐力、复杂反应能力、协调性等	哑铃、壶铃、垒木练习、单双杠、中长跑等
法律财经类	投资、金融、会计、法律、银行、保险等	反应速度、耐力、爆发力、抗挫折能力等	助跑跳远、反应跑、拓展运动、长跑等
林牧业	农业、畜牧业、自然保护等	定向能力、免疫力、适应性、耐力等	定向运动、越野、拓展训练等
航空航天类	航空飞行、机务、乘务、空管等	复杂反应能力、急救、游泳、抗眩晕能力、高空作业能力等	野外生存、综合器械练习、游泳、急救知识等

表3-2 不同职业工种职业体适能发展途径选择

职业工种	职业体适能需求特征	发展途径
地质	高山缺氧对工作能力的影响、无氧耐力、野外生存基本知识	登山、远足、定向越野、拓展训练
医学	体育运动的一般医务、救护知识	体育活动中的医务监督、运动按摩、运动损伤与急救

续表

职业工种	职业体适能需求特征	发展途径
河运、水文、海洋	无氧耐力、自然力锻炼方法	竞技游泳、实用游泳、水上救生
建筑工程	身体本体感觉与平衡能力	竞技体操、技巧运动
法律	爆发力、速度反应、抗挫折能力、灵敏	散打、拳击运动、小球类运动
金融	反应速度、抗击、防卫能力、形体礼仪、抗疲劳能力	防身术、拳击、散打、太极拳、瑜伽、形体礼仪
林业	定向能力、耐力练习方法	远足、登山、定向运动、拓展训练
乘务	身体本体感觉与平衡能力、速度反应、空中逃生、交际能力	体操运动、技巧运动、形体礼仪、拓展训练
物业社区管理	腰背力量、意志力、抗挫折能力、抗疲劳能力、交际能力	登山、仰卧起坐、形体礼仪、小球类运动
保险、营销	下肢力量和一般耐力、交际能力、表达能力、快速反应能力	各种跑跳练习、跳绳、远足、登山、形体礼仪、小球类运动
车工、铣工、切削工等	要求发展肩带肌、躯干肌和脚掌肌力量，发展平衡能力、一般耐力、下肢静力性耐力，上肢动作的协调性和准确性、目测力、注意力的专注性	各种走、左脚和右脚交换跳跃、体操棒、环运动，实心球、哑铃练习，爬绳，翻滚，头手倒立，重物投掷，装配和摆放物件等，田径运动，篮球和手球
装配工、设计员、缝纫工、钟表工等	要求发展一般耐力、手指协调性、动作的准确性、触觉的敏感性、注意力的专注性、反应的速度	300米跑、1 000米跑，跳绳，体操凳练习，俯卧体后屈，两手耍网球，篮球运球、投篮，排球、乒乓球、手球
吊车司机、拖拉机手、汽车司机等	要求发展上肢和下肢协调性、上肢和肩带肌静力性耐力、一般耐力、简单和复杂反应、注意力的转换能力	实心球、哑铃、橡皮缓冲装置练习，加速运球和听信号急停，左右手同时运球，听信号加速，听信号蹲踞式、站立式起跑，体操，篮球
木工、瓦工、粉刷工、油漆工、石工等	发展肩带肌和下肢肌静力性耐力、前庭稳定性、灵敏性；在高空和限制地段爬楼梯、爬绳、爬竿和跳跃中保持平衡的能力	在沿纵放、斜放、横放的梯上做攀爬练习，攀爬练习和爬绳、杆练习，头手倒立和手倒立，窄木行走，负重和对抗练习，在不高处跳下练习，竞技体操、技巧运动，跳水
控制台操作员、畜牧业工人、农艺师等	发展运作速度、反应速度、协调性、躯干肌的静力性耐力；培养在紧张的情况下完成动作的能力	徒手、器械体操练习，体操凳、肋木练习，接力，耐力性、准确性、灵敏性游戏，篮球、手球、排球、乒乓球

（三）强化职业体适能的意义

社会职业的分工是社会发展的结果，是社会进步的标志。据统计，当今社会的职业已达数千种，专业则数以万计。任何职业的工作都离不开良好的体能做基础，也离不开良好的职业体适能做保障。职业工作过程本身就是人体活动的过程，也正好发展和提高着与职业技能相关的职业体适能，但职业工作本身并不是发展职业体适能的主要手段，这是因为在劳动过程中体能要达到所需要的水平，需要靠年复一年的努力，此外，年轻人在提高适应工作阶段的职业体适能水平时，常常需要花费一定的时间代价、成本代价。当不能适应工作需要时，会导致他们从所选择的职业中改行，或者延误工作进度，造成损伤和残疾，甚至付出生命的代价。

1. 强化职业体适能有助于有效提高体质健康水平

最近几年来，我国学生体质健康水平的持续下降直接影响到青少年一代的健康成长，直接影响到我国人才培养的质量，已经引起党和国家领导人的高度重视及社会各界的强烈关注，作为以达到增强体质、增进健康和提高体育素养为主要目标的高职院校公共体育课程，以强化学生职业体适能为突破口，在发展学生职业体适能的同时，也有助于全面提高学生的体质健康水平。

2. 强化职业体适能有助于职业技能的掌握和利用

作为培养适应社会生产、建设、管理、服务等一线高素质人才的高等职业院校，培养学生专业技能水平，诚然是开展职业工作的目的，但许多专业技能的掌握和利用，必须具有相应的职业体适能做保障，譬如，电工专业人员没有一定的攀高、平衡能力，就不能胜任电工高空作业，民航乘务专业人员没有具备平衡抗眩晕能力，就不能胜任民航乘务服务工作。

3. 强化职业体适能有助于缓解职业倦怠，提升工作质量

据"中国'工作倦怠指数'调查"结果显示，世界范围内普遍存在的工作倦怠现象正袭扰我国，职业人员出现工作倦怠现象的比率与职位、性别、学历、工作年限有很大关系，比例最高的工作人员为普通职工，女性明显高于男性，工作年限不足4年的比例最高。苏联专家马特维也夫在《体育理论与方法》一书中曾明确提到："职业实用性身体训练水平是缩短掌握职业期限的因素之一，同时也是对掌握职业工作质量的一种保证。"强化学生职业体适能水平有助于增强职业工作的效果和在独立生产活动中保持良好的工作能力，提升工作效率、工作质量并延长工作寿命。

要职业 不要职业病

职业病是严重影响劳动者健康的重大疾病。职业病的发生，对用人单位、患者及其家庭都是沉重的负担，一些职业病如尘肺病或肺尘埃沉着病、噪声性耳聋等无法治愈，会给患者造成终身伤残，给社会、企业、个人带来严重的影响。

每年的4月25日至5月1日是《职业病防治法》宣传周，2019年宣传周的主题是"健康中国，职业健康同行"。国家设立《职业病防治法》宣传周的目的是倡导和动员全社会共同关注劳动者的职业健康，普及职业病防治知识，预防和控制职业病的发生，以实际行动推进健康中国建设。我们倡导"要职业，不要职业病"的理念。

 探索与思考

1. 腰椎间盘突出症的预防及体育疗法有哪些？
2. 强化职业体能的意义是什么？

模块四　体能训练与发展

模块导读

　　本模块从理论层面带领同学们了解发展健康体能的基本原理。通过本模块第一节的学习，同学们能够了解健康体能和运动体能的不同，掌握体能运动的基本类型。健康体能和心肺耐力、肌肉力量、肌肉耐力和身体成分相关，运动体能是在健康体能的基础上，对人的体能提出了更高层次的要求，和灵敏度、速度、协调性、平衡性密切相关。在此基础上，同学们还会学习各个运动的技术标准和强度评价，从而能在实践中实时监测自己的运动强度和身体状况，确保运动安全和运动效率。针对健康体能和运动体能的相关因素，模块介绍了一些实用的训练方法。模块的第二节教给同学们制订体能锻炼计划的方法，包括需要遵循的原则，以最基础的也是最实用的运动——跑步为例，希望同学们掌握节奏跑、匀速跑、间歇跑、加速跑等不同的跑步类型，注意跑前的准备活动和跑后的拉伸运动，有的放矢，根据自身情况制订一套科学的运动计划。

单元4.1 健康体能发展的基本原理

学习目标

1. 了解体能的两种基本类型。
2. 掌握发展各项体能的基本锻炼方法。

导入案例

小王同学的健身困惑

小王同学每天都跑步,他给自己制订的跑步计划是每天晚上下课之后去操场跑3千米。操场上的人很多,和大家一起跑步也很容易坚持。第一周,小王每天都跑,充满了精神。坚持了一个月之后,小王发现自己再跑3千米时已经不像一开始的时候那样费劲了,非常的轻松。于是他对自己的速度做出了更高的要求,自己的3千米要在15分钟内完成。又坚持了一段时间,小王觉得每日这样跑步太无聊了,很难再继续进行下去。

小王同学给自己制订了具体的运动计划,并且很好地实施,而且还根据自身情况调整了阶段性目标。那为什么小王还是会出现负面的情绪呢?学完了本章的内容,你可以帮助小王解决他的困惑吗?

一、认识体能

(一)体能的基本概念

体能是人类适应生活、工作、学习等活动应具备的各种身体能力。体能分为健康体能和运动体能两部分。

健康体能是人们维系健康所具备的身体能力。健康体能使我们以饱满的精力、向上的姿态去面对学习和生活。有些同学在生活中很容易感到疲惫，没做多少事就感到很累，学习生活的热情也不高，就像打了霜的茄子，没有精气神。而经常运动的同学则充满了朝气，很有活力，可以同时应对很多事情而游刃有余。除了和个人能力有关，还与健康的体能密切相关。

1. 健康体能

从生理层面而言，健康体能和以下几个因素息息相关：

（1）心肺耐力。指在持续性身体活动时循环系统和呼吸系统供应氧的能力。通过体能锻炼能有效地发展心肺耐力，预防冠心病等心血管疾病。

（2）肌肉力量、肌肉耐力。前者是指肌肉或肌肉群一次竭尽全力收缩时对抗阻力的能力。后者指肌肉或肌肉群多次重复收缩而不疲劳的能力。人体所有活动都离不开肌肉收缩，良好的肌肉力量和肌肉耐力是健康生活的保障，也是发展其他体能的基础。

（3）身体成分。指人体内水、蛋白质、脂类、糖类和无机盐以及维生素的含量和占比。在运动方面我们主要考察人体总体重中脂肪成分的重量和非脂肪成分重量（瘦体重）的相对数量关系。

运动体能是在健康体能的基础上，人们所具备的与运动相关的身体能力。运动体能对于人的能力提出了更高层次的要求。对于健身者而言，发展运动体能能从事更多种类的体育运动，如考察灵敏与速度的地板球，需要平衡性的跳绳，需要协调性的赛艇等。对于竞技者而言，发展运动体能可以帮助他们在赛场上发挥出更好的成绩。对于学生而言，发展运动体能可以帮助我们应对体育测试，同时有机会在课余时间尝试不同的体育项目，感受体育的乐趣。

2. 运动体能

运动体能和如下要素密切相关：

（1）灵敏度。指人体在复杂条件下，快速、准确、协调地变换身体姿势和运动方向并随机应变的能力。

（2）速度。指在单位时间内，全身或身体的任一部位从一个位置快速移动到另一个位置的能力。

（3）协调性。指人体各部分肢体或肌肉在动作中的配合能力。

（4）平衡性。指人体在相对静止状态或动态条件下维持身体姿势稳定的能力。

关于如何发展健康体能和运动体能将在本单元第三部分详细介绍。

（二）体能运动的基本类型

体能运动的种类多种多样，有球类运动，如篮球、足球、网球等；有中国传统运动，如太极拳、木兰拳等（见表4-1）。其中，最为常见且应用最广泛的项目是

跑步、游泳和自行车，三者中跑步是最常见的运动方式，广受大众欢迎。

表4-1 体能运动的基本分类

运动类型	运动方式	健身效果
中等强度的体能运动	健身走、慢跑（6～8千米/小时）、骑自行车（12～16千米/小时）、登山、爬楼梯、游泳等	改善心血管功能、提高呼吸功能、控制与降低体重、增强抗疾病能力、改善血脂、调节血压、改善糖代谢
大强度的体能运动	快跑（8千米/小时以上）、骑自行车（16千米/小时以上）	提高心肌收缩力量和心脏功能，进一步改善免疫功能
球类运动	篮球、足球、橄榄球、曲棍球、冰球等；排球、乒乓球、羽毛球、网球、门球、柔力球等	提高心肺功能、提高肌肉力量、提高反应能力、调节心理状态
中国传统运动	太极拳（剑）、木兰拳（剑）、武术套路、五禽戏、八段锦、易筋经、六字诀等	提高心肺功能、增强免疫机能、提高呼吸功能、提高平衡能力、提高柔韧性、调节心理状态

二、健康体能的技术标准和强度评价

（一）发展体能的技术标准

1. 运动量

运动量是由运动的频率、强度和时间（持续时间）共同决定的，即训练的FIT。每周的总运动量用来评价运动量是否达到了促进健康的推荐量。

运动量的推荐值是500～1 000代谢当量/周，大约相当于每周消耗1 000千卡的热量，或者大约每周150分钟中等强度的运动；或每天步行至少5 400～7 900步。更小的运动量也可能为低体力水平的人带来健康好处，而体重管理者则可能需要更大的运动量。不同运动健身方式的运动量见表4-2。

表4-2 不同运动健身方式的运动量

运动项目	运动强度	运动时间（分）	运动频率（天/周）
快走、慢跑、游泳、自行车、扭秧歌	中	30分钟或以上	5～7
跑步、快节奏健美操	大	20分钟或以上	2～3
太极拳、气功	中	30分钟或以上	3～7
篮球、足球、网球、羽毛球、乒乓球	中、大	30分钟或以上	3
力量练习	中	20分钟或以上	2～3
牵拉练习	—	5～10分钟	5～7

2. 运动时间

运动时间是指一段时间内进行体力活动的总时间（即每次训练课的时间、每天或每周的时间）。

一般锻炼者建议每天运动 30～60 分钟；每周 150～300 分钟中等强度运动；或每周 75～150 分钟大强度运动；或中等强度、大强度运动交替进行。

以管理体重为目标的体能运动，需要更长的运动时间（每天至少 60～90 分钟）以达到降低体重的目的。

需要注意的是，完成推荐量可以是连续的，也可以是一天中以每次至少 10 分钟的多次活动累计完成。即便运动时间低于最小推荐量，也可能会带来健康益处。

3. 运动方式

不同运动方式的推荐人群详见表 4－3。

表 4－3　不同运动方式的推荐人群

运动分组	运动类型	推荐人群	运动举例
A	需要最少技能或体能的耐力活动	所有成年人	步行、休闲骑行、水中体能运动、慢舞
B	需要最少技能的较大强度耐力运动	有规律锻炼的成年人和/或至少中等体能水平者	慢跑、跑步、划船、有氧健身操、动感单车、椭圆机、爬台阶、快舞
C	需要技能的耐力运动	有技能的成年或/或至少中等体能水平者	游泳、越野滑雪、滑冰
D	休闲运动	有规律锻炼计划的成年人和/或至少中等体能水平者	网羽运动、篮球、足球、高山速降滑雪、徒步旅行

4. 运动频率

我们要根据实际情况和自身情况对运动的持续时间、频率和（或）强度进行调整，逐步达到运动目标。如果一开始还不能达到预期的运动强度和时间，那可以先减量完成。运动开始的 4～6 周中，每 1～2 周将每次训练的时间延长 5～10 分钟。规律运动 1 个月后，在接下来的 4～8 个月中，逐渐增加运动量、延长运动时间，直到达到推荐的数量和质量。循序渐进的运动方法可以降低运动损伤。

（二）体能运动的强度评价

体能运动的强度监测分为三种方式：心率监测、呼吸监测和主观体力感觉监测。前两种有一定的计算方法和计算公式，监测结果准确客观；后一种凭借个人主观感觉，简单易行，可操作性更强。

1. 心率监测

我们可以使用 HRR（Heart Rate Reserve 储备心率）法来测算运动的靶心率（目标心率）范围，运动中，通过对心率这一客观数据的监测来达到监测运动强度的目的。

要计算靶心率，首先要推测最大心率，公式见表 4-4。

表 4-4　最大心率推测公式

作者	公式	适用人群
Fox	最大心率 = 220 - 年龄	少部分男性和女性
Astrand	最大心率 = 216.6 - 0.84 × 年龄	4~34 岁男性和女性
Gelish	最大心率 = 207 - 0.7 × 年龄	适用所有年龄段和体适能水平的成年男女

然后，我们根据最大心率，利用 HRR 法公式计算（靶心率）范围：

靶心率（THR）=（最大心率 - 安静心率）× 期望心率% + 安静心率

其中，安静心率可通过自己在安静状态下一分钟测试脉搏而得，一般运动时，期望心率% 的范围在 40%~60%。

例如，一位大学生年龄为 22，使用第三个计算公式，最大心率 = 207 - 0.7 × 22 = 191.6；安静心率为 63，靶心率 =（191.6 - 63）×（40%~60%）+ 63，计算出靶心率的范围为 114.44~140.16，故此次运动的心率范围应控制在 114~140 之间为宜。

2. 呼吸监测

体育健身活动引起人体呼吸频率和呼吸深度变化，可以根据运动中的呼吸变化监测运动强度，见表 4-5。

表 4-5　不同呼吸状态对应的运动强度

呼吸	特征描述	运动强度
呼吸轻松	与安静状态相比，运动时呼吸频率和呼吸深度变化不大，呼吸平稳，可以唱歌。这种呼吸状态下的运动心率一般在 100 次/分以下	小强度运动
比较轻松	运动中呼吸深度和呼吸频率增加，可以正常语言交流。运动心率相当于 100~120 次/分	中小强度运动
比较急促	运动中只能讲短句子，不能完整表述长句子。运动心率相当于 130~140 次/分	中等强度运动
急促	运动中呼吸困难，运动中不能用语言交谈。运动心率一般超过 140 次/分	大强度运动

3. 主观体力感觉监测

体育健身活动引起人体呼吸频率和呼吸深度变化，可以根据运动中的呼吸变化监测运动强度，不同主观感觉对应的运动强度见表 4-6。

表 4-6 不同主观感觉对应的运动强度

呼吸		运动强度
根本不费力	主观体力感觉 6~7 级	
极其轻松	主观体力感觉 8 级	
很轻松	主观体力感觉 9~11 级	
轻松	主观体力感觉 12~13 级	小强度运动
稍累	主观体力感觉 14~15 级	中等强度运动
累	主观体力感觉 16~17 级	大强度运动
很累	主观体力感觉 18 级	
极累	主观体力感觉 19 级	
力竭	主观体力感觉 20 级	

体能运动监测强度最有效的方法有两种，第一是以时间为标准，即控制跑步的配速；第二是以脉搏为标准，即监测心率，使之在靶心率的范围之内。运用这两种方法，有助于我们达到预定的运动目标。

三、发展体能的方法

体能训练对促进人体健康有着不可小觑的作用，可以帮助发展心肺功能，提高人们持续运动的能力。良好的心肺功能是从事一切运动的基础，当我们进行持续的体育活动时，如果呼吸系统和循环系统保持能高效正常运转供给我们充足的血液和氧气，那我们的体育运动就能继续进行。

肌肉力量是指肌肉或肌肉群一次竭尽全力收缩时对抗阻力的能力。肌肉耐力是指肌肉或肌肉群多次重复收缩而不疲劳的能力。有了心肺耐力和肌肉力量作为基础，整体的运动耐力就会增强。可以把肌肉力量和耐力看作是硬件配置，心肺是让肌肉、身体各部分正常运作的发动机和传送带。

坚持体能锻炼可以有效地改善身体成分，将体内的脂肪、骨骼量、矿物质、体内蛋白质含量控制在合适的范围之内，同时也有助于发展人的速度及灵敏、协调、平衡、反应能力。

(一) 发展心肺耐力

发展心肺耐力的主要方法是从事有氧运动，有氧运动时，心率加快，呼吸频率增加，对心肺有很好的刺激和锻炼作用。而有氧运动中最常见的就是跑步，相关具体方法可参见下一单元的内容"跑步计划的制订与实施"。

（二）发展肌肉力量和耐力

发展不同部位的肌肉的力量和耐力有不同的训练方法。

1. 发展胸部肌肉力量的锻炼方法

（1）卧推：平躺于凳上，双手正握杠铃，握距略宽于肩。眼睛与杠铃正好对齐。从杠铃架上举起杠铃直至胸部正上方姿势。以可控制的方式，向下移动杠铃至胸部。杠铃触到胸部，然后推杠铃返回起始姿势。一组10~15次，重复3~5组。进阶版可增加杠铃的重量。

（2）俯卧撑：练习者身体保持从肩膀到脚踝成一条直线，双臂放在胸部位置，两手相距略宽于肩膀。用2~3秒时间来充分下降身体，最终胸部距离地面应该是2~3厘米距离左右。用力撑起，回到起始位置。一组20次，重复2~4组。

2. 发展肩背部肌肉力量的锻炼方法

（1）俯身提拉：杠铃置于地，同学双手正握抓杠，握距略宽于肩提拉杠铃。两脚开立，与肩同宽，膝关节稍屈。提拉至人体直立后放下，重复上述动作。来回10次，重复3~5组。

（2）横向伸展运动：同学呈站立姿势，手臂先前平举，再缓缓成侧平举，再缓缓成后平举（尽可能地向后伸展）。前平举—侧平举—尽可能后平举—侧平举—前平举，重复上述动作，来回10次，重复3~5组。进阶版可手握哑铃进行上述动作。

3. 发展腿部肌肉力量的锻炼方法

（1）深蹲：同学双脚开立与肩同宽站立，将杠铃放在肩上，保持躯干正直，然后保持躯干姿势下蹲直至大腿与地面平行，慢起恢复起始姿势。来回10次，重复3~5组。

（2）箭步跳：同学肩负杠铃，呈弓箭步，每次跳跃前后脚交换，来回10次，重复3~5组。

（3）台阶跳：同学一脚立于台阶上，另一脚立于地面，双脚跳跃交换，来回30次，重复3~5组。

4. 核心区力量的练习方法

（1）平板支撑：人俯卧，手肘撑地，脚尖着地，身体成一直线，保持这一姿势坚持1分钟，重复2~3组。进阶版可增加每组的时间，如增加为2分钟，在第二分钟时左右脚交替抬腿提膝，增加难度。

（2）臀桥：人仰卧平躺，小腿立起与地面垂直。将臀部抬起使大腿和躯干成一直线，再放下，但臀部不要落地。可抬起放下来回20次，重复3~5组。可保持臀部抬起3分钟，重复3组。

（三）改善身体成分

运动能不能帮助自己瘦身减脂是很多同学关心的问题，因此体脂率是很多同学监测的指标。体脂率是指人体内脂肪所占的比率。平均而言，正常女性的体脂率是25%~31%，正常男性的体脂率是18%~24%；理想女性的体脂率是21%~24%，理想男性的体脂率为14%~17%；而女性运动员的体脂率是14%~20%，而男性运动员是6%~13%。

最常见的测试体脂率的方式就是利用身体成分测试仪进行身体成分测试。其原理是脂肪不导电但是身体中其他含水的成分导电，故可以测量电阻来测定身体中的脂肪、骨骼肌、含水量等数据。

人体的能量来自体内的葡萄糖、脂肪和蛋白质。当人们刚开始活动时，主要消耗葡萄糖为人们供给能量，当葡萄糖消耗殆尽，则主要开始消耗脂肪，如果脂肪消耗殆尽，则消耗蛋白质供能。（消耗蛋白质是生命垂危的极端情况）我们通常意义上所说的"减肥很难"主要是因为只有在一定时间较高强度的运动过后，大概中强度跑步半小时以上，人体才开始以消耗脂肪为主要供能方式。

从事中高强度、大于半小时的体能运动有助于消耗脂肪，改善身体成分。体能运动的种类繁多，具体操作方式各异，可参见前文"体能运动的基本类型"，不同运动类型的实践方法，可参见本书后半部分对不同体育项目的详细介绍。

（四）发展速度和协调平衡能力

1. 速度的分类

速度分为反应速度、动作速度和移动速度。反应速度对应反应能力，是人们应对刺激的应答能力，如运动员的起跑时间。动作速度对应灵敏性，是指人体或人体某个部分快速完成单个或一套动作的速度，如篮球中的一次传接球、足球的一次胸部停球。移动速度就是我们通常所说的速度，如男子100米跑了10秒，如女子1 000米游了20分钟。

2. 速度练习

（1）折返跑：两线之间相隔30米，同学在两线之间迅速来回运动，以手触线后快速折返，重复3个来回，重复3组。折返跑实则在不断练习短跑中的起跑加速的阶段，起跑需要注意力高度集中，反应速度快。

（2）双人行进间抛球练习：两人对向站立，相隔2.5~3米，侧面对前方，向前运动，同时来回抛球，同学既要保证行进速度，又要在行进中注意接球。可用于训练篮球运动员和一般运动员的反应能力。

3. 灵敏度练习

（1）贴烧饼：若干同学两人为一组前后站立成一个圆，选两人一追一逃，逃者贴于某组前人之前，而该组后人逃跑，如逃者被抓住则改为追者，反复练习。

（2）打野鸭：若干同学围成一圈，席地而坐，选取3~5位（视总体人数而定）同学站在中间扮演"野鸭"，坐者之中有3~4人持球在圈内滚动，以击打"野鸭"，野鸭被击中则与击打者对换角色，反复练习。

4. 发展协调与平衡能力

在学习广播体操时，一般会先教一节操的手部动作，再教一节操的腿部动作，再合起来练习。有些同学在分解练习时尚可，但手脚同时练习时就会出现跟不上节奏，手忙脚乱的情况。这其实就是手脚配合不够协调，当然也有熟练度的问题。进行单脚支撑练习时，有些同学能重心平稳站立，有些同学则摇摇晃晃，伸展手臂辅助平衡，这其实是每个人的平衡能力不同。以下简单介绍一种典型的发展平衡能力的方法：平衡球训练。

练习方法：同学站立于平衡球上保持平衡球的横栏不着地，坚持2分钟，重复3~5组。平衡球实则是训练如何把重心平均分配给两腿，用力平均才能不落地。

其实无论是协调还是平衡能力，都是贯穿于各个运动项目的始末的，当我们从事一项运动时，如篮球，当我们反复练习传球的方法、投篮的准度、队友的配合时，我们也在不知不觉中发展了身体的协调性和平衡能力。

小美的课外锻炼

小美跑步久而久之觉得有些无聊，尤其是一个人跑步十分枯燥。室友是泳协的负责人，建议她周末可以来协会游泳，小美还报名参加了赛艇协会。水中的运动为小美开启了一片新天地。拓宽了运动项目，小美的运动生活也丰富了不少。周一到周四，小美一天跑步一天游泳，周末的时候还可以去水上赛艇，运动生活顿时丰富了不少。这说明健康体能的发展不仅要有具体翔实的计划，还要根据自身情况调整阶段性目标，同时要注意多样性原则，增强体育锻炼的趣味性。

探索与思考

1. 根据体能锻炼原则，结合自身特点制订一个体能锻炼计划。
2. 监测运动心率的方法有哪些？

模块四

体能训练与发展

单元4.2 体能锻炼计划的制订与实施

1. 了解体能锻炼计划的制订原则，为自己制订合适的体能锻炼计划。
2. 掌握跑步训练的方法并在实际训练中运用。

体测前的小明

马上要体测了，针对立定跳远、坐位体前屈、引体向上、50米跑、1 000米这些体测项目，小明打算在最后两周来个突击，就如同每次期末考试前他挑灯夜战临时抱佛脚那样。考试前只要他多看几遍、强记几次总能记住考点要点。这次体测，他也想这样做。于是最近两周小明加大运动量，每天跑3千米、冲刺跑100米3次、蛙跳训练3组，跑后拉伸韧带肌肉。

体测前夕，小明觉得身体十分疲惫，没有力气，体测的成绩也没有提高。冰冻三尺非一日之寒，体测测试的是一个人基本的身体素质，这不像考试的知识点可以突击强记，提高体能只能通过一定时间的科学锻炼改善积累。如何制订切实可行的健康体能锻炼计划至关重要，本节会介绍几种方案，可根据实际需要选择。

一、制订体能锻炼计划遵循的原则

（一）可行性原则

体能计划最重要的一点在于切实可行。只有可操作的锻炼计划我们才能长期坚持。运动贵在坚持。比如，一位同学把滑雪、冰壶、高尔夫作为体能每天锻炼的项目显然不合适。我们可以把较为简单、条件限制较少的运动作为经常性运动，把那

些趣味性高但限制条件多的运动作为偶尔性运动。

(二) 循序渐进原则

正如上一节介绍"运动频率"概念提到的,我们可以根据自身实际情况对运动量、运动频率、运动时间进行灵活调整,循序渐进,由浅入深地进行体育活动。发展体能是一个渐进的过程,像本节引入案例中的小明那样想一口吃成大胖子显然是不现实的,只会带来运动损伤。

(三) 多样性原则

如果每天都进行同一种运动必然会枯燥,就如同本模块第一节导入案例的小王那样。我们可以把不同的运动交叉安排,一方面锻炼了身体不同部位的肌群力量,另一方面也增加了体育活动的趣味性。

二、跑步计划的制订与实施

慢跑作为一种最普通、较简单的体能运动方式,因其所受限制较少、对硬性装备的需求较低,广受大众欢迎。本节介绍跑步的相关技术实践,意在从实践层面指导读者如何根据自己身体实际情况科学跑步,并适当运用理论分析其原因。因本书"田径"部分有对短跑和中长跑技术动作的详细介绍,在此不再赘述,而是着重介绍如何制订跑步的训练计划。

(一) 跑步的基本类型和训练计划的制订

在制订跑步计划之前,我们先来了解耐力跑的多种类型,每种类型的训练目的各不相同,我们可以根据不同的需要安排每日的训练内容。

1. 匀速跑

以运动健身为目的的慢跑最好全程匀速跑,不要随意改变速度、忽慢忽快,以免造成体力消耗过快。每一次速度的改变都要打破之前的身体平衡,包括改变先前的呼吸、迈腿、摆臂节奏,必须全身配合适应改变,容易出现不适感。匀速跑全程整个身体都以同一节奏运动,主观感受相对比较舒适。

2. 节奏跑

节奏跑,顾名思义,是以一定的节奏进行跑步活动。跑者以相对较快的速度持续跑步较长距离,跑者需要具备控制速度、保持速度的能力才能在这一过程中坚持完成。具体方案如下:

(1) 先制定此次锻炼的目标距离。

（2）明确自己完成目标距离的最快配速（最好成绩）和自己完成目标距离的轻松配速（丝毫不费劲地完成目标的速度）。

（3）根据最好成绩，在保持一定强度的条件下，略降低目标配速，完成此次训练。

（4）目标速度和目标距离一旦制定，就告诉自己，这是在我能力范围之内的目标，我一定可以完成。当跑步过程中意志消极、心理抗拒时，也要怀着必胜的信心坚持下去。如若身体上出现不适，请及时停止该次锻炼，适当休息调整。

一位大学生某天的锻炼实例如下：

①此次锻炼的目标为 10 千米。

②最好成绩是 47 分 48 秒，配速为 4 分 46 秒。轻松配速为 5 分钟。

③制定此次节奏跑的配速：4 分 50 秒到 4 分 55 秒之间。为平稳起见，一开始的 4～5 千米可用 4 分 55 秒的配速完成，若状态尚可，可增加速度，用 4 分 50 秒完成后半程；如若训练当天状态不好感觉吃力，可以继续维持 4 分 55 秒的速度，或酌情减速。

④如若跑步过程中出现疲惫、厌倦、消极的情况，首先要学会判断，是心理上不想跑，还是身体上不想跑。如果是心理上不想跑，还是要鼓励自己坚持下去。有效的激励方式因人而异，跑者可自己探索适合自己的方式。

在此介绍一个比较有效的坚持方法有：专注节奏、调整呼吸。介绍这种方法是因为试过很多言语激励，比如"加油""还有 5 圈""你是最棒的"，但是真的到了跑得不愿意跑的时候，这些言语激励都不管用，比如提起剩余距离会让跑者更加心烦，"你是最棒的""加油"这种鼓励难以缓解身体上的痛苦。

所以还是要回到跑步本身。跑步的关键有两点：呼吸和节奏。痛苦的时候，痛苦本身分散了跑者的注意力，导致跑者关注身体上的痛苦而感觉更加痛苦。所以要把注意力再拉回到跑步本身，即呼吸和节奏。专注保持现有的节奏，用步频、步幅跟上节奏，再调整呼吸，适应现有节奏。根据多年的经验，这种痛苦持续时间不会太长，一般出现在跑步中段（10 千米中 4～6 千米处）。撑住过一会儿，就会觉得稍微好些，再过一会儿，就临近终点了。快要到终点时，跑者总会继续坚持下去。所以真正考验意志的时候，也就那么一段时间，所谓跑步的"关键时间段"。希望跑者都能靠毅力顺利度过"关键时间段"，完成预定目标。

3. 间歇跑

（1）间歇跑的起源。

20 世纪 50 年代，德国心脏学家赖因德尔和教员倍施勒提出间歇训练理论，认为训练时心率达 170～180 次/分钟，间歇后到心率达 100～125 次/分钟时再进行训练，这样有利于增强心泵功能。

间歇跑在实践中被运用且效果显著，前捷克斯洛伐克的长跑选手埃米尔·扎托皮克，被誉为20世纪最伟大的长跑运动员。他先后参加过1948年、1952年和1956年三届奥运会，共获得4金、1银5枚奖牌。在1952年的奥运会上先后夺得10 000米、5 000米和马拉松跑的3枚金牌，并且打破了这3个项目的奥运会纪录。

除了扎托皮克在长跑运动中天赋异禀，他能创造这种体育奇迹还要归功于他不同于他人的训练方法——间歇训练法。具体方法是：先跑5个200米，再跑25个400米，最后再跑5个200米。

（2）间歇跑的原理。

读者先不要对"5个200米、25个400米、5个200米"感到恐惧，我们先来分析一下间歇法的特点：单次距离短、每次速度大、间隔时间短、总体次数多。间歇法是一种强度训练，一般用于赛前一周，可以让身体承受较大强度的负荷，刺激心肺，以求赛场上能承受高强度的运动，发挥出好成绩。而对于普通跑者而言，间歇训练法可以让自己适应更高的强度，提升跑步速度和成绩，超越自己。

跑者可根据自身条件和预期目标为自己设定间歇训练的计划。制定方案没有一个万能的公式，要依靠跑者对自身的了解有的放矢。此处以一位大学生为例，她本周有一个1 500米的比赛，故而在比赛的前两周左右进行间歇训练。不在比赛前一周训练，是因为间歇训练体力消耗较大，身体经过间歇训练后要一段时间恢复。训练内容为10个400米。每个预期的时间是1分30秒。（若她全力跑一个400米，最快也要1分20秒；而1分40秒跑10个400米对她而言较为轻松，达不到刺激的效果；故将10个400米每个定在1分30秒较为合理）且每个400米之间间隔的时间也为1分30秒（即用1分30秒跑完一个400米后，休息1分30秒，再跑第二个，以此类推，直到跑完10个）。

有一个较为客观的方式可以测试跑者的心肺功能是否强大——测试心率。如果跑者跑每个间歇时的心率可以快速达到180～200次/分钟，且经过等同时间休息后，心率快速恢复正常（或接近正常），则说明该跑者心肺功能强，反之则反。间歇跑就是在训练跑者承受强度、快速恢复的能力。

4. 加速跑

加速跑一般应用于跑前，目的在于充分调动心肺，使身体进入运动状态。对运动员的精神也起到刺激作用，使运动员更加兴奋，希望开始运动。每个加速跑的跑动距离在60～80米，跑者跑动速度由慢到快、步幅由小到大，逐渐加速。有点类似于短跑运动员出发后的前几步。重复做3～5组。

对于健身者，只要匀速慢跑就可以达到健身的目的，慢跑和游泳穿插进行增加趣味性。但是竞技者需要将上述跑步方式穿插训练以提升成绩。同样，如果健身者希望在跑步时提升成绩，增强心肺功能，提高身体素质，也可以用竞技者的训练方法,突破已有的"舒适圈"。

健身者与竞技者一周运动计划对比见表4-7。

表4-7 健身者与竞技者一周运动计划对比

时间	健身者	竞技者
周一	匀速慢跑	节奏跑
周二	游泳	慢跑休整
周三	匀速慢跑	间歇跑
周四	游泳	慢跑休整
周五	匀速慢跑	节奏跑
周六	游泳	长距离跑
周日	休息	休息

(三)跑步训练的注意事项

1. 跑步的准备活动

跑步前一定要做准备活动。跑步是中高强度运动,不能从安静状态直接进入跑步状态,一定要有准备阶段过渡。准备活动的具体内容可根据跑步的强度自由调整。要点在于:其一,活动关节,使膝、肩、肘、髋等身体关节在跑步时灵活运动,避免拉伤扭伤;其二,热身使心率增快,血流增快,接下去顺利适应跑步状态。

具体方案:

(1)头部运动:头部上下左右活动,顺逆时针绕圈转动。

(2)肩部运动:双手轻放于肩部,肩部前后交替绕环。双臂伸直,以肩为圆心,大绕环。

(3)髋部运动:髋部是躯干与腿相连接的部位。一腿直立,一腿向上抬起,向外转动90度,活动髋部。

(4)膝关节:腿部微曲,转动膝关节。

(5)手腕脚踝:转动手腕脚踝。

(6)加快心率:原地向上跳跃,原地高抬腿,开合跳,等等。

有能力或跑长距离的跑者可以先慢跑几圈,让身体升温,再做上述活动。跑者做准备活动时,不要拘泥于非要做某个具体的动作,而要关注这个动作是否起到锻炼目标部位、关节的效果,跑前准备活动的重点就在于活动各个关节。

2. 跑后的拉伸放松

一定不要忽视跑后的放松和拉伸。跑步时肌肉紧张集中,跑后一定要充分放松,以帮助身体快速恢复,在下一次运动时元气满满。就好像绷紧了的弓箭要回复收缩,下次拉开时才能收获更好的效果。跑步后的放松方式有很多种,主要针对身体以下部位进行放松:腿部、肩部、背部,其中以腿部拉伸放松最为关键。

(1) 腿部拉伸。

跑完恢复正常呼吸后,可进行拉伸放松。最基础的方法是架腿拉伸。利用有一定高度(比自己腰略高)的固定物(如架腿杠等),一条腿架在其上,另一条腿保持直立,身体往架在横杠上的腿上压,感受到腿部的拉伸感,换腿重复上述动作。如若没有固定物,可原地弓步压腿,注意两腿间距尽量大,双脚全脚掌着地,感受到后腿小腿的拉伸感。

两腿自然开立,一腿微曲;一腿伸直,脚跟着地,脚尖抬起;身体往脚尖方向下压,感受到伸直腿的小腿强烈的拉伸感。

(2) 腿部放松。

运用泡沫滚轴放松。人坐在瑜伽垫上,将泡沫滚轴置于腿下,来回滚动,起到放松肌肉的效果。

队友相互踩腿放松。一人放松俯卧,另一人手扶墙,站立踩腿,可先用前脚掌踩其大腿、小腿,会有较为疼痛之处。针对疼痛之处,可换用脚跟轻踩放松。可根据自身情况变换脚跟、脚掌踩腿,控制轻重程度。

热敷放松。冷敷一般用于运动受伤之后,用外部低温减缓受伤部位的血液流动,以达到舒缓疗伤的效果。正常运动后,多采用热敷的方式,可用热水泡腿,淋浴时用热水冲淋酸痛部位,或用热毛巾敷至酸痛处,起到放松的效果。

业余马拉松选手的训练计划

两位业余马拉松运动员赛前半个月的训练计划见表4−8。

表4−8 两位业余马拉松选手的训练计划

时间	运动员A(完赛目标3小时)	运动员B(完赛目标4小时)
赛前一周	周二:混氧训练,18公里 周四:有氧训练,16公里 周五:一般慢跑,12公里 周日:间歇训练,1 000米×10次;间歇时间,3分/个	周二:有氧训练,16公里 周四:有氧训练,14公里 周五:休息或一般慢跑,12公里 周日:混氧训练,20公里

续表

时间	运动员 A（完赛目标 3 小时）	运动员 B（完赛目标 4 小时）
比赛当周	周一：一般慢跑，16 公里 周三：一般慢跑，12 公里 周五：一般慢跑，8 公里 + 400 米 ×2 次；间歇时间，3 分/个 周日：比赛	周一：一般慢跑，12 公里 周三：一般慢跑，10 公里 周五：一般慢跑，6 公里 + 400 米 ×2 次；间歇时间，3 分/个 周日：比赛

从以上训练计划可见，完赛目标不同，制订的训练计划也各不相同，即便是马拉松运动也不是每天进行长距离的训练以量取胜，只有针对自身情况科学地制订训练计划才能完成锻炼的目标。

 探索与思考

1. 制订体能健康计划要遵循哪些原则？
2. 训练中有哪些跑步类型？健身者和竞技者如何给自己制订跑步计划？

单元4.3 发展职业体能的实用技术

1. 了解提高职业体能的意义和与职业有关的身体素质和心理素质,理解职业体能对自己未来职业(劳动)发展的促进作用和身体健康的关系。
2. 掌握并运用发展"静态坐姿类""静态站姿类""流动变姿类""工厂操作姿态类""特殊岗位姿态类"体能训练的基本原理和多种练习方法。
3. 学会根据自身职业(劳动)特点制订职业体能锻炼计划和锻炼方法。

消防员的体能要求

消防员不仅要求具有强健的身体,适应各种复杂、多变和危险的环境,而且要求消防员具有过硬的业务本领,精通消防业务理论和灭火技术、战术,同时具备良好的心理素质,遇到危险时情绪稳定,不慌、不惧,保持良好的观察、记忆、判断和思维能力。对其体能需求是应具备良好的力量、速度、耐力、灵敏和柔韧性等身体素质,能适应在复杂、多变和危险的环境中进行灭火战斗的需要,以最短的时间、最快的速度去完成任务;能适应长时间灭火和大负荷量地救人、抢救物资的需要;能够在任何复杂环境中坚持灭火战斗,避免个人伤害。具备良好的适应自然环境的能力,能在严寒、酷暑以及风、雨、雪等气候条件下进行灭火战斗;具备勇敢顽强,雷厉风行,不怕牺牲,不怕疲劳和连续作战的过硬战斗作风。因此,不同的职业有不同的职业体能要求和发展的侧重点,在学习中应突出特点,有所侧重。

一、职业体能概述

职业体能是与职业(劳动)有关的身体素质以及在不良劳动环境条件的耐受力

和适应能力，是经过特定的工作能力分析后所需具备的身体活动能力，包括重复性操作能力、背肌承载静态力的能力、其他肌肉群能达到维持工作姿势要求的能力，以及人体对工作环境的忍耐程度等能力。

在人的职业劳动中，体育的贡献在于提高人的身体素质和劳动能力，在劳动力再生产中期培养、保护、恢复和增强劳动力的作用。高职院校以培养国家需要的实用型高技能人才为主要目标。高职生的劳动是现代高科技下的技能性、创造性劳动，是属于物化劳动过程而非简单的纯体力劳动。学生毕业后所从事的职业岗位工作客观上对其体能提出了不同的要求；要适应紧张而单调的流水作业；要承受机械的振荡、噪声的干扰；要经得住特殊气味及高温强冷的侵袭；要能在高、难、险的环境下完成高精度的生产任务；等等。这就需要未来的高职人才不仅具有较高的职业技术操作能力，而且还应当具备较强的体能。未来职业岗位对专业人才的要求不仅要有较强的技术能力，还要有与其相关的力量、耐力、速度、柔韧、灵敏等身体素质，只有职业技术和职业体能发展相得益彰才能发挥最大作用。

在职业化劳动中身体部位的活动具有局部性、重复性、固定性和持续性的特点，体育活动能够帮助更好地掌握劳动技能和劳动规律，养成正确并能节省力量进行工作的熟练技巧。若对应这些身体部位进行实用性体能训练，能提高掌握技能的速度和能力。

二、职业体能发展的依据

根据人力资源和社会保障部认定的职业分类目录和教育部关于普通高等学校、高职高专教育指导性专业目录的分类标准，按职业岗位劳动特点，将身体姿态相对地划分为静态坐姿类、静态站姿类、流动变姿类、工厂操作姿态类、特殊岗位姿态类5大类。

结合高职院校的专业设置进行归类，分析各职业操作动作能力的对应性和补偿性，以学生专业对应岗位操作动作的解剖学、生理学特点，学生专业和对应的职业工种的操作姿势，学生专业和对应的职业工种的操作动作，职业工种操作活动的性质，不同职业病的不同防治方法等为依据，根据相互之间的互联关系，有针对性地进行职业体能的发展和训练。

三、职业体能训练与发展的内容与方法

体能的发展应根据不同职业的工作方式、解剖特点、生理特征、职业体能要求、职业技能能力、实用体能素质等，寻求与职业特点关系最密切、最能适应职业体能发展需求的运动项目、素质练习和缓解疲劳等隐性可训练的内容。

(一）相对静态坐姿类职业体能训练与发展

根据静态坐姿类的职业特征（见表4-9），职业体能训练如下：

1. 健身舞等运动项目训练

通过健身舞、瑜伽、篮球、排球、攀登、乒乓球、跳跃等运动项目教学，使学生不仅掌握具有不同项目特点的动作技能，发展专项素质，还能发展职业岗位对应的实用性体能。主要动作练习方法如下：

（1）健身舞：在一定音乐节奏下，由不同的肢体动作组成较长时间不间断的运动，能提高动作的本体感觉、反应敏感性，发展均衡的职业耐力等。

（2）瑜伽：是在音乐的意境里做着较高质量的肢体伸展动作。培养集中注意力和安静的情绪，发展肌体的灵活与协调。

（3）篮球、排球。主要是上肢动作技能与身体协调配合做动作。主要发展手指、腕、臂、肩的力量与协调，在配合练习中，扩大眼的周围视野。

（4）乒乓球。是手握球拍，通过推、挡、提拉球等动作，两人合作练习。主要培养手、眼协调不断挥拍动作，能发展肩带肌、手臂的力量，提高灵活性。

（5）攀登、跳跃。主要训练上下肢力量与耐力。

2. 办公室健身操项目训练

通过办公室健身操，手眼组合练习，快速反应游戏，哑铃小臂屈伸，指、腕卷棒和旋转，仰卧起坐、仰卧举腿、立卧撑、仰卧挺身，各种方式的提拉重物、负重转体，健身球，各种跳绳，小球练习等各种身体练习的方法，为日后自觉职业体能练习奠定基础。

主要动作练习方法如下：

（1）手眼组合练习。将眼、颈、手臂等动作设计成一套组合动作，配乐练习。主要发展手、眼、颈部的动作协调能力。

（2）快速反应游戏。以反应速度为主体设计游戏情境，如抢座位、桌上抢物、两人手一上一下快速翻打手掌等。主要发展动作的反应速度，提高灵敏性。

（3）指、腕卷棒旋转"棒"。将身边适宜的两手可握住的"棒"，中间系一根绳，下面系吊一物件，做两手向下（上）快速旋转"棒"动作，使绳缠绕"棒"，旋转"棒"是两手分别握"棒"的两端，做各种交替手转"棒"动作。发展手、腕、小臂的小肌肉群协调力量。

（4）仰卧挺身。在垫上屈膝脚撑地仰卧，借助两臂的力量压垫，腰背部肌肉收缩用力向上挺身。反复练习，提高腰腹、背肌力量，支持长时间伏案工作。

表 4-9 不同职业特征与项目拓展内容

	岗位对应专业	工作方式	劳动姿势	劳动生理特点	体能特殊性要求	职业技能能力	实用体能素质	职业体能训练内容
相对静态坐姿类	会计；秘书；电商文秘；网络装潢；设计影视；动画等	大多在室内坐着从事职业活动。以伏案劳作、脑力劳动为主	低头、胸前倾、上体倾、坐立，手部小肌肉群操作为主。以斜方肌、胸锁乳头肌、肩部肌肉为主要受力，肩颈部肌肉活动，腰椎、脊椎受力大	影响肺通气量，血液回流，全身血量不足，静脉回心血量不畅。长期久坐，下肢易浮肿，颈、背、眼、腰部酸疼	能较长时间保持充沛的体力，精力和注意力，反应敏捷地进行相对静止的脑力劳动状态。克服长时间工作导致精神紧张，代谢水平降低，反应迟钝，胃肠功能降低等不良反应	支持工作的手指精细化操作，手指动作的灵活性、稳定性、反应的敏感性、本体感觉的能力等	均衡的一般耐力，颈、肩部肌力量，腰背肌肉力量，上肢间力量，指、腕关节灵活性、协调性等	运动项目练习：健身舞、瑜伽、篮球、排球、攀登、乒乓球、跳跃等。素质练习：办公室健身游戏；哑铃组合，快速反应；手眼组合，卷棒和旋转；俯卧撑、仰卧起坐、立卧撑，俯卧挺身；各种方式的提拉转身，负重转体，健身球，各种跳绳，小球练习等。缓解疲劳练习：改变体位动作的练习；体前、后屈，配乐的各种拉伸组合练习等
相对静态站姿类	酒店管理；烹饪；学前教育；公关礼仪；老年服务；文秘；学前教育等	多在室内（礼仪）以正立、随意站立和走姿为主。要身体随意配合着随意从事职业活动，脑力、体力相结合	上体正直，身体稍前倾，站立，腰腹部需要支撑量力承担，脊柱和肌肉张肢体重，下肢持身体正常维持身体平衡；人体正常站立，全身脊椎，重心向下肢到小腿，盆向下肢传递，双足支承体重	静力性工作，影响血液循环，静脉血回流量下降。站立时，大腿、小腿、臀部肌肉紧张收缩，长时间过长导致小腿、腰背静脉曲张，腰椎间盘脊骨、膝肌等时间易浮肿，下肢疲劳	能保持较长时间站立的体力，身心素质，具有良好的形体美与气质。克服长时间站立易导致长小腿静脉曲张、膝骨盆、腰椎间盘突出、椎骨脊损、骨突出、驼背、蝎腰等职业病	支持工作的身体本体的感觉与平衡，身体的灵活性、协调性，常态化的稳定能力，反应敏感性等	均衡的一般耐力，腰、腹、背部肌肉力量，下肢静力量，肩带性耐力；平衡力，肌力、柔韧素质等	项目练习：健美操、武术、体操、艺术体操、短跑、形体训练等。素质练习：徒手操、轻器械体操，各种变化动作组合，扶墙提踵，仰卧举腿，俯卧抬体，两头起；负重深蹲；集体健身操，步组合操；有氧跳绳；多人配合踏板操；腰、腹、背、腿部力量的处方练习等。缓解疲劳练习：两人互相背伸展背部拉伸；体位变姿活动；配乐放松舞蹈等

· 79 ·

续表

岗位对应专业	工作方式	劳动姿势	劳动生理特点	体能特殊性要求	职业技能能力	实用体能素质	职业体能训练内容
相对流动变姿类 国际贸易;市场营销;旅游管理;房产;金融;工程等	多是室内外互换的动作,以走动为主,无固定的姿势,满足工作的职业活动,体力、脑力相结合	身体姿势无固定性,全身关节、骨骼、肌肉协同参与应职业动作,动态中需要腰腹部力量支撑,脊柱和肌肉担体重和肌肉张力,下肢肌体由张力维持身体平衡,复合式发挥肌体的灵动性	动力性工作,能促进血液循环和静脉血回流量,促进呼吸、消化系统机能。劳动持续时间长,易产生全身性的肌肉疲劳	能有充沛的体力适应连续工作的要求,对身体各部位的灵活性、协调性要求较高,克服长时间的不同体位工作对身体的多方面影响,抵御全身性的职业疲劳	支持工作的均衡性能力;稳定能力;适应环境高空作业的灵活性和本体感觉与平衡;反应速度;下肢力量和一般耐力;攀登等	腰、背、腹肌力量;耐久力;平衡力;上、下肢协调力;动作准确性和灵敏性;较强的心肺功能	项目练习:形体训练;轮滑、体育游戏、长跑等;前、后滚翻,跪跳起等;素质练习:各种跳绳;拓展游戏山远足;各种跳跃,钻和攀爬障碍跑;各种跳,增强腰、腹、腿部肌肉活动,改变体态的素质练习和运动;缓解疲劳方法:敲击、按摩肌体,改变体态拉伸,相背肌拉伸,合作放松游戏等
工场操作类 汽修;机械;电气;遥控;物流;船舶;模具制造等	多是室内外互换的工作,动力性和静力性工作交替进行,有固定姿势,时站、时蹲、时卧,体力、脑力相结合	身体姿势无固定性,室外工地现场拾举术,如高空拾举术,焊接、紧固螺丝和打孔等,肌肉协同参与相应职业动作,要求有上下肢协同动作的灵敏与协调性,户外高空作业、平衡能力较为重要	静力和动力性工作混合。有些工种在高温、高湿、辐射和嘈杂等恶劣环境工作,易造成免疫力低下,易烦躁心理,引起植物神经紊乱,心率不齐	能较长时间保持充沛的体力,适应连续工作的要求,克服机械类工作承受一定静力负荷,肌肉易紧张和僵硬。在高温、高湿、高寒、辐射和嘈杂等恶劣环境工作,应具有较强的职业适应能力	精细分化操作;动作准确性、反应灵敏性;操作速度;均衡性耐力;稳定性能力;支持工作的身体本体感觉等	上、下肢部位力量;劳动部位的肌肉相联系对力量;绝对力量;腹力量;腿部力量;灵敏性等注意力集中的持续时间	项目练习:乒乓球、羽毛球、篮球、短跑、跳跃、网球、长跑、壶铃;素质练习:杠铃蹲起,抓铃蹲跳,挺举、仰卧推举杠铃;拓展训练:条件练习;各种跳跃动作组合练习;腰、腹、背肌和各种平衡练习;各类不同性质的游戏等;缓解疲劳方法:工间操,各种抖、甩的肢体放松,背肌的拉伸,放松舞蹈等

3. 改变体位的被动动作练习

通过改变体位的被动动作练习，体前、后、侧屈，配乐的各种肢体拉伸组合，伸展脊柱、活动关节等缓解疲劳练习，放松肌肉，消除疲劳，改善肺通气量、血液循环等机能。

主要动作练习方法：结合长时间的工作姿势，身体易疲劳的部位，设计符合肌肉运动规律的拉伸动作组合，配合舒缓的音乐放松身心，缓解精神和肌肉疲劳。

（二）相对静态站姿类职业体能训练与发展

根据表4－9相对静态站姿类的职业特征，职业体能训练如下：

1. 健美操等运动项目训练

通过健美操、武术、体操、艺术体操、短跑、形体训练等各运动项目教学，使学生了解不同专项的运动特点掌握动作技能，发展专项素质和岗位对应的实用性体能。

主要动作练习方法如下：

（1）健美操、体操、艺术体操：以身体基本动作为主，通过不同方向、不同路径的动作连接，设计成的成套动作组合，在音乐伴奏下练习。经常性上下肢有节奏的活动，能改善血液循环，提高柔韧、协调素质，培养良好的职业气质。

（2）武术：以基本动作和套路动作训练为主，提高静力（如较长时间的马步等）、动作爆发力，培养正确姿势（如服务行业等）。

（3）短跑：不同距离的追人跑、往返接力跑等，主要提高大肌肉群力量和站立工作的腿部支撑力量。

2. 徒手操等项目训练

通过徒手操，轻器械体操，各种操化动作组合，扶墙提踵，仰卧举腿，俯卧抬体，两头起，负重蹲跳，集体跳步组合，有氧健身操，踏板操，多人配合跳绳腰、腹、背、腿部力量的运动处方等各种素质练习，使学生掌握动作练习的基本方法，能根据职业特点选择最适宜的动作，提高职业实用性体能。

主要动作练习方法如下：

（1）扶墙提踵：两脚并拢，两手扶墙，来回提踵（脚跟上提、回落），也可脚下垫高加大提踵幅度练习。能提高小腿肌肉和踝关节力量，增强站立位的工作能力。

（2）俯卧抬体（两人合作练习）：一人俯卧垫上另一人压住练习者的双脚，练习者两手抱头，用力背屈向上抬上体而后回落。反复练习，发展腰、腹、背肌肉力量，维持长时间站立工作的脊柱平衡。

（3）集体跳步组合练习：以纵队为单位，每人将两手搭在前面人的肩上（似

"长龙"）统一指挥下，以不同方法向不同方向连续跳跃。增强职业站立的腿部力量，培养合作意识。

（4）有氧健身操、踏板操：长时间中低强度的配乐操化动作和步伐练习，主要提高肌体的有氧耐力，支持长时间站姿工作。

3. 伸展背部等训练

通过伸展背部拉伸、两人互相背人、体位变姿活动、配乐放松舞等，提高补偿性的恢复，缓解职业疲劳。

主要动作练习方法：根据相对站立的工作姿势、身体易疲劳的部位，设计以背部拉伸动作为主的组合，配合舒缓的音乐，两人背靠背，两臂相互勾住，一人上体用力向下屈体，将对方背起互换动作。可以放松精神、缓解长时间工作僵持的肌肉，缓解职业疲劳。

（三）相对流动变姿类职业体能发展

根据表4-9相对流动变姿类的职业特征，职业体能训练如下：

1. 各种运动项目

通过各种运动项目教学：形体训练，轮滑，体育游戏，长跑，前、后滚翻，跪跳起等各项目练习，使学生掌握各专项运动的动作技能，提高身体素质和岗位对应的职业体能。

主要动作练习方法如下：

（1）形体训练：音乐伴奏下，通识的动作练习方法。主要发展肢体的协调和身体的稳定性。

（2）轮滑：脚穿轮滑鞋通过各种蹬地、摆动、支撑，形成不同姿势的滑行动作。主要发展平衡、支撑、协调和适合高空作业的体能发展能力。

（3）体育游戏：主要以动力性动作为主设计游戏情境，以适应无固定的身体姿势劳动需要。

（4）长跑：通识动作下较长时间远距离跑步。主要发展有氧耐力，提高内脏器官的功能。

（5）前、后滚翻：两手支撑垫面，脚蹬地的向前后滚翻动作，主要发展小脑平衡能力。

（6）跪跳起：双腿跪垫坐，借助向上摆臂同时上收大腿的力跳起，复合式发挥肌体的灵动性。

2. 拓展训练等项目

通过拓展训练，爬山远足，各种跳绳，各种越障碍跑，各种跳、钻的游戏活动，增强腰、腹、腿部肌肉群力量的素质练习和运动处方等各种素质练习，发展各职业工种需要的职业体能。

主要动作练习方法如下：

（1）拓展训练：由地面、高空、翻越、攀爬等多种项目组成。主要强化人的心理素质，使训练者适应高空环境下作业的环境。

（2）爬山远足：长时间的走步、爬坡动作。主要培养均衡性耐力各种越障碍跑。

（3）在跑步练习途中，设置各种跳、爬、钻、平衡等障碍的跑步练习。以提高身体的动作感知，在不断变化的动态中维持身体平衡。

（4）通过敲击、按摩肌体，改变体态动作，相背肌体拉伸，合作放松肌体，活动量小的放松游戏等缓解疲劳练习，放松肢体。

主要动作练习方法如下：

①敲击、按摩肌体：根据不同行业体劳动姿势易疲劳的部位，设计敲击、拍打、按摩肌肤的方式，放松肢体，松弛肌肉。

②合作放松肌体：两人立或仰（俯）卧垫上，相互用手拍击疲劳部位放松。

③活动量小的放松游戏：横排相互连接侧平举，每人右手食指抵在旁边人平开的手心上，听信号抓手指等，在有趣的活动中获得精神放松，缓解职业疲劳。

（四）工场操作类职业体能训练与发展

根据表中工场操作类的职业特点，职业体能训练如下：

1. 乒乓球等运动项目训练

通过乒乓球、羽毛球、网球、短跑、跳跃、体操、短跑、长跑等各运动项目教学使学生掌握技能，发展职业实用性体能。

主要动作练习方法如下：

（1）乒乓球、羽毛球、网球：均属小球运动，通常两人通过推、搓、拉、挑、扣等动作技术综合运用完成动作。培养机智、灵敏性，提高反应速度和动作准确性。

（2）篮球：是一项通过奔跑以传、接、运、投等动作技术，与同伴合作完成的全身性运动项目，工作之余易开展。它能提高反应速度，肌肉协调性、灵活性，适应周围比赛环境等能力。

（3）短跑、长跑。通识动作下不同距离、不同速度要求的练习。主要提高动作速度、肌肉耐力、腿部力量等。

2. 杠铃蹲起等项目

通过杠铃蹲起、壶铃蹲跳、仰卧推举杠铃、抓举、挺举、拓展训练、条件练习，各种跳跃动作组合练习，腰、腹、背肌和各种平衡练习，各类不同性质的游戏等各种素质练习发展职业实用性体能。

主要动作练习方法如下：

（1）杠铃蹲起：肩扛一定重量杠铃，紧腰下蹲，蹲至大腿与地面平行。起身时脚趾抓地挺髋蹲起，重心始终位于脚底中部，腰腹背始终收紧。主要发展腿部肌肉的绝对力量。

（2）仰卧推举杠铃：仰卧躺于推举杠铃架上，两手与肩同宽握住杠铃，深吸气用力向上推举杠铃，发展上肢支撑力量，支持职业操作动作的稳定性。

（3）各种平衡练习：设计离地的相应高度的长条体操凳上走或跑、平衡木上的快步走等。发展小脑的平衡能力，适应户外工地现场技术高抬举或高空作业等无固定性工作的身体平衡。

3. 工间操等项目

通过工间操，各种抖、甩的肢体放松，肌肉的被动拉伸、放松舞蹈等缓解疲劳练习，发展职业实用性体能。

主要动作练习方法如下：

（1）工间操：利用工作间息，放下手中工作，做由基本动作组成的改变身体姿势的体操。提高关节的灵活性，缓解因一种姿势长时间劳动的肢体疲劳。

（2）各种抖、甩的肢体放松：利用本体对肌肉的控制、调节作用，做各种抖、甩动作放松肌肉。

（3）肌肉的被动拉伸、放松舞蹈：设计与持久劳动姿势相反的肢体动作，组合成放松舞蹈，配上音乐练习，能舒展身体，放松心情，愉悦身心。

总结案例

计算机应用专业学生的职业体能发展应用

学生主要从事文秘、现代营销、电子商务等专业工作，需要发展躯干肩背肌群、手指灵活性、手臂小肌群和集中注意力的练习。体能发展可以结合篮球教学内容设计：篮球 30 米运球、原地双手运球 10 分钟、听到哨声急起急停、手指抓放实心球等。

 探索与思考

1. 分析未来职业的特点以及对于体能的要求。
2. 设计适合未来职业的体能训练方案。

模块五　体育运动与奥林匹克教育

模块导读

奥林匹克运动是人类文明的产物，是推动现代社会发展的重要因素之一。奥林匹克运动会（Olympic Games）是国际奥林匹克委员会领导的国际社会运动。它以奥林匹克主义为指导思想，以体育运动奥运会为主要活动内容，目的在于促进人的全面发展和沟通，使各国人民之间能相互了解，让奥林匹克主义普及全世界，维护世界和平。它是一种融体育、教育、文化为一体的综合性、持续性、世界性的活动，也是一种文化的传播体现。这样的传播在奥运会中能得到充分的展示。

本模块主要对奥林匹克运动的起源与发展、奥林匹克运动的思想及文化体系、国际奥林匹克运动的组织机构及中国与奥林匹克运动等方面进行了阐述。帮助同学们建立规则意识、参与意识和公平竞争意识，学习现代奥林匹克运动不断进取、永不满足的奋斗精神和不畏艰险、勇攀高峰的拼搏精神。

单元 5.1 奥林匹克运动起源与发展

1. 了解古代奥运会的兴衰。
2. 了解现代奥林匹克运动百年发展历程。

佩洛普斯娶亲

古希腊国王为了给自己的女儿挑选一个文武双全的驸马,提出应选者必须和自己比赛战车。比赛中,先后有 13 个青年丧生于国王的长矛之下,而第 14 个青年正是宙斯的孙子佩洛普斯,他勇敢地接受了国王的挑战,最终以智取胜。为庆贺胜利,公主和驸马在奥林匹亚的宙斯庙前举行了盛大的婚礼,在婚礼上安排了战车、角斗等比赛,这就是最初的古奥运会。

一、奥运会发展简史

奥林匹克运动分为古代奥林匹克运动和现代奥林匹克运动,古代奥林匹克运动起源于公元前 776 年的希腊。1892 年,现代奥林匹克运动创始人顾拜旦(法国)正式提出了复兴奥运会的构想,1893 年法国田径协会联盟召开了复兴奥运会的第一次国际体育会议,翌年 1 月,顾拜旦草拟了复兴奥运会的具体步骤,后经过艰苦的努力,1896 年终于在雅典举行了首届奥运会。自 1924 年开始,现代奥林匹克运动会又分为夏季奥林匹克运动会和冬季奥林匹克运动会。自 1960 年开始,又举行了残疾人奥林匹克运动会,其中也分为残疾人夏季奥林匹克运动会和残疾人冬季奥林匹克运动会。

（一）古代奥林匹克运动会

1. 古代奥运会的兴衰

古代奥运会不仅是一种竞技大会，在它延续一千多年的时间里，实际上也是古希腊人的一个全国性节日。各城邦派出的优秀选手在竞技场上奋勇拼搏，他们赤身裸体进入赛场，向神和观众展示他们超人的体能、健美的身体和良好的教养。奥运会的盛况大大超出了竞技比赛的范围，它是希腊宗教、政治、经济和文化的重要组成部分，起到了推动政治交流、促进贸易发展、繁荣希腊文化、融合民族感情的作用。

公元前5世纪，古希腊奴隶社会进入了鼎盛期，但随后不久，由于内部战争与分歧，社会矛盾加剧。罗马征服了希腊，奴隶制走向衰败，成为古代奥运会由兴到衰的转折点。罗马为了维护对希腊的统治，为了巩固基督教的地位，公元394年，狄奥多西一世下令终止了古代奥运会。于是，举办了293届、历时1169年的古代奥运会从此消失了。

2. 古代奥运会的竞赛

公元前561年，古希腊哲学家卓罗斯为古代奥运会起草了一份竞赛章程，章程上的有关规定一直是奥运会必须遵守的规则。其中尤其规定女子不能参加和参观比赛，违者处死。古奥运会的优胜者在全希腊极受人们的尊敬和崇拜，古代奥运会冠军的奖品是橄榄枝编成的花冠，这是古代奥运会上最神圣的奖品，得到它是至高无上的荣誉。返回家乡的优胜者要受到隆重的欢迎，城邦政府还要给予优胜者丰厚的待遇，如免除一切赋税，终身由国家供养，在剧场保留最好的位置等。古代奥运会竞赛项目主要包括赛跑、摔跤、五项竞技（赛跑、跳远、掷铁饼、标枪、摔跤）、拳击、混斗、赛战车和赛马。

（二）现代奥林匹克运动会

现代奥林匹克运动是在奥林匹克主义指导下，以体育运动和四年一度的奥林匹克运动会庆典为主要活动内容，促进人的生理、心理和社会道德全面发展，沟通各国人民之间的相互了解，在全世界普及奥林匹克主义，维护世界和平的国际社会运动。1894年6月23日，当顾拜旦与12个国家的79名代表决定成立国际奥委会，开创现代奥林匹克运动时，这一壮举曾一度成为人们讽刺的对象。而在百余年后的今天，奥运会已成为普天同庆的节日，奥林匹克运动也吸引了200多个国家和地区的积极参与。

百年奥运，跌宕起伏，大致经历了以下的发展过程：

1. 艰难的探索（1894—1914年）

遵循着一定的时间周期在世界各地举办大型综合性国际运动会，让体育运动服务于各国人民，服务于世界和平，这种做法在19世纪末遇到的困难是今天的人们难以想象的。当时，以摧枯拉朽之势横扫全球的工业革命，在给社会带来巨大进步的同时，也将民族矛盾激化到了前所未有的程度。

在思想方面，由于各自小天地的长期束缚，人们还难以理解奥林匹克思想，对接受奥运会这种国际性的文化还缺乏必要的思想准备。在体育方面，正在发育的现代竞技运动与体操运动尖锐对立，体育界四分五裂，门户之见根深蒂固，派别之争频频出现，举办世界性的大型综合运动会既无先例，也缺乏经验；尚不发达的交通、通信条件远不能满足奥运会的需要。就奥林匹克运动本身而言，新生的国际奥委会本身还不成熟，除体操、滑冰和赛艇外，其他运动项目尚无国际组织，国家奥委会尚不存在。

在这种情况下，早期奥运会存在着诸多缺陷。首先，奥运会设项不稳，每届项目有所不同，主办者可临时增减项目，项目内容重复。其次，运动场地缺乏统一标准，不仅跑道长度不同，而且场地的设计也不统一。如首届奥运会采用"U"形跑道，第2届奥运会使用草地赛场，最初的游泳比赛在天然水域内进行。再次，比赛缺乏必要的规范。如马拉松比赛的距离每届都不相同，举重和摔跤无体重分级和时间限制，度量体系混乱，时而英制，时而公制；组织者可擅自临时改变比赛日程；裁判多由举办国人员担任，执法难以公正；奥运会也没有固定期限，短则10天，长则五六个月。最后，经费紧缺。首届奥运会因为资金短缺，几至半途而废。紧接着连续3届奥运会因资金问题，不得不与商业博览会联合，成为博览会的陪衬。

1908年的伦敦奥运会是奥运发展史上的一个重要里程碑，出现了脍炙人口、强调参与的奥林匹克名言："重要的不是取胜，而是参与。"主办这届奥运会的英国奥林匹克理事会由国际奥委会的英国委员和英国各单项体育协会的代表组成。这种人员结构，为其他国家奥委会的构成提供了范例。这届奥运会各项比赛的技术性工作，从制定赛制、编排赛程，到选派裁判、组织比赛均由各单项体育协会负责，规范化程度大大提高。这为后来由各国际单项体育联合会管理奥运会技术工作奠定了基础。至此，奥林匹克"三大支柱"（即国际奥委会、国际单项体育联合会和各个国家或地区奥委会）的组织结构已现雏形，各自职责相对明确，从而确定了奥林匹克组织体系的基本框架。

2. 初具形态（两次世界大战之间）

1914—1918年的第一次世界大战，使定于1916年在柏林举办的第7届奥运会被迫取消。战争使国际局势动荡不定，第一次世界大战结束不过21年，规模更大、更为残酷的第二次世界大战降临。奥林匹克运动抓住了两次大战之间相对和平的瞬间，经过5届夏季奥运会和4届冬季奥运会，初步确立了奥运会的基本框架和运行机制。

由于冬季运动项目的加入和女子体育的发展，奥运会变得更为均衡和完整。1924年冬季奥运会的出现，弥补了夏季奥运会的不足。1928年，女子田径项目被正式列入奥运会，在位居奥运会竞技之首的田径项目中占据一席之地，这是一个历史性的进步。1930年，国际奥委会执委会与国际单项体育联合会代表理事会协商后决定，奥运会的正式比赛项目为田径、体操、防御性项目（拳击、击剑、摔跤、射击）、水上运动（赛艇、游泳）、马术、全能（现代五项）、自行车、举重、帆船和艺术比赛（建筑、文学、音乐、绘画、雕塑）。同年，国际奥委会将奥运会的举办期限定为16天，并对比赛组织工作的许多具体问题做出了规定。

1920年安特卫普奥运会首次使用400米跑道，4年后这种跑道被确定为奥运会标准跑道；1924年巴黎奥运会开始有了长50米的游泳池，奥运会场地设施基本规范。后为人们所熟知的一些奥林匹克标志和仪式也在此时一一面世，如奥林匹克五环旗（1920年奥运会）、圣火传递（1936年奥运会）、开幕式放飞和平鸽（1920年奥运会）、运动员宣誓（1920年奥运会）。奥运会的颁奖仪式有了明确的规定，并自1932年始为一、二、三名设置高度不同的授奖台。专门接待运动员的奥运村在1924年巴黎奥运会进行尝试之后，于1932年洛杉矶奥运会上开始正式设立。

这一时期，奥林匹克组织发展迅速。国家奥委会成员数量从第一次世界大战前的29个增至60个，国际单项体育联合会达到24个。1926年，国际奥委会建立了由各国际单项体育联合会代表组成的技术委员会。此后，国际奥委会逐渐摆脱技术性事务，开始更多地关注领导、协调、决策等更高层次的工作。奥林匹克运动终于形成了三大支柱互相配合的组织体系。

1920年出现的奥林匹克格言"更快、更高、更强"，是这一时期奥林匹克思想的重要进展，它与"重在参与"相辅相成，鼓励人们以积极进取的精神参与到奥林匹克运动中来。

3. 发展与危机（1945—1980年）

第二次世界大战是人类历史上规模空前的战争，全世界有60多个国家和地区逾20亿的人口先后卷入。1940年和1944年两届奥运会被迫取消。

战后，奥林匹克运动出现了一系列新变化。奥运会规模扩大，项目剧增。战争结束后的1948年奥运会有来自59个国家奥委会的4 062名运动员参加136个项目的比赛。1972年时则有121个国家奥委会派出7 121名运动员，参加195个项目的比赛。冬季奥运会参赛运动员数目也由1948年的28个成员国的369人增加到1972年的35个成员国的1 006人。在奥运会规模扩大的同时，竞技运动的水平快速提高，

出现了体操运动员科马内奇，田径运动员摩西、比蒙等一批超级明星和8.90米这样令人难以置信的跳远纪录。1960年埃塞俄比亚的阿贝贝赤足获得马拉松比赛冠军，标志着发展中国家开始在奥运体坛显示力量。奥运会举办地也不再局限于欧洲和美洲。

1956年和1964年分别在大洋洲澳大利亚的墨尔本和亚洲日本的东京举办了第16届和第18届奥运会。

这一时期，最引人注目的一件大事是1979年中华人民共和国恢复了本国在奥林匹克运动中的合法席位。这不仅为中国体育提供了一个广阔的国际舞台，促进了中国体育和社会的发展，而且对奥林匹克运动也产生了极其重要的促进作用。

在这期间，奥运会三大支柱的合作关系出现了危险的裂痕，它们共议大事、互相沟通的奥林匹克代表大会也已自1930年起就处于休眠状态。此外，尽管第二次世界大战后有大批新获独立的第三世界国家加入奥林匹克运动，但在布伦戴奇任国际奥委会主席的20年间仅增加了6名国际奥委会委员，发展中国家的呼声受到忽视。于是，自20世纪60年代后期以来，国际奥委会内外交困，风雨飘摇。其全部资产到1972年只剩下200万美元。奥林匹克运动积蓄已久的各种矛盾发展到了非解决不可的程度。旧的模式已无能为力，而新的模式、新的运行机制尚未建立起来。1972年，爱尔兰人基拉宁接替布伦戴奇，出任国际奥委会第六任主席，由此拉开了改革的序幕。

4. 改革与创新（1980—2000年）

1980年，西班牙人萨马兰奇接替基拉宁，出任国际奥委会主席。萨马兰奇审时度势，开始了全面的改革。这场改革的核心内容是变封闭为开放，使奥林匹克运动跟上社会前进的步伐。国际奥委会一反过去视商业化为洪水猛兽的陈腐观点，充分肯定它对体育运动的积极作用，大胆引进市场经济的机制，积极而有控制地对奥运会进行多种商业开发，给奥林匹克运动建立了一个坚实的经济基础。

1984年洛杉矶奥运会的组委会对举办奥运会的经济运作机制进行了大胆改革，变沉重的包袱为可观的经济效益。国际奥委会敏锐地觉察到这一事件的重大意义，对洛杉矶的经验进行认真总结，设计出一整套规范而有效的经营奥运会的做法，如"奥林匹克计划"（TOP计划）等，从而为奥林匹克运动提供了坚实的物质基础。1992年，国际奥委会已拥资产125亿美元。1993—1996年，整个奥林匹克运动从商业开发中获得23亿~25亿美元的总收入。国际奥运会本着"取之于奥运、用之于奥运的原则"，通过奥林匹克团结基金组织，对整个奥林匹克运动，特别是发展中国家的奥林匹克运动给予积极的援助。

与此同时，国际奥委会对奥林匹克运动的组织制度也进行了一系列革新。萨马兰奇改组了国际奥委会的内部机构，使之适应现代化管理的要求。萨马兰奇将自己的工作地点迁往洛桑，成为顾拜旦之后，常驻总部的国际奥委会专职主席。萨马兰奇改革了国际奥委会总部的行政机构，使之有良好的办事效率；调整并充实了国际奥委会的专门委员会，使国际奥委会在处理各种专业性很强的问题时能够及时咨询各方面的专家。

国际奥委会有意识地在发展中国家吸收委员，并在1981年开始有了妇女委员，使国际奥委会的人员结构得到改善，妇女在奥林匹克事务管理决策层的地位得到认可。

奥林匹克运动在法治的道路上也迈进了一大步。首先，国际奥委会在1981年得到瑞士联邦的正式承认，成为具有法人资格的国际组织，从而结束了其长达87年的"法律真空"的身份。其次，独立的国际体育仲裁法庭于1983年建立，使国际体育中的冲突得到公正合理的处理。自1981年开始，一系列奥林匹克的相关组织相继问世，如各大洲的奥委会协会（非洲国家奥协、泛美体育组织、亚奥理事会、欧洲国家奥协、大洋洲国家奥协）及奥运冬季和夏季项目联合会。各方面的利益得到协调，奥林匹克运动三大支柱之间重新出现了同舟共济的局面。也是在这一时期，国际奥委会开始积极与各种官方、非官方国际组织，如联合国教科文组织、世界卫生组织、联合国儿童基金会、国际环境保护组织等密切合作，并寻求各国政府体育部门对奥林匹克运动的支持。

改革给世纪之交的奥林匹克运动带来勃勃生机的同时也提出了许多新的问题与挑战；其中最核心的是：

①如何控制商业化的副作用，保持奥运高尚的道德目标。

②如何在各种政治力量斗争中保持奥林匹克运动的独立性。

③如何控制奥运会规模，让更多的城市可以有机会举办奥运会。

④如何更有效地进行全球的反兴奋剂斗争。

5. 新的展望（21世纪）

与世界上的任何事物一样，奥林匹克运动也有一个产生、发展与衰亡的过程。但是就目前的社会条件来分析，奥林匹克运动还远远没有完成历史赋予它的使命。20世纪，我们生活的这个星球第一次出现了真正意义上的国际社会。各个国家和地区之间在政治、经济、文化等方面的联系从来没有像今天这样密切，生活在世界不同地区的人们的接触从来没有像今天这样频繁。"地球村"一词形象地表述了今日各个民族的密切关系。现代文明在给予人类更多力量的同时，也赋予他们更重的责任。当今人类社会的繁荣是各个国家合作交流的结果，所面临的巨大困难更需要大家共同去努力克服。

2001年7月，国际奥委会迎来了历史上第8位、也是21世纪第一位主席：比利时人罗格。罗格上台后的施政纲领宣布：在未来的国际奥林匹克运动中，最需要解决的问题，一是如何控制越来越庞大的奥运会，二是如何在全球范围内开展有效的反兴奋剂斗争。为此，国际奥委会与世界反兴奋剂机构（WADA）展开了密切的合作，呼吁各国政府参与到反兴奋剂的运动中来；成立了一个国际奥委会奥运会研究委员会，专门对如何有效地控制奥运会规模进行研究。

奥林匹克运动在20世纪已经为世界体育的发展和人类社会的进步做出了巨大贡献，在21世纪，尽管它还会遇到各种意想不到的困难和挫折，但是它会在困难和挫折中走出自己的发展之路，继续以其独特的方式，促进人类社会的和平、友谊和进步。

二、现代残疾人奥林匹克运动会

（一）残疾人奥林匹克运动会的起源

残疾人奥林匹克运动会，简称残奥会，其起源得追溯到第二次世界大战后的欧洲。为了让在战争中因脊髓受损导致下肢瘫痪的士兵能够尽快康复，1948年伦敦第14届夏季奥运会期间，英国的神经外科医生路德维格·格特曼爵士和一些热衷残疾人事业的知名人士为一批轮椅运动员组织了自己的运动会。4年后，国际斯托克·曼德维尔运动会联合会在英国成立，并于当年举办了首届国际残疾人运动会，这就是"残疾人奥林匹克运动会"的前身。

（二）我国参加残奥会历史

1984年，美国纽约第7届残奥会，拉开了我国参加残奥会的序幕，实现了中国残奥会历史上"零的突破"。此次残奥会我国共获2金、13银、9铜，9人破世界纪录。至今我国先后已有415名残疾运动员出征残奥赛场，为祖国夺得143枚金牌、118枚银牌和85枚铜牌，并且104次打破世界纪录。2004年雅典第12届残奥会上，我国以63枚金牌雄踞金牌榜首位，取得残疾人体育比赛在残奥会历史上的重大突破。在北京举办的第13届残奥会上，我国以89枚金牌以及211枚奖牌总数列金牌榜、奖牌榜双第一，创造了在奥运会上的最好成绩。

（三）残奥会体育项目设置

残奥会项目设置目的：在残疾人体育比赛中，为了尽可能公平竞争，必须对参赛的运动员的残疾类别、残疾程度以及运动能力进行评定、分级，将残疾程度或运动能力相近的运动员尽可能分在一起进行比赛。

每个残疾人体育项目都有各自的最低参赛标准，脑瘫、盲人、脊髓损伤、截肢和其他肢体残疾等运动员都将视其残疾和功能障碍程度进行级别确定。

模块五 体育运动与奥林匹克教育

2008年残疾人奥运会

2008年残疾人奥运会会徽图形部分由红、蓝、绿三色构成的"之"字形，以书法的笔触表现出一个运动的人形，仿佛一个向前跳跃的体操运动员，又如一个正在鞍马上凌空旋转的运动员，体现了运动的概念。

在会徽所使用的色彩中，红色，寓意着太阳；深蓝色，寓意着蓝天；绿色，寓意着大地。三种颜色的三个笔画综合起来成为一个运动的人形，即为"天地人"，体现了中国传统文化中"天人合一"的思想。会徽的色彩还充分体现了北京奥运会的三大理念：红色，是具有浓重中国特色的"中国红"，体现了"人文奥运"的理念；深蓝色，代表着高科技，体现了"科技奥运"的理念；绿色，代表着环保，体现了"绿色奥运"的理念。

2008年残奥会吉祥物是"福牛乐乐"，其设计方案的灵感来自中国古老的农耕文明，设计方案吸收了中国民间版画、年画、玩具的造型与设计风格，并结合现代卡通造型的特点，体现了传统民族风格、大众情趣与时代气息的完美结合。

 探索与思考

1. 古代奥运会消亡的原因是什么？
2. 古代奥运会对现代奥运会有什么积极影响？

单元 5.2　奥林匹克文化

学习目标

1. 了解奥林匹克运动的思想体系和文化体系。
2. 了解国际奥林匹克运动的组织机构。
3. 了解现代奥林匹克运动在中国的开展。

导入案例

奥林匹克主义

"奥林匹克主义是将身、心和精神方面的各种品质均衡地结合起来，并使之提高的一种人生哲学。它将体育运动与文化和教育融为一体。奥林匹克主义所要建立的生活方式是以奋斗中所体验到的乐趣、优秀榜样的教育价值和对一般伦理基本原则的推崇为基础的。"

"通过没有任何歧视、具有奥林匹克精神——以友谊、团结和公平的精神互相了解的体育活动来教育青年，从而为建立一个和平的更美好的世界做出贡献。"

摘自《奥林匹克宪章》

一、奥林匹克思想体系

（一）奥林匹克宪章

《奥林匹克宪章》是国际奥委会制定的关于奥林匹克运动的最高法律文件。宪章对奥林匹克运动的组织、宗旨、原则、成员资格、机构及其各自的职权范围和奥林匹克各种活动的基本程序等做了明确规定。这个法律文件是约束所有奥林匹克活动参与者行为的基本标准和各方进行合作的基础。《奥林匹克宪章》将奥林匹克运动及与之有关的一切活动做了规定，是奥林匹克运动一切活动的根本依据。宪章明确规定，国际奥委会"按照奥林匹克宪章领导奥林匹克运动"，国际单项体育联合会在奥林匹克运动中的活动"必须与奥林匹克宪章一致"，国家奥委会必须"按照奥林匹克章程建立"，奥运会组委会的"一切活动都必须符合奥林匹克宪章的规定要求"。因此，《奥林匹克宪章》是奥林匹克运动的基石，是管理这一运动的根本大法，是奥林匹克运动一切活动的准绳。

（二）奥林匹克主义

现代奥林匹克运动包括以奥林匹克主义为核心的思想体系，以国际奥委会、国际单项体育联合会及各国或地区奥委会为骨干的组织体系和以奥运会为周期的活动体系。

奥林匹克主义的中心思想是人的和谐发展，旨在创造一种使人全面发展的"生活方式"。它将体育运动作为实现人和谐发展的途径，为达到人和谐发展的目的，体育运动和教育融为一体，与文化紧密结合，最终促使人的身体素质、道德精神和谐发展与提高。其次，体育运动积极为人类和谐服务，以促进建立一个维护人的尊严与和平的社会。这一理想社会是全人类共同的愿望和任务。奥林匹克主义不仅丰富了体育运动的内涵，并具有强大而独到的功能，具有很强的感染力和号召力。

（三）奥林匹克宗旨

奥林匹克的宗旨可以高度概括为"和平、友谊、进步"。现代奥林匹克运动力图通过体育运动增进各国人民之间的了解和友谊，减少战乱，达到世界和平共处的目的。所以在全世界传播奥林匹克精神，并不仅限于运动参与者个人的发展和完善，还要承担更大的历史使命和社会责任，共同促进国际间和平友好的亲善关系，建立更加美好的世界。

（四）奥林匹克精神

狭义的奥林匹克精神解释为相互了解、友谊、团结和公平竞争的精神。广义的奥林匹克精神不仅包含狭义的"相互了解、友谊、团结和公平竞争的精神"，还集中体现在现代奥林匹克运动一贯遵循的宗旨、格言、口号和使用的徽记上，还包括运动员挑战极限、战胜自我的崇高精神，以及维护世界和平、追求人与自然和谐统一的精神。

奥林匹克精神的本质内容基本可概括为五大原则：参与原则、竞争原则、公正原则、友谊原则和奋斗原则。奥林匹克精神强调友谊、团结、互相了解和"参与比取胜更重要"，其目的就是促进世界各国人民之间的交流，建立和谐的文化氛围，没有文化的差异、排斥，没有民族的局限，以世界公民的博大胸怀去认识和理解自己

民族之外的事物，学会相互尊重，相互学习。奥林匹克精神还蕴含了公正、公平、正义的内容，它承认一切符合公正原则的优胜，唾弃和否定一切不符合道德规范的行为，要求人们具有坚韧不拔的奋斗精神和克服一切困难的英雄气概。奥林匹克精神将永远激励人们向着人类社会高峰不断攀登。

（五）奥林匹克格言

"更快（Citius）、更高（Altius）、更强（Fortius）"是现代奥林匹克运动的格言。现代奥林匹克运动的格言寓意丰富，表达了现代奥林匹克运动应不断进取、永不满足的奋斗精神和不畏艰险、勇攀高峰的拼搏精神。在比赛中，运动员应发扬勇往直前的大无畏精神，树立敢于斗争、敢于拼搏的信心。同时，奥林匹克格言也昭示了年轻人在人生道路上永不满足，不断在战胜自己、超越自己的道路上前进，在克服大自然的束缚中实现更大的自我价值。

二、奥林匹克文化体系

在历史发展过程中，人类以现代奥林匹克运动为载体所创造的各种文化成果的总和即为奥林匹克文化。奥林匹克文化是体育与文化的结合，是一种与奥运会相伴而生的文化艺术现象。发掘奥林匹克文化的深刻含义和对奥林匹克竞技运动产生的巨大影响，从而进一步诠释现代奥林匹克运动精神的深刻内涵。

（一）奥林匹克标志

奥林匹克标志最早是根据1913年顾拜旦的提议设计的，奥林匹克标志称为奥运五环标志。它由5个奥林匹克环套接组成，可以是单色，也可以是蓝、黄、黑、绿、红5种颜色。环从左到右互相套接，上面是蓝环、黑环、红环，下面黄环、绿环。五环的蓝、黄、黑、绿和红色分别代表欧洲、亚洲、非洲、澳洲和美洲，不仅象征五大洲的团结，在奥运会上相聚一堂，而且也强调所有参赛运动员应以公正、坦诚的运动员精神在比赛场上相见。

（二）奥林匹克旗

奥林匹克旗为白底无边，中央有5个相互套连的圆环，环的颜色自左至右为蓝、黄、黑、绿、红（也可用单色绘制），是1913年根据顾拜旦的构思而设计制作的，1914年为庆祝现代奥林匹克运动恢复20周年，在巴黎举行的奥林匹克代表大会上首次升起。历届奥运会闭幕式上都有会旗交接仪式。由本届奥运会主办城市的代表将旗交给国际奥委会主席，再由主席将旗递交下届主办城市的市长。

（三）奥林匹克会标

现代奥运会（包括冬季奥运会）的组织委员会都为所举办的奥运会设计一种独特的会徽。会徽的图样有时是通过广泛公开征集，择优选中的。但是，奥运会会徽必须经过国际奥委会执行委员会审查批准。

历届奥运会会徽的图案虽然千差万别，但都有一个共同的标志，即相互套连的奥林匹克五环标志，同时衬以表现奥运城和东道国历史、地理、民族文化传统等特点的主体图案，使人一眼就可看出奥运会举办的时间和地点。根据奥林匹克宪章规定，奥运会会徽中的奥林匹克标志覆盖的面积不得超过全徽总面积的1/3，而且奥林匹克标志必须完整出现，不得改动。

（四）奥林匹克会歌

奥林匹克会歌是一曲优美而庄严的古典管弦乐曲，是由希腊人斯皮罗斯·萨马拉斯作曲、科斯蒂斯·帕拉马斯作词。1958年东京国际奥委会第55次会议上才正式决定将这首歌曲作为奥运会的永久会歌。

歌词大意为：古代不朽之神，美丽、伟大而正直的圣洁之父，祈求降临尘世以彰显自己，让受人瞩目的英雄在这大地苍穹之中，作为你荣耀的见证。请照亮跑步、角力与投掷项目，这些全力以赴的崇高竞赛。把用橄榄枝编成的花冠颁赠给优胜者，塑造出钢铁般的躯干。溪谷、山岳、海洋与你相映生辉，犹如以色彩斑斓的岩石建成的神殿。这巨大的神殿，世界各地的人们都来膜拜。啊！永远不朽的古代之神。

（五）奥林匹克吉祥物

奥林匹克吉祥物是各届承办国根据本国或本地的特征，选定的一种经过艺术加工，使之拟人化的有趣而又有代表意义的动物形象。作为本届奥运会的吉祥物，显示奥运会吉祥如意，表达主办国祝愿奥运会顺利圆满成功，祝福选手们取得好成绩的良好愿望。

（六）奥林匹克奖励

奥林匹克奖励主要包括奥运会奖章、奥林匹克勋章、奥林匹克奖杯、奥林匹克纪念牌、奥林匹克荣誉册、奥林匹克体育科学奖。这些奖项按照《奥林匹克宪章》的规定，发放给对奥林匹克做出杰出贡献的个人或国家，以此给予鼓励和纪念。

（七）奥运会奖章

奥运会的奖章和奖状由每一届奥运会的组委会提供，但属于国际奥委会所有，并且由国际奥委会向获胜运动员颁发。

现代奥运会授予各项比赛前三名的优胜者以奖章和奖品。奖章为金、银、铜3种，形状以圆形为主，直径不少于60毫米，厚3毫米；金牌为银质镀金，重95克，表面镀不少于6克的纯金；奖牌图案为运动场旁边左手持表示胜利的棕榈叶，右手举月桂枝的胜利女神像，背面为代表4种不同肤色人种的运动员抬起一位招手致意的获胜男运动员的浮雕图案，既体现了更快、更高、更强的精神，也体现了全世界青年团结与和平的愿望。对于获第4~8名的运动员只发奖状，不发奖章。

(八) 奥林匹克仪式

奥林匹克仪式是指围绕奥运会而举行的一系列礼仪性的活动，主要有圣火传递仪式、奥运会开幕式和闭幕式等。它们集中体现了现代奥林匹克运动的各种文化特征，是奥林匹克文化中最引人注目的部分。

(九) 奥林匹克圣火传递

奥林匹克圣火是在国际奥委会许可下在奥林匹亚点燃的火焰。火象征着光明与生命，古希腊神话中普罗米修斯偷偷送给人间的火种，就取自太阳神之车的火焰，因而取自阳光之火被称为圣火。在古代奥运会遗址取自日光之圣火，象征着和平之光永远照耀人类前进的道路，激励人类去追求和平、理想与光明。

传递和收集圣火正式开始于1936年的第11届柏林奥运会，它象征着发源于古希腊的和平、团结、友谊、进步的理想和奥林匹克精神传遍全世界。圣火按规定在开幕式点燃，直到该届奥运会闭幕式结束时才能熄灭。

(十) 开幕式与闭幕式

开幕式和闭幕式是奥运会期间最隆重的仪式，也是现代奥林匹克运动奉献给世界最绚丽的人类文明之花。它是体育与艺术最完美的结合，开幕式举行之日成为全球最盛大的节日，常常会吸引数十亿观众在同一时刻坐到电视机前。

奥运会的开幕式表演具有极高的艺术性。为搞好开幕式表演，各国奥运会的组织者都在全国范围内挑选最优秀的作品、编导和表演人员，以及最先进的设备，以求获得绝佳的艺术效果。此时也是主办国展示本国民族文化的极好时机，因此，最具特色的本国文化往往被搬上舞台，向全世界传播本民族优秀文化特色。

(十一) 奥林匹克文化活动

《奥林匹克宪章》指出："奥林匹克主义谋求把体育运动与文化和教育融合起来。"因此，在近一个多世纪的发展历程中，现代奥林匹克运动不但形成了一套独特的、寓意深刻的象征标志和奖励制度，而且形成了一系列丰富多彩的文化活动，主要包括奥林匹克日、奥林匹克艺术节、奥林匹克博物馆、奥林匹克邮票、奥林匹克集邮展览、奥林匹克学院、奥林匹克科学大会、奥林匹克团结基金计划。它们围绕奥林匹克这个最高层次的活动，对宣传和实现奥林匹克理想、促进体育和文化的繁荣、推动全人类的和平与进步，都产生了积极而深远的影响。

三、奥林匹克运动的组织机构

奥林匹克运动组织体系主要由国际奥委会、国际单项体育联合会和得到国际奥委会承认的各个国家或地区的奥委会组成。它们与其他体育组织相互配合，相辅相成，保证着奥林匹克运动的正常运作。与奥林匹克运动相关的其他机构还有世界反兴奋剂机构、体育仲裁法庭、奥运会组委会、奥运会协调委员会等。

国际奥委会的全称是国际奥林匹克委员会，成立于1894年6月23日。按照《奥林匹克宪章》，国际奥委会领导奥林匹克运动，是奥林匹克运动的最高权力机构，是一个国际性的、非政府的、非营利的组织。国际奥委会的组织机构包括国际奥委会全体会议、执行委员会、行政机构（总部设在瑞士洛桑）和各专门委员会。

国际单项体育联合会是在世界范围内管辖一项或几项运动项目，并接纳若干管辖这些项目的国家和地区级团体的非官方的国际性组织。其主要任务是负责它所管辖的运动项目的技术和行政管理方面的工作。

国家（地区）奥委会是按照《奥林匹克宪章》的规定建立起来，并得到国际奥委会承认的负责在一个国家（地区）开展奥林匹克运动的组织。它是奥林匹克运动的基本功能单位，负责在各自国家（地区）发展和维护奥林匹克运动的重大任务，也是唯一有权选派代表队参加奥运会的机构。

四、中国与现代奥林匹克运动

回顾中国与现代奥林匹克运动曲折的历史过程，可以说，我们对现代奥林匹克运动的参与、理解程度是从低到高、由浅入深的。中国从"东亚病夫"，不知奥运为何物到参加奥运会，到获得第一块金牌，到升至金牌榜前三位，直至获得奥运会举办权，近百年中国对奥林匹克的执着就是一部奋斗史、发展史、成长史和成熟史的写照。中国是历史悠久的文明古国，在几千年的历史发展中沉淀了灿烂而辉煌的传统体育文化，但由于种种原因，内容丰富的传统体育未能在工业文明时代较好地完成演变和发展，最终在西方列强炮轰城门的背景下接受了近代体育思想，这也为在中国开展现代奥林匹克运动创造了前提与条件。

（一）中国与奥林匹克的第一次接触

中国人最初是通过媒体知道奥运会的。1904年，在第3届奥运会举行之际，中国的一些报刊第一次报道了这届运动会的情况，但由于当时中国民众对现代体育了

解甚少，所以这些报道只在小范围内产生了影响。1907年10月，著名教育家、体育家张伯苓在天津基督教青年会第5届学校运动会的开幕式上发表了以奥林匹克为主题的演说。这是中国著名人士首次在公开场合提出中国参加奥运会的问题，自此激起了国人参加奥运会的斗志。

（二）中国与国际奥委会建立联系

中国与国际奥委会的最早联系始于远东运动会期间。远东运动会原名远东现代奥林匹克运动会，由于中国积极筹办和参与远东运动会，从而与国际奥委会发生了最早的联系，国际奥委会也正式通知中国准备参加奥运会和国际奥委会会议，但由于第一次世界大战爆发未能实现。这是中国与国际奥委会最初的联系，使中国的现代奥林匹克运动得到了初步的发展。

（三）中国首位奥委会委员的产生

1922年，国际奥委会选举中国体育界著名领导人，远东体协的发起人，历届远东运动会的赞助人，第2、第5、第8届远东运动会会长王正廷为国际奥委会委员，这是中国第一位奥委会委员。至此，中国便与国际奥委会建立了直接的联系，这是中国与现代奥林匹克运动互相认可和接受的标志之一。

（四）中国首次奥运行

1931年国际奥委会正式承认中华全国体育协进会为中国奥委会。古老的东方大国正式成为奥林匹克大家庭的一员。中国运动员取得了参加奥运会的资格，中国人参加奥运梦想的时机成熟了。1932年，刘长春还是东北大学学生，他成为参加在美国洛杉矶第10届奥运会的第一位中国选手。由于当时日本帝国的铁蹄正在践踏我国的领土，深受流亡之苦的他最终在全国体协董事、东北大学体育系主任郝更生和校长张学良将军的帮助下顺利参加了比赛。这场单刀赴会由于种种原因导致没能较好发挥成绩，最终黯然而归，但却向世界宣告了中国现代奥林匹克运动的存在。

（五）新中国与奥林匹克

1954年，国际奥委会在承认中华全国体育总会为中国国家奥委会的同时，不经讨论将中国台湾的体育组织继续列入国家奥委会之中，这违背了《奥林匹克宪章》关于一个国家只能有一个奥委会的规定，中国提出抗议，但并没有得到奥委会的响应，中国奥林匹克委员会在1958年8月发表声明，宣布断绝与国际奥委会的关系，以抵制"两个中国"的阴谋。

1979年，中国通过多方努力，10月25日，国际奥委会执委会在日本名古屋市举行会议，通过了恢复中国在国际奥委会合法席位的决议。可以说名古屋决议是中国奥运发展过程中的一个里程碑,成为中国体育全面走向世界的新起点。1980 年 2 月到 2004 年,中国共参加了 6 届夏季奥运会和 7 届冬季奥运会。中国运动员在奥运会上不仅取得了举世公认的优异成绩,而且展示了良好的体育精神与面貌,增强了与各国运动员之间的友谊。中国在阔别奥运会 22 年之后重返国际大家庭,参加了在美国洛杉矶举办的第 23 届奥运会,这是中国有史以来派出的规模最大的体育代表团。随着五星红旗一次次地升起,中华健儿在奥运会的出色表现,骤然间人们改变了对中国体育旧有的认识,世界开始重新认识中国。中国开始了奥林匹克历史上的新时代。

(六) 中国成功举办第 29 届奥运会

我国成功举办了 1990 年北京亚运会之后,中国人萌发了举办奥运会的想法。1992 年,中国北京向国际奥委会第一次提出了申办 2000 年第 27 届奥运会的申请,开始了北京的第一次奥运会申办尝试。虽然 1993 年 9 月 23 日在国际奥委会全会蒙特卡罗的表决中,北京以微弱的两票劣势输给了悉尼,但这并没有影响我们参与奥林匹克的决心。1998 年 11 月,国务院总理办公会议和中央政治局常委会先后对申办工作进行了研究,决定由北京再次申办 2008 年奥运会。当年 11 月 25 日北京市正式向中国奥委会递交承办 2008 年奥运会申请书。

(1) 1999 年 4 月 7 日,北京向国际奥委会递交了承办 2008 年第 29 届奥运会申请书。

(2) 2000 年 6 月 19 日,北京奥申会向国际奥委会递交了《申请报告》,按照国际奥委会的要求,全面回答了 6 个方面的 22 个问题。

(3) 2000 年 8 月 28 日,国际奥委会在 10 个申办国中筛选 5 个城市作为候选城市。

(4) 2000 年 10—12 月,国际单项体育组织依据国际奥委会要求对北京进行考察。

(5) 2001 年 1 月 17 日,北京奥申委向国际奥委会递交了北京 2008 年奥委会《申办报告》,内容包含 18 个部分,涉及国家和城市特点、法律、海关入境、环保、财政、市场开发、安全保卫等相应配套措施。

(6) 2001 年 2 月 19—24 日,国际奥委会评估团一行在北京实地考察。

(7) 2001 年 7 月 13 日,经过 5 个申办城市的陈述和回答委员提问后,国际奥委会开始投票。莫斯科时间 22 时 11 分(北京时间 18 时 11 分),中国在第 4 轮投票中以绝对的票数获得 2008 年第 29 届奥运会的主办权。2008 年 8 月 8 日,在中国北京举行了第 29 届奥林匹克运动会,这是在古老的中华大地第一次燃起奥运圣火。

(七) 北京成功举办 2022 冬奥会

2015 年 7 月 31 日,巴赫主席在吉隆坡正式宣布北京和张家口将携手举办第 24

届冬奥会。

2022年北京冬奥会（Olympic Winter Games Beijing 2022），即第24届冬季奥林匹克运动会，是由中国举办的国际性奥林匹克赛事，于2022年2月4日开幕，2月20日闭幕。2022年北京冬季奥运会共设7个大项，15个分项，109个小项。北京赛区承办所有的冰上项目和自由式滑雪大跳台项目，延庆赛区承办雪车、雪橇及高山滑雪项目，张家口赛区承办除雪车、雪橇、高山滑雪和自由式滑雪大跳台之外的所有雪上项目。2021年9月17日，北京冬奥会、冬残奥会发布主题口号——"一起向未来"。10月18日，北京冬奥会火种在希腊成功点燃。10月20日，北京冬奥会火种抵达北京。11月15日，2022年冬奥会和冬残奥会主题口号推广歌曲《一起向未来》全新MV在全平台正式上线。12月31日晚，北京2022年冬奥会和冬残奥会颁奖元素正式发布。2022年1月17日，北京冬奥组委发布北京冬奥会竞赛日程终版。1月22日，国际奥委会主席托马斯·巴赫抵达北京开始相关活动。1月30日，高亭宇、赵丹担任2022年北京冬奥会中国体育代表团旗手。2月4日，第二十四届冬季奥林匹克运动会开幕式在国家体育场举行，中共中央总书记、国家主席、中央军委主席习近平出席开幕式并宣布本届冬奥会开幕。2月6日，国际奥委会主席巴赫在北京的新闻发布会上表示，北京冬奥会创造了历史，为奥运留下了一套全新的标准，将开启全球冰雪运动新篇章。2月19日，巴赫将奥林匹克奖杯授予中国人民。2月20日，北京冬奥会闭幕。北京成为奥运史上第一个举办过夏季奥林匹克运动会和冬季奥林匹克运动会的城市，也是继1952年挪威的奥斯陆之后时隔整整70年后第二个举办冬奥会的首都城市。

（八）历史意义

通过举办奥运会，中国人民更加增强了民族自豪感和凝聚力，增强了对社会主义中国和平发展的信心，也使全世界进一步了解、正视、尊重中国的社会制度和发展模式。通过举办奥运会，中国加快了开放步伐，使全世界清晰地看到一个发展进步、友好和谐、重诺守信、尊重国际规则的中国，有助于中国进一步走向世界。通过举办奥运会，我们留下了"鸟巢""水立方"等一大批中外建筑大师精诚合作而创造的标志性建筑和城市基础设施，为提升城市实力、改善民众生活打下了良好的基础。通过举办奥运会，"绿色奥运、科技奥运、人文奥运"的理念深入人心，极大地提升了全社会的环保意识、科技意识、文明意识、人文意识和公民意识。活跃在奥运赛场内外的上百万志愿者、啦啦队和观众，既为中国选手和热点项目加油助威，也为外国选手、非热点项目呐喊击掌，这份真诚、热情和包容让全世界动容，彰显了中国人民的善良和责任感，彰显了改革开放的中国自信成熟的胸襟。通过举办奥运会，作为西方文明的奥林匹克精神与中华文明有机融合，奥林匹克课程惠及中国亿万民众，规则意识、参与意识和公平竞争意识，成为奥林匹克带给中国的宝贵精神财富。

迟到的颁奖仪式

1984年7月29日上午,许海峰有惊无险地获得了第23届奥运会男子自选手枪比赛的冠军。同样,王义夫因为相差2环取得第三名的好成绩。至此,中华民族的第一块奥运金牌就这样诞生了。由于大会没想到中国运动员会取得胜利,以至于发奖仪式因为找不到五星红旗而推迟了45分钟。发奖后国际奥委会主席萨马兰奇说了这样一句话:"今天是中国体育史上最伟大的一天。"可想而知,这块金牌对中国在整个国际社会上地位的影响。

 探索与思考

1. 奥林匹克运动有哪些组织机构?
2. 2008年北京夏季奥运会和2022年北京冬奥会的口号和理念是什么?
3. 如何解读相互理解、友谊、团结和公平竞争的现代奥林匹克精神内涵?

模块六　球类运动

❀ 模块导读

　　球类运动作为深受人们喜爱的体育运动项目，在世界各地得到广泛的开展。球类运动可以跨越年龄、性别乃至种族地域的限制，且运动方式灵活多样，魅力无穷。它不仅可以满足人们的日常休闲娱乐需求，经常参加球类运动还有助于促进各项身体素质全面发展，培养团结协作、努力拼搏的精神，进而获得比赛胜利。它集观赏、健身、娱乐、竞技于一身，给参与者带来健康与快乐。

　　本模块主要介绍篮球、足球、羽毛球和乒乓球运动的起源与发展，让同学们学习和掌握球类运动的基本知识、基本技术和战术，感受球类运动的魅力，学会更好地欣赏球类赛事，并了解球类运动的锻炼价值，帮助同学们享受竞技运动的乐趣、养成终身锻炼的习惯。

球类运动数字资源汇总

单元6.1 篮 球

1. 了解篮球运动的起源与发展。
2. 学习和掌握篮球的基本知识、基本技术和战术。
3. 更好地欣赏和参与篮球运动。

姚明：让更多人热爱篮球这项运动

姚明担任中国篮协主席期间针对CBA职业化、校园篮球与基层青训等方面进行改革，也一直在思考中国篮球的未来。在《环球时报》的采访中，姚明告诉记者：相比挖掘一个拥有即战力的精英球员，让更多人热爱篮球这项运动，才是更简单、更值得的事。我经常想，篮球需要一种什么样的文化？现在来看，篮球运动员所需要的文化在全世界都是统一的，即团队精神、领导力、责任和担当。

一、篮球运动的魅力

 （一）篮球运动的起源与发展

1891年，詹姆斯·奈史密斯（J. Naismith）在马萨诸塞州斯普林菲尔德市基督教青年会干部训练学校任教。这所学校的体育系主任卢瑟·古利克为贯彻冬季体育课教学大纲，委托他设计一项室内集体游戏。他从当地儿童喜欢用球投向桃子筐（当地盛产桃子，各户备有桃子筐）的游戏中得到启发，创编了篮球游戏。

起初，奈史密斯将两只桃篮分别钉在健身房内看台的栏杆上，桃篮上沿距离地面约3.05米，用足球作比赛工具，向篮筐投掷。投球入篮得1分，按得分多少决定

胜负。每次投球进篮后,要爬梯子将球取出再重新开始比赛。此后逐步将竹篮改为活底的铁篮,再改为铁圈下面挂网。人们称这种游戏为"奈史密斯球"或"筐球"。很长一段时间之后,经过他与同事们反复商量,才将此游戏定名为"篮球"。

篮球运动于1895年由美国基督教青年会的传教士来会理(David Willard Lyon)传入中国的天津市。1896年,天津基督教青年会举行了我国第一次篮球游戏表演。随后在北京、上海基督教青年会里也有了此项活动。在1910年的全运会上举行了男子篮球表演赛之后,全国各大城市的大、中学校的篮球活动逐渐开展起来。其中以天津、北京、上海开展得较好,水平也较高。当时的比赛规则很简单,在球场中间画一个直径为1米的中圈,中锋队员跳球时一只手必须置于背后腰部,任何一足都不得踏出圈外。当时的技术也简单,中圈跳球后,谁接到球就自己运球,超过防守人就投篮。

1892年,篮球运动的发明人奈史密斯订出了18条简易规则。篮球运动进入对抗比赛的阶段,继而产生了比赛的组织领导者、执法公断者:裁判员。

在国外称篮球裁判为"球证",每场比赛有正、副两个"球证"。中华人民共和国成立前,我国称篮球裁判为"司令",每场篮球赛只有一个"司令";中华人民共和国成立后改称为裁判员,每场球赛设正、副两个裁判员。

我国现行篮球裁判分为:国际级荣誉级、国际级、国家A级、国家级、一级、二级、三级。由于篮球比赛的速度和强度都愈来愈大,为了更全面、准确地执行规则,根据国际篮联的要求我国已开始执行三人执裁方法,每场比赛设前、中、后三个裁判。

根据篮球比赛中攻守对抗的规律,可将篮球技术分为进攻技术和防守技术。篮球技术是篮球比赛中为了一定目的的专门动作和方法的总称,是篮球运动的基础。

(二) 篮球运动的锻炼价值

篮球运动是最受人们喜爱的运动项目之一,之所以在全世界范围内得到如此广泛的开展,是由于它具有以下锻炼价值:

第一,篮球运动具有较强的集体性。它要求每个运动员在比赛中必须做到齐心协力、密切配合。只有个人为集体,集体才能为个人的技术发挥创造机会,这样才能达到战胜对方的目的。所以,篮球运动能培养团结友爱的集体主义精神和严格的组织纪律性。

第二,篮球比赛的技战术具有运用的复杂性和紧张激烈的对抗性,从而可以培养队员顽强的意志力。现代篮球比赛在时间和空间上的争夺越来越激烈。在错综复杂、变化多端的情况下进行比赛,要求运动员不仅要掌握协调多样的技术动作,而且还要具备随机应变的能力,如突然改变方向,突然改变速度,时而急停、时而起跳等。运动员不仅要注意球的转移、球篮的位置,还要注意到同队和对方队员的各种行动,并随时做出及时的判断,主动采取合理的应变行动。因此,通过篮球运动教学、训练和比赛,能提高各感受器官的功能,提高广泛分配和集中注意的能力,以及空间、时间和定向能力。运动员在比赛过程中,经常变换动作,对提高神经中枢的灵活性、提高神经中枢协调支配各器官的能力起着良好的作用。

第三,篮球运动的技术动作是由各种各样的跑、跳、投等基本技能组成的。它能促进运动者的力量、速度、耐力、灵敏性等身体素质的全面发展,提高内脏器官的功能。

第四,篮球运动具有较大的吸引力,参加者不受年龄、性别的限制。它既能增强体质、促进健康,又能丰富人们的业余文化生活,从而提高劳动、工作和学习的效率。

二、篮球运动基本技术与练习方法

(一)移动

1. 基本技术

(1)起动。

起动是队员在球场上由静止状态变为运动状态的一种动作。它是获得位移初速度的方法。

动作方法:起动时,身体重心向跑动方向移动,以后脚(向前起动)或异侧脚(向侧起动)的前脚掌内侧突然用力蹬地,同时上体迅速前倾或侧转,手臂协调地摆动,充分利用蹬地的反作用力,迅速向跑动方向迈步,如图6-1所示。

1　　　　　　　　2

图6-1　起动

动作要点:猛蹬地,快跨步,快频率。

（2）变向跑（以从左向右变向跑为例）。

变向跑是队员在跑动中利用突然改变方向完成攻守任务的一种方法。

动作方法：从左向右变向时，最后一步右脚着地，脚尖稍内扣，用前脚掌内侧用力蹬地，屈膝，腰部随之左转，上体向左前倾，快速移动重心，左脚向左前方跨出，然后加速前进。

动作要点：前脚掌内侧用力蹬地，重心转移快，右脚上步快。

（3）侧身跑。

侧身跑是队员向前跑动中为了观察球场上的情况，摆脱防守，接侧向传来的球而采用的一种跑动方法。

动作方法：在跑动时，头部和上体转向侧面或有球的一侧，两脚尖要朝着移动方向，既要保持奔跑速度，又要完成攻守的动作。

动作要点：上体前倾自然侧转，脚尖朝前。

（4）急停。

急停是队员在跑动中突然制动速度的一种动作方法。它也是各种脚步动作衔接和变化的过渡动作。急停的动作有两种：

①跨步急停。

动作方法：在快速跑动中急停时，先向前跨出一大步，用脚跟先着地过渡到全脚抵住地面，并迅速屈膝，同时身体微向后仰，后移重心。然后，再跨出第二步，脚着地时脚尖稍向内转，用前脚掌内侧蹬地，两膝弯曲，身体稍有侧转，微向前倾，重心移至两脚之间，两臂屈肘并自然张开，帮助控制身体平衡。

动作要点：第一步要用脚外侧着地。第二步落地时用前脚掌内侧蹬地控制身体重心。

②跳步急停。

动作方法：队员在中慢跑时，用单脚或双脚起跳（一般离地面不高），上体稍后仰，两脚同时平行落地。落地时全脚掌着地，用前脚掌内侧蹬地，两膝弯曲，两臂屈肘微张，以保持身体平衡。

动作要点：落地时，应用前脚掌蹬地，屈膝降重心，重心控制在两腿之间。

（5）滑步。

滑步是防守移动的一种方法。它易于保持身体平衡，可向任何方向移动。

动作方法：两脚平行站立，两膝较深弯曲，上体微向前倾，两臂侧伸。向右侧滑步时，左脚前脚掌内侧蹬地，右脚向右（移动方向）跨出，在落地的同时，左脚紧随滑动，向右脚靠近，两脚保持一定距离，右脚继续跨出。

动作要点：在滑步时，要保持屈膝低重心的姿势，身体不要上下起伏，两腿不要交叉，重心保持在两脚之间，两臂伸开，眼要注视对手。

2. 练习方法

（1）基本站立姿势（面向、背向、侧向），听或看信号开始跑动练习。

（2）自抛或别人抛球后，迅速快跑，把球接住。

（3）成一路纵队，采用全场"之"字形急停急起。练习时，一队员急停转向后，第二名接上再做，依次进行。

（4）看手势做前、后、侧滑步练习，全场"之"字形滑步练习。

3. 易犯错误及其纠正方法

（1）易犯错误。

①基本站立姿势或起动前身体重心偏高，步幅过大，不便于迅速蹬地。

②变向跑时前脚掌内侧不主动用力，腰胯动作未协调用力。

③侧身跑时上体转体不够，侧转时内倾不够，跑步时脚尖不是向前。

④急停时身体重心过高，腰胯用力不够或过于紧张，没有用力蹬地和控制身体重心的动作。

⑤滑步时两脚并步，形成跳动移动，重心过高，滑步时上下起伏。

（2）纠正方法。

①教师用正确的示范动作引导学生练习，并在练习中反复用语言提示。

②为了使学生掌握规范的动作，在教学方法上可采用分解练习，由慢至快，由简入繁。

③跑的练习中，反复强调前脚掌内侧用力的部位，以及通过腰胯用力带动重心迅速转移。

④强调两腿弯曲降重心，或采用限制高度的滑步练习。

（二）传球和接球

1. 基本技术

（1）双手胸前传球。

动作方法：双手持球的方法是两手指自然分开，拇指相对成八字形，用指根以上部位持球，手心空出。两肘自然弯曲于体侧，将球置于胸腹之间的部位，身体成基本站立姿势。传球时，在后脚蹬地、身体重心前移的同时前臂迅速向传球方向伸出。球出手后，身体迅速调整成基本站立姿势。传球距离近，前臂前伸的幅度小。远距离的传球，则需加大蹬地、伸臂和腰腹的协调用力。传球距离越远，伸臂的动作速度越快。如图6-2所示。

动作要点：持球动作正确，蹬（地）、伸（臂）、翻（腕）、拨（食、中指）球动作连贯，用力协调。

（2）单手肩上传球。

单手肩上传球是单手传球中一种最基本的方法。

图 6-2 双手胸前传球

动作方法：传球时（以右手传球为例），左脚向传球方向迈出半步，右手托球，同时将球引到右肩上方，肘部外展，上臂与地面近似平行，手腕后仰。左肩对着传球方向，重心落在右脚上，右脚蹬地，转体，右前臂迅速向前挥摆，手腕前屈，通过食指、中指拨球将球传出。如图 6-3 所示。

1

2

3

图 6-3 单手肩上传球

图 6-3 单手肩上传球（续）

动作要点：自上而下发力，蹬地、扭转肩、挥臂和扣腕动作连贯。

（3）双手接球。

双手接球是最基本的接球方法，也是在比赛中运用最多的动作之一。

动作方法：双手接球时，两眼注视来球，两臂伸出迎球，手指自然分开，两拇指成八字形，手指向前上方，两手成一个半圆形。当手指触球后，迅速抓握球，两臂随球后引缓冲来球的力量，两手握球于胸腹之间。保持身体的平衡，做好传球、投篮或突破的准备。

动作要点：伸臂迎球，在手接触球时，收臂后引缓冲，握球于胸腹之间，动作连贯。

2. 练习方法

（1）定点传球练习：在墙上至少画出高度不同的 3 个点，作为传球目标。从距墙 3 米处开始传球，先双手胸前传球、双手反弹传球，然后双手头上传球等。

（2）迎面传接球练习：全体队员分成两组，面对面地各站成一路纵队，相距 3~4 米。

（3）全场 3 人 8 字形围绕传接球练习：全体队员先分成 3 组，面向球场分别站成一路纵队，间隔距离相等。要求向前跑动互相传球，不许运球，不许掉球。

3. 易犯错误及其纠正方法

（1）易犯错误。

①双手胸前传球时，持球动作不正确，全手掌触球，手心没有空出，手指僵硬，两拇指距离过大或过小。

②双手胸前传球时两臂用力不一致，成推挤动作，出手后两手交叉。

③单手肩上传球时，没有摆臂、拨指、抖腕动作。

④双手胸前接球时，两手没有形成半圆。

(2)纠正方法。

①两人一组,面对2~3米站立,做双手胸前传球的正确模仿练习。

②两人一组,一人对墙传球,另一人纠正动作。

③两人一组,一人接各种距离、各种形式的传接球,体会动作要领。

④多做自抛自接球练习,养成张手、伸臂、迎球及屈肘引臂的练习。

(三)投篮

1. 基本技术

(1)原地单手肩上投篮。

原地单手肩上投篮是最基本的投篮方法。

动作方法:以右手投篮为例。双脚原地开立,与肩同宽,右脚稍前,身体重心落在两脚之间,屈肘,手腕后仰,掌心向上,五指自然张开,持球于右眼前上方,左手扶球侧,两膝微屈,上体放松并稍后倾,目视瞄篮点。投篮时,下肢蹬地发力,腰腹伸展,抬肘伸前臂,手腕前屈带动手指弹拨球,最后通过食指、中指柔和用力将球投出。球离手后,右臂应有自然跟随动作,如图6-4所示。

图6-4 原地单手肩上投篮

动作要点：持球手法正确，蹬（地）、抬伸（抬肘、伸前臂）、屈（腕）、拨（手指拨球）协调连贯。

（2）原地双手胸前投篮。

原地双手胸前投篮是篮球运动中较早的投篮方法之一。

动作方法：双手持球于胸前，肘关节自然下垂，两脚前后或左右开立，两膝微屈，重心落在两脚之间，目视投篮点。投篮时，两脚蹬地，上肢随着蹬地向前上方伸臂，两手腕同时外翻，手腕前屈，拇指用力拨球，使球通过食、中指端将球投出。球出手时，身体随投篮出手方向伸展，如图6-5所示。

图6-5 原地双手胸前投篮

动作要点：自然屈肘，投篮时，下肢先发力，蹬（地）、伸（前臂伸）、旋（内）、拨（手指拨球）要连贯，左右手用力要协调。

（3）行进间单手肩上（高手）投篮。

行进间单手肩上（高手）投篮是比赛中广泛应用的一种投篮方法。

动作方法：以右手投篮为例。当球在空中运行时，右脚向来球方向或投篮方向跨出一大步，同时接球。左脚向前跨出一小步，脚跟先着地，上体稍后仰，并用力蹬地起跳。右腿屈膝，左脚蹬离地面，同时双手向前上方举球。腾空后，右臂向前上方伸展，腕、指动作同原地单手投篮。投篮出手后，两脚同时落地，两腿弯曲，以缓冲落地的力量，如图 6-6 所示。

图 6-6　行进间单手肩上（高手）投篮

动作要点：节奏清楚，起跳充分，举球、伸臂、屈腕、拨球动作连贯，用力适度。

（4）行进间单手肩上（低手）投篮。

这种投篮动作多在快速跑动中超越对手并接近篮下时运用，具有速度快、伸展距离远的特点。

动作方法：以右手投篮为例。行进间右脚跨出一大步的同时双手接球，并用身体保护球。接着，左脚迈出一小步，同时用力蹬地起跳，随之充分伸展身体，右臂外旋伸直向篮圈方向举球（手心向上）。当举球手接近篮圈时，做以中间三指为主的向上拨球动作使球通过指端投出。投篮碰板时要注意控制球的旋转。如图 6-7 所示。

　　　　1　　　　　　　　　2　　　　　　　　　3　　　　　　　　　4

图 6-7　行进间单手肩上（低手）投篮

2. 练习方法

（1）单手站姿投篮练习：初学者可在距球篮1.5米处练习（球篮区域或侧面均可），要求抬肘伸臂充分，用手腕前屈和手指柔和地拨球。

（2）定点投篮练习：围绕罚球区0°、30°、45°、90°等7个点移动投篮。

3. 易犯错误与纠正方法

（1）易犯错误。

①持球手法不正确，五指没有自然分开，用手心托球。

②肘关节外展，致使上肢各关节的运动方向不一致。

③双手投篮时，两手用力不一致，伸臂不够充分。

（2）纠正方法。

①借助外部条件限制，让学生以投篮的手臂靠近墙壁做徒手或持球的投篮模仿练习，纠正投篮时的肘部外展。

②变换条件缩短投篮距离练习，让学生距离球篮2~3米处进行投篮练习。

③教师应反复讲解、示范，在练习中经常采用语言条件刺激，提示学生"跨""二步小""提膝""出手"等。

（四）运球

1. 基本技术

（1）高运球。

通常在没有防守队员时运用。其特点是球反弹较高，便于观察场上情况。

动作方法：运球时两腿微屈，上体稍前倾，目平视。以肘关节为轴，前臂自然屈伸，手腕和手指柔和而有力地按拍球的后上方，用指根及指腹部位触球，食指向前。球的落点控制在运球手同侧脚的外侧前方，使球的反弹高度在胸腹之间，手、脚协调配合。快速运球行进时，手触球的部位要向后移，用力要稍加大，球的落点离脚要远些，如图6-8所示。

动作要点：在手型正确的基础上，主动迎球，随球上引，前臂屈伸，控制球的落点。手按拍和脚步移动协调配合。

（2）低运球。

在高运球行进过程中遇到防守队员时，常用低运球摆脱防守队员的抢截。

动作方法：运球行进中遇防守队员时，减速弯腰屈腿、屈腕，用手指和指根部位短促地按拍球的后上部，使球控制在膝关节高度，从防守人的一侧超越，如图6-9所示。

图6-8 高运球

图6-9 低运球

动作要点：重心降低，上体前倾，按拍球短促有力。

（3）运球急停急起。

在对手防守较紧时，利用速度的变化摆脱对手。

动作方法：在快速运球中突然急停，使身体重心下降，手按拍球的前上方，使球停止向前运行，目视前方。急起时，两脚用力蹬地，上体迅速前倾起动，同时手按拍球的后侧上方，人、球同步快速前进。如图6-10所示。

图6-10 运球急停急起

动作要点：急停稳，起动快，人和球速一致，上体前倾和脚的蹬地协调配合。

（4）体前变向运球。

在快速行进间运球中，当对手堵截运球前进的路线时，突然向左或向右改变运球方向，以摆脱防守。

动作方法：以右手运球为例。运球队员从防守队员左侧变向突破时，先向其右侧做变向运球假动作。当对手移动堵截运球时，突然用右手按拍球的右侧后上方，使球经自己体前向左侧前方反弹。同时，左脚迅速随球向左侧前方跨步，上体同时向左扭转，身体重心要降低，侧肩贴近防守者，将球压低。当球反弹至腹部高度时，右脚蹬地迅速前迈，左手拍球的后侧上方，超越防守。如图6-11所示。

1　　　　　　　　　　　2

图 6-11　体前变向运球

动作要点：重心降低，拍球的部位正确，拍按球后要转体护球，蹬跨有力，变向换手后加速。

2. 练习方法

（1）走动中运球练习：初学篮球者可运球自如地在球场上来回走，练习时可选对面墙上的某一标记。眼睛要始终盯着这一标记，不许低头看球。

（2）熟悉球性练习：距墙 1 米左右站立，双手持球于头上。先用右手向墙上运球 10 次，再用左手向墙上运球 10 次，如此交替练习。

（3）体前变向运球练习：在场地中间或运球路线上放两把椅子。运球接近椅子的一刹那，突然变向换手运球绕过它。在另一把椅子前从右手变向左手再做一次。

（4）一对一练习：两人一组，每组的第一个队员防守，第二个队员拿球进攻。在规定的 3 米宽的场地内，持球队员采用各种运球方式向前场推进，到对面端线后，交换攻守位置。

3. 易犯错误与纠正方法

（1）易犯错误。

①运球时低头，不能全面观察场上情况。

②运球时掌心触球或单靠手指拨球。

③行进间跑动速度与运球速度不协调，持球时间长，容易带球跑。
④运球时用手打球，不是用手腕、手指按拍运球。
（2）纠正方法。
①看教师手势运球，并反复模仿正确技术。
②进行运球的熟悉球性练习。
③听信号做各种形式运球。
④设置障碍架进行变向练习。

（五）持球突破

1. 基本技术

持球突破可分为原地持球突破和运球中突破。根据动作结构可分为交叉步运球突破和同侧步运球突破两种。

（1）交叉步持球突破。

动作方法：以右脚做中枢脚为例。突破前，两脚左右开立与肩同宽，两膝微屈，重心控制在两腿之间，持球于胸腹之间。突破时，左脚前脚掌内侧用力蹬地，同时上体右转探肩，贴近对手，球移至右手，左脚交叉步前跨抢位，同时向左脚左斜前方推放球，右脚用力蹬地跨步，加速超越对手，如图6-12所示。

1　　　　　　　　2　　　　　　　　3

图6-12　交叉步持球突破

4　　　　　　　　　　　　　　　　5

图6-12　交叉步持球突破（续）

动作要点：假动作要逼真，蹬地跨步有力，起动突然，四个环节协调连贯。

（2）同侧步（顺步）持球突破。

动作方法：以左脚做中枢脚为例。突破前，两脚左右开立稍大于肩，两膝微屈，重心控制在两腿之间，持球于胸腹前。突破时，右脚向右前方跨一大步，同时转体探肩，重心前移，右手放球于右脚侧前方，左脚迅速蹬地并向右前方跨出，加速运球超越对手，如图6-13所示。

1　　　　　　　　　　2　　　　　　　　　　3

图6-13　同侧步（顺步）持球突破

　　　　　　4　　　　　　　　　　　　5

图 6-13　同侧步（顺步）持球突破（续）

动作要点：起动突然，跨步、推放球快速连贯，中枢脚离地前球要离手。

2. 练习方法

（1）原地模仿练习。

（2）原地一对一。

（3）半场或全场一对一。

（4）半场二对二。

3. 易犯错误与纠正方法

（1）易犯错误。

①交叉步持球突破时，由于跨步脚尖方向不正确，造成转体过大现象。

②运球突破时的球落点没有在脚的侧前方。

③突破时侧身、探肩不够，身体重心高，后蹬无力，加不上速度，起动不起来。

④中枢脚离地面过早造成走步违例。

（2）纠正方法。

①找出犯有典型错误的学生做动作，然后剖析其原因，强化动作的关键，建立正确动作的表象。

②正误动作比较，让学生自我剖析，教师进行总结。

③利用标志线限制，学生在自己面前画出正确的突破路线和运球的落地点不对的位置，要求侧身、压肩，不得绕弧线切。

④借助障碍架限制使学生在距篮 5 米远处的 45°处站成一路纵队，距排头 1 米远处放一个"丁"字形障碍架（或由人用两手侧平举站立代替）进行练习。

（六）防守技术

1. 基本技术

（1）防守无球队员。

防守者站于对手与球篮之间偏向球一侧的位置上。根据无球队员移动切入的路线，防守无球队员可分为防纵切和防横切。

（2）防守有球队员。

防守者站于对手与球篮之间的位置上，重点是防投篮、突破、运球、传球等不同的进攻动作。

2. 练习方法

（1）阻止接球练习。

教练员站在限制区弧顶上，一攻一守的两名队员可以从球点的任一侧开始一对一的阻止接球练习。

（2）追防练习。

攻守各 3 名队员面对面地站在罚球线上（防守者面对篮，进攻者背对篮），一名进攻者得到教练员传来的球时，面对他的防守者立即从对手身旁跑向最近的端线，触摸端线后迅速返回参加到防守中。进攻者一旦接球，则快速推进，打快攻。

3. 易犯错误与纠正方法

（1）易犯错误。

①防守时脚步移动慢。当对手由无球到有球时，防守不能及时到位，或上步前冲过猛，或对持球者不敢逼近。

②防中投时不举手干扰封盖或封盖时挥臂幅度过大，造成犯规。

③防突破时，身体重心不稳，手脚配合不协调，易受对手假动作迷惑。当对手突破时，脚步移动慢，轻易放弃防守或造成犯规。

④防运球时脚步移动慢，不敢贴近对手，用手臂拦截代替抢先移动，盲目掏球。

（2）纠正方法。

①强调防守时注意力集中。可以采用二攻二守、三攻三守的练习。要求进攻者固定位置传接球，强调防守者随球转移及时移位，做到球到手人到位，球传出立即后撤，人球兼顾，提高脚步移动速度和控制重心的能力，增强防守有球与无球的转换意识。

②强调对方举球投篮时必须扬手干扰,不让对手轻松投篮出手。盖帽时要手臂伸展向上起跳封球,提高起跳、封盖的判断能力及保持身体平衡的能力。

③简化练习方法,要求进攻者协助防守者练习,并检验防守者的动作和反应。进攻的动作由慢到快,由单一到组合,逐步增加。

(七) 抢篮板球

1. 基本技术

抢篮板球技术根据动作结构可分为抢进攻篮板球和抢防守篮板球两种。

(1) 抢防守篮板球。

防守队员先挡人,利用后转身、前转身和跨步等动作把对手挡在自己身后,堵住进攻队员向篮下冲抢的移动路线,并及时判断出球的反弹方向。起跳时,力争在最高点处手与球在空中相遇。抢到篮板球后,双脚同时落地,屈膝降重心,上体稍前倾保持身体的平衡,把球放在远离对手的一侧,同时要衔接好下一个动作。

(2) 抢进攻篮板球。

冲抢是抢占的关键。当你投篮出手后,就要判断好球可能反弹的方向,利用突破的起动插向防守者身前,或借助虚晃、变向、转身动作绕过防守人的堵挡,抢占有利位置。

2. 练习方法

(1) 对墙练习:持球站在离墙 1.5 米的地方,尽量用力对墙掷球、起跳、抢球。

(2) 空中大力抢球练习:持球站在离篮 1.5 米的地方,投篮、起跳、抢球。

(3) 三对三练习:一组在罚球线的中点上,另外两组站在罚球圈的两侧距篮约 1.8 米的位置,各组背对球篮的人为防守员。教练员投篮出手后,防守队员立即完成转身、撤步与挡人动作。

3. 易犯错误与纠正方法

(1) 易犯错误。

①抢篮板球时挡人不积极,不及时。

②对球反弹的方向、落点判断不准确。

③起跳时机掌握不当,或过早或太慢,未能在跳至最高点时抢球。

④抢球时,因手法不正确而对球的控制不好。

(2) 纠正方法。

①两人一组,一攻一守,练习抢位,以提高拼抢意识和快速合理的抢位技术。

②两人一组，一投一抢，体会对球的反弹方向和落点的判断。
③加强手对球的控制能力的辅助练习及弹跳力的练习，提高抢获球能力。
④采用自抛自抢，体会抢球动作、抢球时间和得球后的落地动作。

三、篮球运动竞赛规则简介

（一）竞赛规则简介

1. 场地和器材

球场长 28 米、宽 15 米。球场有明显的长边的界线叫边线，短边的界线叫端线。场中有中线、限制区、罚球区和 3 分投篮区及中圈。

2. 比赛规则

（1）比赛时间：比赛由 4 节组成，每节 10 分钟。第一节和第二节、第三节和第四节中间休息时间分别为 2 分钟。两半时中间休息 10 分钟或 15 分钟。每一决胜期为 5 分钟。

（2）比赛的胜负：在比赛时间内得分较多的一队为胜队。

（3）比赛开始：比赛从中圈内跳球开始。当主裁判持球步入中圈执行跳球时，比赛正式开始。

（4）交替拥有：交替拥有是以掷球入界而不是以跳球来使球成为活球的一种方法。

（5）球中篮和它的得分值：球进入球篮，如是罚球得 1 分，从 2 分投篮区投篮得 2 分，从 3 分投篮区投篮得 3 分。

（6）罚球：是给予一名队员从罚球线后的半圆内的位置，在无争抢的情况下投篮得 1 分的机会。

3. 违例

违例是违犯规则。罚则是将球判给对方队员在最靠近发生违例的地点掷球入界，正好在篮板后面的地方除外，除非规则另有规定。

（1）队员出界和球出界。当队员身体的任何部分接触界线上、界线上方或界线外的除队员以外的地面或任何物体时，即是队员出界。当球触及了在界外的队员或任何其他人员，界线上、界线上方或界线外的地面或任何物体，篮板支撑架、篮板背面或比赛场地上方的任何物体时即是球出界。

（2）非法运球。当在场上已获得控制活球的队员将球掷、拍、滚或运在地面上，并在球触及另一队员之前再次触及球为运球开始；当队员双手同时触及球或允许球在一手或双手中停留时为运球结束。下列情况不算运球：连续投篮、运球前后的漏接、用拍击的方式试图获得球等。

（3）带球走。当队员在场上持着一个活球，其一脚或双脚超出本规则所述的限制向任一方向非法移动的是带球走。判断带球走的关键是确定和观察持球队员的中枢脚。

（4）3秒违例。当某队在前场控制活球并且比赛计时钟正在运行时，该队的队员不得停留在对方队的限制区内超过持续的3秒，否则为违例。

（5）8秒违例。每当一名队员在他的后场获得控制活球时，他队必须在8秒内使球进入他的前场，否则为违例。

（6）24秒违例。每当一名队员在场上获得控制活球时，他的队必须在24秒内尝试投篮。在24秒装置的信号发出前，球必须离开投篮队员的手。而且球离开投篮队员的手后，球必须触及篮圈或进入球篮，否则为违例。

（7）球回后场违例。控制活球的队员不得使球非法地回他的后场，否则为违例。宣判球回后场违例必须符合以下3个条件：该队已控制球，该队在前场最后触及球，该队在后场最先触及球。

（8）脚踢球和拳击球违例。故意踢或用腿的任何部分阻挡球或用拳击球是违例。

4. 常见犯规

犯规是对规则的违犯，含有与对方队员的非法身体接触和（或）违反体育道德的举止。犯规者的每一次犯规应被登记，记入记录表并相应地被处罚。

（1）侵人犯规。侵人犯规是队员与对方队员的接触犯规。无论球是活球或是死球，队员不应通过伸展他的手、臂、肘、肩、髋、腿、膝或脚来拉、阻挡、推、撞、绊、阻止对方队员行进，不应将其身体弯曲成"反常的"姿势（超出他的"圆柱体"），也不应放纵任何粗野或猛烈的动作。

罚则：
①应给犯规队员登记一次侵人犯规。
②如果对正在做投篮动作的队员发生犯规，应按下列所述判给投篮队员若干罚球：第一，如果投篮成功，应计得分并判给1次追加的罚球。第二，如果从2分投篮区域的投篮不成功，应判给2次罚球。第三，如果从3分投篮区域的投篮不成功，应判给3次罚球。

（2）双方犯规。双方犯规是两名互为对方的队员大约同时相互发生侵人犯规的情况。

罚则：应给每一犯规队员登记一次侵人犯规，不判给罚球。

（3）违反体育道德的犯规。根据裁判员的判断，一名队员不是在规则的精神和意图的范围内合法地试图去直接抢球，由此发生的接触犯规是违反体育道德的犯规。

罚则：

①登记犯规队员一次违反体育道德的犯规。

②应判给被犯规的队员相应的罚球，以及随后在记录台对面的中线延长部分掷球入界。

（4）技术犯规。技术犯规是包含（但不限于）行为性质的队员非接触的犯规。

罚则：

①由一名队员犯规，应给他登记一次技术犯规，作为队员犯规并作为全队犯规之一计数。

②由一名教练员、助理教练员、替补队员或随队人员犯规，给教练员登记一次技术犯规，并不作为全队犯规之一计数。

③应判给对方队员2次罚球，以及随后在记录台对面的中线延长部分掷球入界。

（5）取消比赛资格的犯规。队员、替补队员、教练员、助理教练员或随队人员任何恶劣的违反体育道德的行为是取消比赛资格的犯规。一名队员被登记了2次违反体育道德的犯规时，该队员也应被取消比赛资格。

罚则：

①应给犯规者登记一次取消比赛资格的犯规。

②相应的罚球以及随后在记录台对面的中线延长部分掷球入界。

（二）篮球规则手势欣赏

1. 违例手势（见表6-1）

表6-1 违例手势

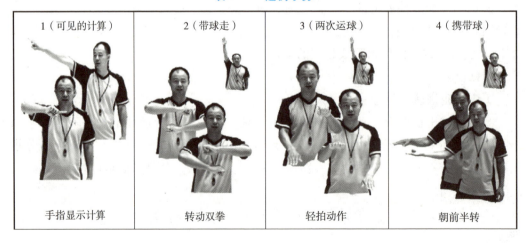

续表

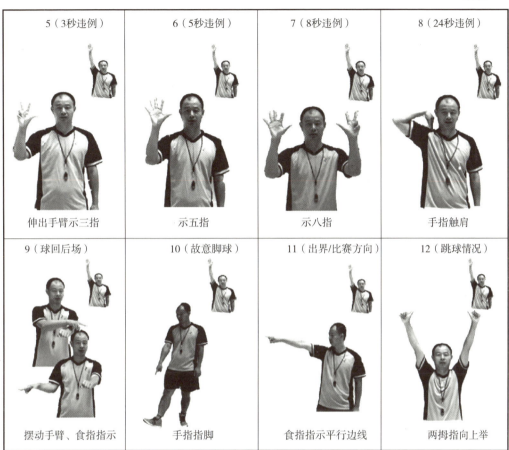

2. 犯规手势（见表6-2）

表6-2 犯规手势

续表

总结案例

NBA 最勤奋的球员：科比

2012年奥运会期间美国男篮在拉斯维加斯集训，第一次队内分组对抗被安排在晚上，一个球员在凌晨3:30接到科比的电话，邀请他一起到球场训练，但他到达的时候，发现科比已经孤身一人在场上训练，并且衣服已经被汗水湿透了，那时候他看了下表，还没到早上5点钟，该名球员训练了90分钟后回酒店休息，等到中午再回到球场的时候，发现科比还在那练习并且从未离开过，因为他刚刚完成每天的例行任务800次投篮训练。

"我现在已经学会了邓肯的打板投篮和诺维茨基的金鸡独立。"

——洛杉矶凌晨4点的一部篮球机器科比·布莱恩特

模块六

球类运动

活动与训练

听哨运球追人

器材：篮球若干、指定一位鸣哨同学。

方法：两人一组，一人一球，约定甲方为长哨音，乙方为短哨音。游戏开始，鸣哨，若鸣长哨音则甲方运球追拍乙方，乙方运球快跑；若鸣短哨音，则乙方立即急停转身，运球反追甲方。在规定时间内被对方追拍到的次数少者为胜。

规则：只准运球相互追逐，不得持球跑；"拍"到即有效。

探索与思考

1. 试述移动技术包括的内容。
2. 详述急停与前后转身的动作方法。
3. 试述现代篮球运动中投篮技术的发展趋势与特点。
4. 如何确定持球队员的中枢脚？

单元 6.2 足 球

 学习目标

1. 了解足球运动的起源与发展。
2. 学习和掌握足球的基本知识、基本技术和战术。
3. 更好地欣赏和参与足球运动。

 导入案例

国足难进,"足"见稀缺

2019 年 3 月 2 日,西甲第 26 轮,刚刚加盟"西班牙人"俱乐部的中国球员武磊,接到中场传球后轻巧推射,打入了他的西甲首球。近 4 000 万中国球迷在 9 000 公里外击掌相庆,通过网络见证了"武球王"的这一历史时刻,要知道上一个中国球员在欧洲五大联赛进球的,还是在 3 731 天之前。

10 年,国民经济都轮了两个五年规划了,咱们中国球员才进一个球,足见稀缺。

一、足球运动的魅力

  (一)足球运动的起源与发展

足球运动是以脚支配球为主,采用传球、带球及头球等技术,通过集体配合,两队间相互攻守对抗,以进球多少决定胜负的一项球类运动。它是世界上开展最广泛、影响最大的体育项目之一,被誉为"世界第一运动"。

古代足球起源于中国。我国古代把足球称为"蹴鞠"或"踢鞠",盛行于唐宋。现代足球起源于英国。1863 年,英国成立了世界上第一个足球协会——英格兰足球协会,标志着现代足球的诞生。1921 年,第 5 届奥运会开始有足球比赛。从 1930 年开始,举办四年一届的世界杯比赛,现在它已是除奥运会外,最大的体育比赛,成

为世界上拥有球迷最多的体育项目。

(二) 足球运动的锻炼价值

1. 健体价值

足球运动是一项能全面锻炼和健全体魄的运动。在全民健身活动中,通过开展足球运动,可以增强人们的体质和健康,提高运动的力量、速度及灵敏度,提高弹跳、耐力、柔韧性等素质。特别是对增强心血管系统、呼吸和消化系统等人体器官的功能非常有益,同时能使人体的高级神经活动得到改善。据测定,一名优秀足球运动员的肺活量比正常人要多 2 000～3 500 毫升,安静时的心率要比正常人低 15～22 次/分。

2. 健心价值

经常参加足球运动,可以培养人们勇敢顽强、机智果断、勇于克服困难的优秀品质;可以培养人们敢于斗争、敢于胜利的战斗作风,以及发扬团结协作、密切配合、集体主义精神。观赏高水平的足球赛事,能给人们带来斗志和快乐。拼劲十足、力量型的北欧及英格兰足球和以巴西桑巴舞足球为代表的艺术足球,会使足球场上充满生气、惊险,使人从中品味到无穷的哲理。这对形成良好的性格、品质、心态,营造健康的氛围都有积极的影响。

二、足球运动基本技术与练习方法

(一) 足球颠球基本技术

颠球是指运动员用身体的各个有效部位连续地触击球,并加以控制尽量使球不落地的技术动作。颠球是运动员熟悉球性的一种练习手段。

1. 颠球基本技术

双脚脚背颠球:脚向前上方摆动,用脚背击球。击球时踝关节固定,击球的下部。两脚可交替击球,也可一只脚支撑,另一只脚连续击球。击球时用力均匀,使球始终控制在身体周围。

2. 颠球的练习方法

(1) 一人一球颠球:体会触球的时间、触球的部位、触球的力量和整个动作的协调配合。

(2) 两人一球颠球:用脚背、大腿、头部以及身体各部位触球,掌握好触球的力量,尽量不让球落地。每人可触球一次颠给对方,也可触球多次互颠。

(3) 四五人一组，围圈用两球颠球：可规定每人触球的次数与部位，也可自由掌握触球的次数与部位。颠传时要注意观察，防止两个球同时颠传给同一伙伴。

(二) 足球踢球技术

1. 踢球基本技术

(1) 脚内侧踢球（又称脚弓踢球）。

其特点是脚与球接触的面积大，出球准确平稳，易于控制出球方向，传球较准确，且易于掌握。但由于出球力量相对较小，适用于近距离传球和射门。如图 6-14 所示。

1　　　　　2　　　　　3　　　　　4

图 6-14　脚内侧踢球

(2) 脚背内侧踢球。

适用于中、远距离传球和射门。比赛中常用脚背内侧踢定位球，传过顶球或转身踢球。踢定位球时，斜线助跑，助跑方向与出球方向约成45°。支撑脚以脚掌外沿积极着地，踏在球的侧后方20~25厘米处。膝关节微屈，脚尖指向出球方向，身体稍向支撑脚一侧倾斜。在支撑脚着地的同时，踢球腿以髋关节为轴，大腿带动小腿由后向前摆。当身体转向出球方向，膝盖摆至接近球的内侧上方向的刹那，小腿做爆发式前摆，脚尖稍外转，脚背跖屈，脚趾扣紧，脚尖指向斜下方，以脚背内侧踢球的后中部（要求出高球时，击球后下部）。踢球腿继续前摆，两臂外展以维持身体平衡。如图 6-15 所示。

1　　　　　　　2　　　　　　　3

图 6-15　脚背内侧踢球

4　　　　　　　　　　　　　5

图 6－15　脚背内侧踢球（续）

（3）正脚背（脚背正面）踢球。

由于其解剖特点，摆幅相对较大，同时由于与球的接触面也相对较大，因此踢球的力量也较大，准确性也较强。所以其适用于中长距离传球和射门。比赛中经常用脚背正面踢定位球、空中球、反弹球、倒钩球。踢定位球时，直线助跑，最后一步稍大。支撑脚全掌积极着地，踏在球的侧方 10～15 厘米处。脚尖正对出球方向，膝关节微屈。踢球腿屈膝后摆，在支撑脚着地的同时，以大腿带动小腿，加快小腿的摆速由后向前摆，脚背绷直，脚趾扣紧，以脚背正面击球的后中部。如图 6－16 所示。

1　　　　　　　　　2　　　　　　　　　3

4　　　　　　　　　5

图 6－16　正脚背踢球

(4)脚背外侧踢球。

这种踢法难度大。但是由于脚踝灵活性较大,出球的隐蔽性较强,所以运用范围广。比赛中常用来踢定位球、弧线球或弹拨球等。踢定位球(平直球)时,基本与脚背正面踢球相同。只是在踢球的瞬间,摆动腿的膝关节和脚尖内转,脚面绷直,脚趾扣紧,以脚外侧部位踢球的后中部。如图6-17所示。

1　　　　　2　　　　　3　　　　　4

图6-17　脚背外侧踢球

2. 踢球的练习方法

(1)各种踢球技术动作的模仿练习。在地面设想有一目标(足球),跨步上前做踢球动作,然后过渡到几步慢速助跑的踢球模仿动作练习,最后可做快速助跑踢球的模仿动作练习。练习中应注意要求有设想球,尤其注意设想触球一瞬间踢球脚踝关节的固定和脚背绷紧。

(2)一人用脚底挡球,另一人踢球。此方法应注意踢球腿摆动与触球部位的正确与否,同时还要检查其支撑阶段的状况。

(3)距足球墙5米左右进行踢球技术练习。此种方法主要强调小腿的摆动、大腿带动小腿进行摆、脚与球接触面、支撑环节是否正确。练习一段时间后,可将距离逐渐增加。

(4)利用足球墙和标杆做踢旋转球的练习。可将标杆插在踢球者与墙之间,标杆与人及墙的距离视需要而定,开始可大些,当技术掌握后再逐步缩小。

(5)原地踢自抛的反弹球、空中球练习。这两种练习多采用正脚背踢球。

(6)原地踢弧线球练习。多采用脚背内侧或者外侧踢球。

(三)足球停球技术

停球是指运动员有目的地用身体的合理部位把运行中的球接下来,控制在所需要的范围内,以便更好地衔接下一个技术动作。接球是为下一个动作服务的,接球质量的好坏直接影响下一个动作的顺利完成。比赛中来球性质、状态不同,所以接球应根据不同情况,采用不同的动作方法。

1. 停球基本技术

停球的方法有多种，常用的有脚内侧、脚背正面、脚背外侧、脚底、大腿、腹部、胸部、头部等部位的停球。

（1）脚内侧停球。

这是用脚内侧部位停球的一种技术。由于脚触球面积大，动作简单，较易掌握，比赛中经常使用这种技术接各种地滚球、平直球、反弹球、空中球。

①脚内侧停地滚球：支撑脚脚尖正对来球，膝关节微屈，同侧肩正对来球。接球腿提膝大腿外展，脚尖微翘，脚底基本与地面平行。脚内侧正对来球并前迎，当脚内侧与球接触的一刹那迅速后撤，把停接在脚下。

②脚内侧停反弹球：根据来球的落点，及时移动到位。支撑脚与球落点的相对位置在球的侧前方，支撑腿膝关节微屈，身体向接球后球运行的方向偏移。接球腿提起小腿且放松，脚尖微翘，脚内侧对着停球后球运行的方向并与地面成一锐角。当球落地反弹刚离地面时，大腿向停球运行的方向摆动，用脚内侧部位轻推球的中上部。

（2）大腿停球。

大腿停球一般可以用来接抛物线较大的高空球和略高于膝的低平球，如图 6–18 所示。

1　　　　　　　2　　　　　　　3　　　　　　　4

图 6–18　大腿停球

①大腿接抛物线较大的下落球：面对来球方向，根据球的落点迅速移动到位。停球腿大腿抬起，当球与大腿接触的瞬间大腿下撤将球停到需要的位置上。

②大腿停低平球：面对来球方向，根据来球高度，接球腿大腿微屈，送髋前迎来球。当球与大腿接触瞬间收撤大腿，使球落在所需要的位置上。

（3）腹部停球。

在激烈的比赛中为了抢点控制球，根据比赛的需要也使用腹部接球，如图 6–19 所示。

图 6–19　腹部停球

①腹部停反弹球：接球者的身体正对来球方向跑动，判断好球的落点，身体前倾，腹部对准落地反弹的球，腹直肌保持紧张，推压球前进。

②腹部停平空球：来球较突然且与腹部同高时，应先挺腹，在腹与球接触瞬间迅速含胸收腹，将球停下来。

（4）胸部停球。

由于胸部停球部位较高，加之胸部面积大、肌肉较丰满等特点，易于掌握，故是停高球的一种好方法。胸部停球包括挺胸式、收胸式两种方法。

2. 停球的练习方法

（1）个人停球练习。

①各种停球的模仿练习，主要体会动作要领和方法。

②接迎面地滚球，两人面对面站立，间隔10米左右，一人踢（抛）地滚球，另一人主动迎上接球。

③自己向上抛或踢球，用脚内侧或脚外侧停反弹球。

④自己向墙上抛或踢球，然后迎上去接反弹球。

⑤自抛自颠接空中球。

⑥对墙踢球，迎上去接反弹回来的球。

⑦接两侧的地滚球。

（2）多人停球练习。

①三人一组成纵向站立，甲、乙传球，丙迎上向两侧或身后接球，再传向另一方。

②两人对面抛高球，练习接反弹球。

③两人对面互踢定位球，练习接反弹球。

④互抛接空中球。

⑤两人对面互踢定位球，练习接空中球。

（四）足球运球基本技术

运球指运动员在跑动中用脚的推、拨、扣，使球保持在自己控制范围内的连续动作。

1. 运球基本技术

运球技术动作通常是由运球方法的选择与准备、跑动中间断触球、为下一动作的连接做好准备三个环节组成。带球时，身体自然放松，上体稍前倾，两臂自然摆动，步幅适中。带球脚提起，膝关节微屈。脚背正面带球要脚尖下指，脚背外侧带球要脚内转。在迈步前伸着地前，用脚推拨球。扩大视野，同时兼顾球和场上情况。

（1）脚背正面运球：是快速推拨球前进的一种带球方法。

（2）脚内侧运球：触球面积大，能有效地利用身体保护球。

（3）脚背外侧运球：触球面积大，有利于快速奔跑和改变带球方向的一种带球方法。

（4）护球：持球队员不能转身时，则利用身体把球与对手隔开。常用的护球方法有背身护球和侧身护球。

2. 运球的练习方法

（1）原地带球。
①两脚脚内侧左右拨球。
②脚底向左右拖拉球。
③单脚支持，另一脚底踩在球的上部，双脚交替连续做向后拖球的模仿练习。
（2）行进间带球。
①慢跑中分别用单脚脚内侧、外侧和正脚背进行直线运球练习。
②慢跑中沿弧线做顺、逆时针两脚不同部位的带球练习。
③用各种不同的脚法做扣、拨、拉的动作，做曲线变速变方向带球。
④运球绕过插在地上的若干标志杆。
⑤两人一组，一人运球，另一人进行抢堵，做运球过人练习。

（五）足球头顶球基本技术

1. 头顶球基本技术

各种头顶球都是由蹬地、摆体、颈部紧张、甩头或用头正面击球等动作所组成。头触球的部位和触球的时间是头顶球的重要环节。头顶球时要养成目迎目送的习惯。顶球时不要缩脖子，更不要闭眼睛，要敢于主动迎击球。

（1）前额正面顶球。

上体后仰成弓形，颈部保持紧张。当球运行到身体垂直部位前的一刹那，两脚用力蹬地向前摆体、甩头，用前额正面部位顶球的后中部。如图6-20所示。

1

2

3

4

图 6-20　前额正面顶球

（2）前额侧面顶球。

上体和头部向出球方向的异侧稍转动，后脚用力蹬地，上体迅速向出球方扭转，同时甩头，用额侧部位击球中后部。如图 6－21 所示。

图 6－21　前额侧面顶球

2. 头顶球的练习方法

（1）个人进行头顶球练习。

①原地做各种头顶球的模仿动作练习，体会动作要领。

②利用吊球或者同伴手托举的球进行练习，体会完整的动作技术。

③利用足球墙进行练习，自抛球由墙弹回进行各种顶球练习。

（2）多人头顶球练习。

①两人或两人以上在一起进行抛球—头顶球练习。

②两人一组连续对顶练习。

③顶球射门练习：顶球队员站在罚球弧附近，掷球队员站在球门内或球门侧面将球抛至罚球点附近，顶球队员跑上顶球入门。

④两人一球，相距 20 米左右，甲传过顶球飞向乙，乙顶回给甲。数次后轮换传、顶球。

⑤顶球者站在罚球线附近，顶守门员抛来的球射门。

（六）足球抢截球技术

1. 抢截球基本技术

（1）抢球。

用规则允许的条件和动作，把对方控制的或将要控制的球夺过来、踢出去或破坏掉，如图 6－22 所示。

①正面抢球：面向对手，两脚前后开立，两膝微屈，

图 6－22　抢球

身体重心下降并放在两脚间。当对手运球触球后即将着地或刚着地时,抢球者快速移动重心,支撑脚用力后蹬,抢球脚以脚内侧对着球并屈膝向球跨出,从正面抢堵球。同时,上体稍前倾,身体重心移至抢球脚上,支撑脚随即前跨,维持身体平衡。如双方的脚同时触球时,则要顺势向上提拉,使球从对方脚背滚过,身体要迅速跟上,把球控制住。

②侧面抢球:在与对方带球队员并肩跑动时,身体重心稍下降,同对方接触一侧的臂紧贴身体。当对方的外侧脚着地时,用肩以下、肘以上的部位,以适当的力量去冲撞对手相应的部位,使其失去平衡而离开球,并迅速将球控制在自己的脚下。

(2)铲球。

这是倒地抢球的一种技术。一般在对手接球前或带球过程中来不及用其他方法抢球时采用。当控球者拨出球的一刹那,或对方在接球时,左脚用力蹬地成跨步,以抢球脚(右脚)的外侧沿地面向前侧滑出,用脚掌将球蹚出,用脚背或脚尖踢或捅出,然后小腿外侧、大腿外侧和臂部依次着地。

2. 抢截球的练习方法

(1)两人一球练习。将球放在队员甲脚前,队员乙与其相距两米,并上步做正面脚内侧堵抢练习,当队员乙触球瞬间队员甲也用脚内侧触球。让抢球队员乙体会上步动作及触球部位,两人可轮换做抢球。

(2)两人一球练习。甲、乙两队员相对站立,队员甲运球跑向乙(慢速),队员乙选择好时机实施正面脚内侧堵抢技术。

(3)两人同方向慢跑,在跑的过程中两人可做适当的合理冲撞,体会冲撞的时机和冲撞的部位以及冲撞时如何用力等。

(4)铲球练习。一人一球将球放在前面某一位置,练习者选择适当位置站立,原地蹬出做铲球动作练习。当基本掌握铲球动作后,练习者可将球沿地面缓慢抛出,自己追球将球铲掉,以体会如何对滚动的球实施铲球动作。待较熟练地掌握铲球动作后,再用以上方法进行铲控、铲传的练习。

(5)一人直线运球前进,另二人由后追赶至适当位置抓住时机进行铲球练习。要求运球者给予适当的配合,使铲球者能在对手运球过程中体会实施铲球动作。

(七)足球掷界外球基本技术

掷界外球是指将越出边线的球,通过规定动作用手掷入场内恢复比赛的一种方式,常用的有原地和助跑两种掷法。

1. 掷界外球基本技术

面对出球方向,两脚开立,双手持球置于脑后。掷球时,蹬地、收腹、振胸、甩臂，将球一次性用力掷入场内。掷球时可沿地面滑动，但双脚均不得离地。助跑掷界外球的动作要领与原地相同。借助于助跑的速度掷界外球是为了掷球更远。

2. 掷界外球练习方法

（1）徒手模仿练习。

（2）两人一组，间隔15～20米，原地对掷练习。

（3）两人一组，间隔20～25米，助跑对掷练习。

（4）掷远或者掷准的比赛。

（八）足球守门员技术

守门员是全队防守的核心，其主要任务是不让球射入本方球门。守门员技术包括准备姿势和移动、选位、接球、扑球、托击球、发球等。

1. 准备姿势、移动、选位

准备姿势是两腿屈膝，重心前移，左右开立，两臂在胸前自然弯曲，并注视来球。移动主要采取滑步、交叉步以及跑步。选位是守门员的站位应在球与两球门柱所形成的分角线上，以扩大防守面积。

2. 接球

（1）低手接球：主要接地滚球、低于胸部的平直球。

动作要领：接球时，成准备姿势，正对来球，两臂并肘前迎，两手小指靠近，掌心朝前上方。在手触球的刹那，随球后引并屈肘、屈腕，两臂夹紧将球抱于胸前。

（2）高手接高球：用于接胸部以上的来球。

动作要领：身体正对来球，两臂上伸迎球，两手拇指相对成"八"字，手指自然张开，手掌对球做包球状。当手触球时，手腕和手指适当用力将球接住，并顺势屈肘，回收下引，迅速转腕将球抱于胸前。

（3）扑球：守门员来不及移动正对来球时，常采用扑球动作接球。常用的有倒地扑侧面的低球、鱼跃扑球等。

（4）托击球：在守门员没有把握接住球或有对方猛烈冲门情况下，为了避免接球脱手造成被动，常采用拳击球或用手将球托出界的方法，以避免球入球门。拳击球有单拳或双拳击球；托球也有单掌或双掌托球。

（5）发球：发球是守门员接球后组织进攻的手段。它常用的方法用手抛球和脚踢球两种。无论采用哪种，都要求及时、准确、战术目的明确。

三、足球运动竞赛规则简介及欣赏

(一) 足球运动竞赛规则简介

1. 足球战术与比赛阵形

足球战术是指在比赛攻守过程中,为了战胜对手,根据主客观的实际所采取的个人行动和集体配合的总称。足球战术可分为进攻和防守战术两大系统,其中又分别包含着个人战术和由二人或二人以上协同配合形成的集体战术。实践证明,正确地组织战术和运用战术是夺取比赛胜利的重要因素。

比赛阵形是指队员在场上的攻守力量搭配、职责分工及位置排列。它有助于各种战术目的和方法的实现。

目前普遍采用的阵形有"四三三""四四二""五三二"等。

(1) "四三三"阵形:中场的三个队员有明确分工。根据情况可一个侧重防守,两个侧重进攻,或者相反。

(2) "四四二"阵形:中场的四个队员基本上是一字横向排开或者成菱形排列两种。其分工为:一名为进攻型前卫,一名为防守型前卫,另两名为边前卫。这样,全队攻防更加平衡。

(3) "五三二"阵形:后场有五位防守队员,侧重防守。进攻时边后卫可插上,增强攻击力。

2. 足球运动竞赛规则

(1) 比赛场地和球。

比赛场地应为长方形,长为 90~120 米,宽为 45~90 米(国际足联规定世界杯决赛的标准场地为长 105 米、宽 68 米);球门宽 7.32 米,高 2.44 米;球为圆形,其周长为 68~71 厘米;在比赛开始时球的重量为 396~453 克,充气后的压力为 0.6~1.1 个大气压。

(2) 队员人数和比赛时间。

每队上场比赛的队员不得多于 11 名、少于 7 名,其中必须有一名为守门员。比赛分为两个 45 分钟相等的半场,每半场因故损失的时间应由裁判员酌情补足。

(3) 比赛开始、进行和死球。

开球前,双方队员均应在本方半场内。开球队的对方队员还须在中圈外。当裁判员鸣哨后,开球队员必须将放在场地中心的球踢入对方半场。待球被踢并向前滚动一周后方为比赛开始。

比赛开始至结束时均在进行中,包括球从门柱、横木、角旗杆、场上的裁判员

或助理裁判员弹回场内和场上队员犯规而裁判员未予判罚。

当球的整体在地面或空中全部越过边线或端线和比赛被裁判员鸣哨停止时均为死球。恢复比赛的方式为发球门球、角球、任意球、掷界外球、点球和重新开球。

（4）越位。

凡进攻队员较球更近于对方球门线者，即为处于越位位置。但如果该队员在本方半场内，或至少对方队员两人较其更近于对方端线，或其平行对方倒数第二个防守队员或者平行于对方最后两名以上（含两名）防守队员，则该队员不算处于越位位置。

（5）犯规与不正当行为。

①下列犯规，将判罚直接任意球：踢或企图踢对方队员；绊摔或企图绊摔对方队员；跳向对方队员；冲撞对方队员；打或企图打对方队员；推对方队员；为了得到对球的控制而抢截对方队员时，于触球前冲撞对方队员；拉扯对方队员；向对方队员吐唾沫；故意手球（不包括守门员在本方罚球区内）。

如果队员在本方罚球区内违反了上述十种犯规中的任何一种，应被判罚点球。

②下列犯规，将判罚间接任意球：动作具有危险性；阻挡对方队员；守门员用手控制球时，在发出球之前行走4步以上；守门员在发出球之后未经其他队员触球，再次用手触球；守门员用手触及同队队员故意踢给他的球；守门员触及同队队员直接掷入的界外球；守门员故意拖延比赛时间。

③下列犯规，将被警告并出示黄牌：犯有非体育道德行为；以语言或行动表示异议；持续违反规则；延误比赛重新开始；当以角球或任意球重新开始比赛时，防守队员不退出规定的距离；未得到裁判员许可进入或重新进入比赛场地；未得到裁判员许可故意离开比赛场地。

④下列犯规，将被罚令出场并出示红牌：严重犯规、暴力行为、向对方或其他任何人吐唾沫、用故意手球破坏对方的进球或明显的进球得分机会（不包括守门员在本方罚球区内）。

（6）掷界外球。

掷球时，掷球队员必须面向球场；两脚均应有一部分站立在边线上或边线外；单、双脚均不得全部离地；用双手将球从头后经头顶掷入场内；球未经其他队员踢或触及前，不得再次触球；不得将球直接掷入球门得分。

（7）比赛成平局后以互踢点球决胜的规定。

裁判员将双方队员集中于中圈，选定球门，并集双方队长猜币，猜中一方先踢。两队轮流各踢5球决胜，如未分出胜负，则两队应相继各出一人再决胜负，直至分出胜负为止。踢点球的队员必须是比赛结束时的场上队员。决胜过程中，场上队员均可与守门员互换位置；如守门员受伤，场下替补队员可以替补。

（二）足球运动欣赏

1. 对技术风格的欣赏

足球比赛中，运动员们精彩的技术表演，一直都是观众们欣赏的焦点。进攻中巧妙的过人、精准的传球、美妙的射门，固然让人击掌叫绝，然而防守时有效的阻抢、出人意料的截断、勇猛准确的铲球同样让人赞叹不已。

2. 对战术打法的欣赏

如果说技术能力表现了运动员的个人才华，那么战术能力则体现了一支球队的整体作战能力。它是一支球队能否获得比赛胜利的关键因素。

3. 体育精神的欣赏

正如所有的体育项目一样，足球比赛的目的并非单纯是为了战胜并征服对手。在某种意义上，运动员通过比赛向人们展示了人类不屈服于任何困难和压力、一往无前的精神风貌。在足球比赛中，运动员所表现出的良好的体育精神，同样是欣赏比赛的重要内容。

足球励志故事：C罗

"忘记足球吧，你不能靠足球来养活自己，足球不能给你带来任何东西。"这曾是C罗五年级的老师给他的建议。家境贫寒，体弱多病，甚至连口音都遭到身边人的嘲笑……但这一切都没有阻止C罗成为"世界第一人"。他对足球的热爱让他坚持了下来，也正是这种坚持让他越踢越好，慢慢打败了自卑，登上了世界足坛的巅峰，让他足够闪耀。

"我这么爱它为什么要放弃呢？什么都阻止不了我踢球的脚步。"

——永不服输的克里斯蒂亚诺·罗纳尔多

球感练习

器材：标志物、足球若干

人数：约10人一组，可考虑指定一名小组长。

场地：约15米×10米，可是实际情况略作调整。

方法：每组两人，两人一球相距3米，面对面，持球学生先在原地用双脚交替踩球、用脚内侧来回推球、单脚踩在球上、横向和纵向来回滚动球，每个动作持续30秒，然后交换轮流练习。

 探索与思考

> 1. 足球比赛的特点和价值有哪些？
> 2. 为什么说足球运动是世界第一运动？
> 3. 为什么要在青少年中积极开展足球运动？
> 4. 一场正式的足球比赛时间是多少？每方参赛队员多少人？每队可以换多少人？

单元6.3 羽 毛 球

1. 了解羽毛球运动的起源与发展。
2. 学习和掌握羽毛球的基本知识、基本技术和战术。
3. 更好地欣赏和参与羽毛球运动。

导入案例

林丹：每个人都有可能被击败

"2004年的雅典奥运会，我相信大家都知道我很遗憾地第一轮就出局了。在雅典的21天，是我人生中最痛苦的21天，输球的第一天晚上，我印象非常深，我几乎是回了一个晚上的短信告诉所有朋友'你们放心我会很好很好'，其实我一点儿都不好。让我最难受的是我不知道要怎么面对关心我的人，甚至我的父母。坐飞机回国时我又特别害怕，很希望自己能够在一瞬间就回到房间，让所有人都看不到我。

"2008年的奥运会，真的是改变了我的一生。但有一点点让我感到伤心的，那就是所有人都把目光放在了决赛上——我跟李宗伟的比赛。所有人都只看到了我最后一个扣杀，李宗伟没有接起来，我振臂欢呼拿了冠军。但没有人知道，在过去的半年、一年里我摔坏了多少球拍，发了多少火，甚至跟教练吵架，都是为了2008年赛场上的最后那一个球。印象最深的是每天的训练中，我摔断了无数的球拍，因为觉得压力太大，睡不好，吃饭时也会一直想着我的球或者对手。

"可能很多人会为我的18个世界冠军感到骄傲，也会觉得特别了不起，但你们除了看到我以外，也可以看到我的对手李宗伟，我不觉得他是失败的。他通过努力让很多人也认可他，我觉得这就足够了。金牌只是一种标准，不能代表所有。无论是成功还是失败，其实已不那么重要了。我觉得最重要的是你对于目标的一种态度。"——林丹

一、羽毛球运动的魅力

（一）羽毛球运动起源与发展

羽毛球是一项在室内外均可开展的小型球类运动，有单打和双打两种形式。单打有男子单打和女子单打两项；双打有男子双打、女子双打和混合双打三项。古代类似羽毛球的毽子球游戏在我国和其他亚洲、欧洲国家都有记载。现代羽毛球诞生于英国。19世纪60年代，一批退役的英国军官从印度把"普那"（Poona）——类似羽毛球运动的一种游戏带回英国。1873年，英国波菲特公爵在伯明顿庄园宴请宾客，一些印度回来的军官表演了"普那"游戏。从此这种游戏开始在英国流行，伯明顿庄园也因此成为现代羽毛球的发源地，后将羽毛球运动命名为Badminton（伯明顿）。

1893年，世界上第一个羽毛球协会在英国成立。20世纪初，羽毛球运动开始传到世界各地。1934年，由丹麦、英国、法国等10多个国家发起成立了国际羽毛球联合会（简称"国际羽联"），为推动羽毛球运动最终走向世界起到了关键性的作用。如今，由国际羽联管辖的世界性比赛有汤姆斯杯（国际男子羽毛球团体锦标赛）、尤伯杯（国际女子羽毛球团体锦标赛）、奥运会羽毛球赛、世界羽毛球系列大奖赛、苏迪曼杯团体赛、全英羽毛球公开赛等。

羽毛球运动于20世纪初传入中国。1963年前后，随着华侨中的羽坛名将回国，我国羽毛球运动开始走向繁荣。20世纪80年代后，中国选手在各项世界大赛中连续取得优异成绩。到现在，中国选手获得过所有羽毛球世界性比赛的冠军，是世界上最强的羽毛球运动国家之一。

羽毛球运动从1992年的巴塞罗那奥运会开始进入奥运会，其中包括男女单、双打4个项目。我国运动员在奥运会羽毛球比赛中多次获得冠军，为祖国争得荣誉。

（二）羽毛球运动的锻炼价值

羽毛球运动是一项为广大学生喜爱的体育运动项目。它具有球小、速度快、变化多等特点。不仅运动器材设备比较简单，在室内外都可以进行，而且基本技术容易掌握，参与性强，运动量可大可小，不同年龄、性别和身体条件的人都可以参加，因此非常易于开展和普及。经常参加羽毛球运动可以发展人的灵敏性和协调性，提高动作的速度和上下肢的活动能力，改善心血管系统的机能，提高身体素质，使身体得到全面发展，达到增强体质的目的。同时，经常打羽毛球，还可以培养人们勇敢顽强、敢于胜利、机智灵活、沉着果断等优良品质和作风。

二、羽毛球运动基本技术与练习方法

羽毛球技术是指运动员在比赛中所采用的动作方法的总称。羽毛球的基本技术包括手法和步法两大类。手法有握拍法、发球法和击球法；步法有基本步法和前后左右移动的综合步法两大类。

（一）羽毛球基本技术

1. 握拍法（正、反手握拍法）（见图6-23）

（1）正手握拍法。

握拍之前，先用左手拿住球拍的拍杆，使拍面与地面垂直。然后右手虎口对准拍柄窄侧面内沿，小指、无名指和中指并握，食指稍分开，自然变弯并贴在拍柄上。

（2）反手握拍法。

在正手握拍基础上，拍柄稍外转，即往左方向转。食指往中指、无名指、小指并拢，并注意把柄端靠近小指根部，使手心留有一定间隙，利于手腕和手指力量的灵活运用。

图6-23 握拍法

（3）握拍法的关键。

无论正手还是反手握拍法，它们的共同技术要点都是：一要放松，二要灵活，三要手指能最大限度地发挥力量。

（4）握拍法易犯错误及纠正方法。

①拳握法：五指并拢，使劲一把抓的握法。这种握法会使手臂的肌肉僵硬，影响手指、手腕的灵活性。

纠正方法：

通过技术示范，进行模仿练习；

让握拍手自由转动拍柄后，按照正确的动作要领，反复练习。

②苍蝇握拍法：虎口对准拍面的握法。这种握法限制了屈腕动作，妨碍对拍面角度的自由控制。

纠正方法：

按照正确的动作要领，练习前臂旋外的发力动作；

练习正手、反手握拍的转换，在自己面前横画"∞"。

2. 发球法

按发球的基本姿势可分为正手和反手发球；按发出的球在空中飞行的弧线，可分为高远球、平高球、平快球、网前球。

（1）正手发球技术要领。

站在靠近中线一侧，离前发球线1米左右的位置上。身体左肩侧对球网，左脚在前，脚尖向网；右脚在后；脚尖稍向右侧；两脚距离与肩同宽，身体重心放在右脚上。准备发球时，右手握拍向右后侧举起，肘部微屈，左手拇指、食指和中指夹住球，举在腹部右前方，然后放开球，挥拍击球。击球时，身体重心由右脚移至左脚上。如图6-24所示。

图6-24 正手发球

（2）反手发球技术要领。

发球站位可在前发球线后10~15厘米及中线附近，也可在前发球线后及边线附近。面向球网，两脚前后开立（右脚或左脚在前均可），上体稍前倾，身体重心在前脚上。右手臂屈肘，用反手握拍将球拍横举在腰间，拍面在身体左侧腰下。左手拇指与食指捏住球的两三根羽毛，球托朝下，球体或球托在球拍前对准拍面。击球时，前臂带动手腕朝前横切推送，使球的飞行弧线略高于网顶，下落到对方前发球线附近。如图6-25所示。

图6-25 反手发球

发高远球时，球要发得高而远，使球向对方的后场上方飞行。发球后的仰角（球路线与地面形成的角度）要大于45°，在对方底线上空几乎垂直下落，落点接近底线。

发平高球的飞行弧线比高远球低，多用前臂带动手腕发力，拍面稍微向前推送。其仰角大约是45°。

发平快球时，前臂加速带动手腕向前上方挥动。拍面要向前上方倾斜，以向前用力为主。拍面仰角一般小于30°，发出球的弧度以对方伸拍击不着球的高度为宜。

发网前球时，站位稍前。击球时，握拍要放松，大臂动作要小，主要靠小臂带动手腕向前切送。用力要轻，发出球刚好越网而过，落在对方前发球线附近。

（3）发球易犯错误及纠正方法。

①易犯错误动作的共同点：发球时，挥拍动作僵硬，脚步移动速度慢；放球与挥拍配合不当，击球点靠近身体或离得太远；握拍太紧以致力量发不出；发球过手、过腰等。

纠正方法：

——通过技术示范，进行模仿练习；

——做慢动作挥拍练习，逐渐过渡到正常速度的挥拍练习。

②易犯错误的不同点：

发高远球时，球拍直向前挥未顺势向左上方挥动缓冲。

发平高球时幅度掌握不好，手腕爆发力差，发不到底线，易被对方拦截。

发平快球时，手腕没有鞭打动作，造成球速慢，易被对方抢攻。

发网前球时，手腕上挑过高，没有切送动作，球离网太高，易被对方扑杀。

纠正方法：

——加强手腕的爆发力练习；

——加强发球力量和速度；

——强调发球动作的一致性；

——明确接发球动作的要领，有针对性地练习发球。

3. 接发球法

接发球的站位和姿势。

（1）单打站位。单打站位于离前发球线1.5米处。在右发球区要站在靠近中线的位置；在左发球区则站在中间位置。这主要是防备对方直接进攻反手部位。一般左脚在前，右脚在后，双膝微屈，收腹含胸，身体重心放在前脚上，后脚脚跟稍抬起。身体半侧向球网，球拍举起在身前，两眼注视对方。

（2）双打站位。由于双打发球区比单打发球区短0.76米，发高远球易被对方扣杀。所以，双打发球多发网前球为主。接发球时要站在靠近前发球线的地方。双打接发球准备姿势和单打的接发球姿势基本相同。略有区别的是身体前倾较大，身体重心可以随意放在任何一脚，球拍举得高些，在球到网上最高点时击球，争取主动。但要注意右场区对方发平快球突袭反手部位。

4. 击球法

羽毛球运动的各种挥拍击球技术，统称为击球法。正确的击球手法是打好羽毛球的主要条件之一。有了正确的击球动作就能更好地掌握和发挥羽毛球的各项技术，在比赛中就能通过高质量的击球夺取主动。

（1）正手击高球。在右后场区击球时，应左脚在前，右脚在后，稍屈膝。侧身对网，重心放在右脚前掌上，左手自然上举，抬头注视来球，右手持拍于身体右侧。击球前，重心下降准备起跳。起跳的同时右臂后引，胸舒展。当球落至额前上方击球点时，上臂往右上方抬起，肘部领先，前臂自然后摆，手腕尽量后伸，前臂急速内旋往前上方挥动，手腕向前闪动发力击球托后部。若手腕控制拍面击球托的右侧下部，球则向对角方向飞行。击球后，手臂顺势自然收至胸前。如图6-26所示。

1

3

4

5

图6-26　正手击高球

（2）反手击高球。当对方将球击到己方左后场区时用反手击高球。首先判断好对方来球的方向和落点，迅速将身体转向左后方，移动步伐。最后一步用右脚前交叉跨到左侧底线，背对网，身体重心在右脚上，使球处在身体右上方。击球前，迅速换成反手握拍法，持拍于右胸前，拍面朝上。击球时，以上臂带动前臂通过手腕的闪动，自下而上地甩臂，将球击出。在最后用力时，要注意拇指的侧压力与甩腕的配合，以及两腿蹬地转体的全身协调用力。

（3）吊球。吊球通常是指在中、后场的高球，运用劈切或拦截的技术动作，使球轻轻地落在对方网前区。在击球瞬间球拍有劈切球动作的吊球技术称为劈吊；只以拍面拦住球，使其反弹回去的吊球技术称为拦吊。由于吊球的落点比较近网，与平高球结合运用，就可以拉开对手的防守范围，从而达到调动对方、掌握场上主动权的效果。吊球可分为正手吊球、头顶吊球和反手吊球。正手吊球又可分为正手劈吊和正手拦吊。如图6-27所示。

图 6-27 反手击高球

（4）扣杀（杀球）。扣杀是指把高球用力向前下方重击、重切或重"点"击球。球飞行的弧线较直，落地快、威胁大。因此，杀球是后场进攻和争取得分的主要手段。与平高球、吊球配合运用，效果更好。杀球从手法上可分为正手扣杀、头顶扣杀和反手扣杀；从力量上可分为重杀、轻杀和点杀（力量不大，但速度快，落点靠近前场）。下面我们主要介绍两种运用最普遍的杀球技术：正手扣杀和头顶扣杀。

①正手扣杀。正手扣杀的准备姿势和动作要领与正手击高远球技术大体相同。不同的是，右脚起跳后，身体后仰呈反弓后，收腰腹，前臂带动手腕用力下压，球拍正面击球托，击球点较击高远球稍前，无切击动作，使球沿直线向前下方飞行，击球后立即还原成准备姿势。正手扣杀对角线的准备姿势和动作要领与正手扣杀直线基本相同。不同点是，起跳后身体向左前方转动用力，协助手臂向对角方向击球。

②头顶扣杀。头顶扣杀的准备姿势和动作要领与头顶击高远球大致相似。不同的是挥拍击球时，要集中全力往直线方向或对角线方向下压。拍面应稍前倾，拍面与击球方向的水平夹角一般控制在75°～85°为宜。

（5）网前上手击球技术。网前击球技术包括放网前球、搓球、挑球、扑球、推球和勾球等。

①放网前球。放网前球是指当对方来球在网前时，用球拍轻轻一托，将球向上弹起，恰好一过网便向下坠落。放网前球往往是运动员没有及时赶到在较高位置上击球而被动使用的技术，但质量高的放网前球也能扭转被动的局面。

②搓球。搓球是指在网前用球拍切击球托，使球旋转翻滚越过网顶的击球技术。搓球时，由于运用了搓、切等动作摩擦球托的不同部位，使球在越过网顶时的轨迹异常，给对方回击球造成困难，从而创造进攻的机会。它是一种在一般放网前球技

术的基础上发展起来的富有进攻性的技术。

③挑高球。挑高球是指把对方击来的网前球，挑高回击到对方后场。这是一种处于被动情况下的回击方法。把球挑得很高，挑到对方的后场以赢得时间重新调整身体的重心与场上位置，准备好下一次的击球。

④推球。在网前较高的击球点上，用推击的方法往对方底线击出弧度较平、速度较快的球，称为推球。由于击球点到过网的距离很短，球又平又快，再加上控制好落点，推球在比赛中具有很强的进攻性。

（6）击球易犯错误及纠正方法。

①前场击球易犯错误。

——击球后身体重心继续前冲，回动有困难。

——球不过网或过网弧度太高。

——搓球不够滚动，勾对角不到位，挑球不够高、不够远，放网前球离网太远、太高，扑球出界、触网或不过网。

纠正方法：

——向前跨步时以脚跟外沿先着地，过渡到前脚掌，以脚趾制动，控制身体平衡；

——握拍要根据动作方法灵活放松，以维持用手指灵活控制拍面角度和掌握用力大小的能力；

——搓球要掌握好手腕、手指的切搓力量；勾对角时，手指、手腕动作要协调配合；挑高球时，注意拍面角度，合理利用向上挑球的爆发力。

②中场击球易犯错误。

——击球点在体后，造成出球无力。

——反应慢，接不到球。

——接球不过网。

纠正方法：

——多做徒手挥拍练习和多球练习，强调前后动作的衔接性；

——采用多球专门练习，提高控制球的能力；

——适当增加向前上方提拉的力量。

③后场击球易犯错误。

——击球点选择不当。

——动作缺乏一致性。

——球的落点和出球的幅度掌握不好。

纠正方法：

——纠正握拍方法和挥拍路线，发多球定点练习，在基本上不做移动的情况下回击球；

——加强挥拍练习，体会闪腕击球和"鞭打"击球技术的要领，进行综合性高球、吊球、杀球练习，加强腰腹、手臂力量的练习；

——加强击球点的位置和击球发力方向，有针对性地练习不同的技术动作。

5. 步法

（1）上网步法。如果站位靠前，可用两步交叉步上网；若站位靠后场，则采用三步交叉跨步的移动方法。为了加速上网，还可采用垫步上网。

（2）后退步法。后退步法一般都用侧身后退，以便于到位后挥拍击球。如果右脚稍前的站位，则先完成右脚后蹬—髋部右后转—成侧身站位，然后采用三步并步后退或交叉步后退。

（二）羽毛球的练习方法

1. 握拍的练习方法

（1）固定球拍，以持拍手的正确部位握拍，体会握拍感觉。

（2）握拍练习：两人之间互相交换握拍动作，反复练习，体会握拍技术动作。

2. 发球的练习方法

（1）首先学习正手发后场高远球。按照技术要领做挥拍练习，直到熟练。

（2）持拍面对墙壁做发球练习，既要照顾到击球的准确性，同时还要兼顾击球动作的正确性。

（3）在场地上练习发球，重点注意发球的落点。

3. 正手发高球和正手挑球技术的练习方法

正手向上颠球；用吊线球进行正手挑球；对墙发球；在场地上正式发球。

4. 后场高手击球（高球、吊球、杀球）技术的练习方法

（1）按技术动作要领，进行持拍、引拍、挥拍、击球、还原练习。

（2）原地进行"起跳转体90°着地后即返回原地，再反复起跳并完成上手挥臂动作"的练习。

（3）多球式喂球或一对一陪练式喂球练习。

5. 网前高点搓、推技术练习方法

定点多球式喂球、搓球、推球练习；两人隔网对练搓球；多球上网定点（或不定点）搓，推球练习。

6. 接吊与接杀技术练习方法

正手接吊球挑与反手接吊球挑；正手接杀放网与反手接杀放网。

7. 步法练习方法

单个基本步法练习：垫步、并步、蹬步、交叉步、跨步的反复练习。

8. 羽毛球结合比赛的各种球路练习方法

（1）单项技术的重复练习：两人分边对打直线或对角线高球练习；两人各一边，做一吊一挑练习。

（2）组合技术练习：吊上网搓、推练习；头顶杀上网搓、推练习。

（3）一点打两点或两点打一点练习：一人在指定位置原地起跳击高球到对方两底角，另一人在两底角移动击高球到指定位置；一点吊两点练习；两点吊一点练习。

（4）多球练习：多球发球练习；多球高、吊、杀一点或两点练习；多球搓、推、挑练习；多球综合练习；多球步法练习。

（5）球路练习：固定球路高吊上网练习；固定球路高杀上网练习；半固定路线高吊轮攻练习；不固定路线练习。

三、羽毛球运动竞赛规则简介与欣赏

（一）羽毛球运动竞赛规则简介

1. 羽毛球场地

羽毛球场为一长方形场地，长度为13.40米，双打场地宽为6.10米，单打场地宽为5.18米。球场上各条线宽均为4厘米，丈量时要从线的外沿算起。球场界限最好用白色、黄色或其他易识别的颜色画出。羽毛球场地横向被中线平分为左右两个半区；纵向被分为前场、中场、后场。球场外面两条边线是双打场地边线，里面的两条线是单打场地边线。双打边线与单打边线相距0.46米，靠近球网1.98米与网平行的两条线为前发球线，离端线0.76米与端线相平行的线为双打后发球线。如图6-28所示。

羽毛球网全长610厘米，宽76厘米。球网的最上端7.5厘米的白色对折缝合，用细钢丝绳从中穿过，并悬挂在两端的网柱上（球网中心距离地面高度为1.524米，在网柱上的两端距地面1.55米）。球网一般用深绿色或深褐色的优质绳子，以2厘米左右的小方孔编制而成。男女羽毛球的网高都一样。

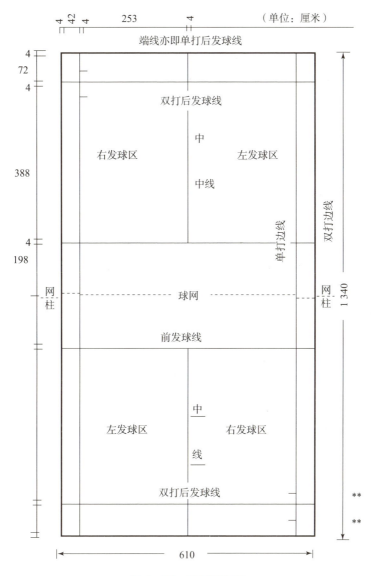

图 6－28 羽毛球场地

2. 羽毛球比赛方法及主要规则

（1）发球。

①一旦发球员和接发球员都站好各自的位置，任何一方都不允许延误发球。

②发球员和接发球员应站在斜对角的发球区内，脚不触及发球区和接发球区的界线。

③从发球开始，直到球发出之前，发球员和接发球员的两脚必须都有一部分与球场接触，不得移动。

④发球员的球拍应首先击中球托。

⑤在发球员的球拍击中球瞬间，整个球应低于发球员的腰部。

⑥在击球瞬间，发球员的拍杆应指向下方，使整个拍头明显低于发球员的整个握拍手。

⑦发球开始后，发球员必须连续向前挥拍，直至将球发出。

⑧发出的球，应向上飞行过网。如果未被拦截，球应落在规定的接发球区。

（2）单打。

①发球员的分数为0或双数时，双方运动员均应在各自的右区发球或接发球。

②发球员的分数为单数时，双方运动员均应在各自的左发球区发球或接发球。

③发球员和接发球员应交替对击直至"违例"或"死球"。

（3）得分和发球。

①接发球员违例或因球触及接发球员场区内的地面而成死球，发球员就得1分。随后，发球员再从另一发球区发球。

②发球员违例或因球触及发球员场区内的地面而成死球，发球员就失去该次发球权，对方得分。随后接发球员成为发球员。

（4）双打。

①只有接发球员才能接发球。如果他的同伴去接球或被球触及，则为"违例"，发球方得1分。

②发球被回击后，由发球方的任何一人击球，然后由接发球方的任何一人击球。如此往返直至死球。

（5）违例。

以下情况均属违例：

①发球不合法。

②比赛时，球落在球场界线外，即不落在界线上或界内。

③球从网孔或网下穿过，球不过网。

④球触及天花板或四周墙壁。

⑤球触及运动员的身体或衣服，球触及球场外其他物体或人。

⑥比赛时，球拍与球的最初接触点不在击球者网的这一边（击球者在击中球后，球拍可以随过网）。运动员的球拍、身体或衣服触及球网或球网的支撑物。

⑦运动员的球拍或身体从网上侵入对方场区；运动员的球拍或身体从网下侵入对方场区导致妨碍对方或分散对方注意力。

⑧妨碍对方，即阻挡对方紧靠球网的合法击球。比赛时，运动员故意分散对方注意力的任何举动，如喊叫、故作姿态等。

⑨击球时，球停滞在球拍上，紧接着被拖带抛出。

⑩同一运动员两次挥拍或连续两次击中球；同方两名运动员连续击中球。

⑪球触及运动员球拍后继续向其后场飞行。

⑫运动员严重违犯或一再违犯规则。
⑬发球时，球挂在网上，停在网顶或过网后挂在网上。
（6）记分规则。
①每场比赛采用三局两胜制。
②每局比赛为21分，率先得到21分的一方赢得当局比赛。
③如果双方比分打成20比20，则必须超过对方2分才算胜利。如打成29比29，则率先获得30分的一方获得胜利。
④首局获得胜利的一方在下一局比赛中首先发球。
⑤当一方在比赛中得到11分后，双方队员将休息1分钟。
⑥两局比赛之间的休息时间为2分钟。

（二）羽毛球比赛欣赏

首先应充分了解羽毛球的各方面知识，提高自身的文化素养，并根据需要从多角度欣赏羽毛球比赛，感受其丰富的内涵。例如，从体育文化的角度，体育精神的角度，羽毛球运动史的角度，技战术、比赛形式和过程的角度，比赛结果的角度来欣赏。具体到羽毛球比赛的欣赏，第一看运动员的手法、步法的协调性。第二看运动员的战术运用。羽毛球的单、双打都有多种打法类型；单打有压后场底线、打四方球、下压为主、控制网前、拉开突击、守中反攻等类型；双打有快攻压网、前场打点、后攻前封、抽压底线等类型。其战术运用也丰富多彩。单打战术有发球、接发球、发球抢攻、压后场、攻前场、四方球结合突击、杀上网、吊上网等；双打有发球与接发球、发球抢攻、攻中路、避强打弱、后攻前封等战术。第三看运动员精湛技艺。第四看运动员的赛风和拼搏精神。第五看运动员的绝招。

我国羽毛球技术风格可以归纳为：快速、凶狠、准确、灵活。欣赏羽毛球比赛，可以从快、准、刁、活四个方面细细品味：

"快"，在羽毛球的竞技中起决定胜负的作用。高水平选手都具备起动快、反应快、动作快的特点，能够从对方的击球姿势、击球响声的一刹那，判断出对手是扣、吊球或击高远球的意图，从而迅速做好稳妥的准备回击来球。另外，运动员在场上左右前后急停急起地奔跑，那轻盈矫健的步法，特别是跳起腾空的大力扣杀，会给观众留下深刻印象。

"准"，也是吸引观众的一个方面。羽毛球在空中来回飞行一次时间在一秒之内，而羽毛球高手能在这瞬间控制住球，使它按照自己的意志飞行下落。

"刁"，刁钻是高手球艺的特点。无论是球路的刁钻或是技术手段的刁钻，都是运动员聪明才智的反映。高手们网前灵活多变的手腕，手指的细微变化，打出搓、勾、推、放等几种刁钻而落点不同的球，能让对手顾此失彼，难以招架。

"活"，为变化多端，这是羽毛球比赛的特点。在比赛时，双方的打法都是不断

变化的，各种球路、前后、左右、直线、斜线等都力求扬长避短、克敌制胜。灵活多变的战术变化是调动对手、控制对手、取得胜利的重要因素。

总之，一场精彩的羽毛球比赛，既有乒乓球比赛那样细腻精巧的技术，又有网球比赛中前后左右奔跑、以力相搏的角逐；既有高雅的韵味，又有汗流浃背、几乎残酷的对峙，能给人们极佳的视觉享受。

点滴母爱铸就一枚枚闪闪金牌

谌龙1989年出生于湖北荆州一个体育家庭，父母都曾是武汉军区的篮球运动员。谌龙遗传了父母良好的运动基因：6岁时身高就达到了1.38米，而且爆发力出众。幼儿园时就被沙市体校教练丁启红看中，开始练羽毛球。

母亲张玉霞知道，体育这条路很残酷，没有顽强的毅力不可能出成绩，因此她对儿子格外严厉。教练告诉张玉霞："谌龙缺乏耐心，经常不能坚持训练，总是找借口偷懒。"张玉霞就让谌龙每天中午光着脑袋在烈日下站1个小时。室外温度高达38℃。

严管之下，谌龙很快脱颖而出，被福建厦门体校选中。荆州离厦门1 200多公里，11岁的谌龙害怕独自离家去外地。临上车，他将火车票藏了起来，谎称车票丢了。张玉霞急得不行，强行将儿子推上了火车。列车驶离站台，谌龙还含着眼泪喊妈妈。

2003年5月，谌龙因经常不完成教练布置的任务被体校退回。张玉霞诚恳地向教练道歉，随后，教练通过电子邮件给张玉霞发了一份训练计划，希望她督促谌龙在家训练。为了不让教练失望，张玉霞对儿子格外严苛：早上天未亮就把儿子赶到训练馆，让他跑2 000米、做100个俯卧撑；上午训练到一点半才吃午饭；休息两小时，再一直练到晚上9点，强度远超训练计划。

2014年9月，谌龙勇夺世界羽毛球锦标赛金牌。次年，在雅加达世界羽毛球锦标赛上，谌龙成功卫冕，排名跃升至世界第一。2016年8月20日，里约奥运会羽毛球男单决赛，在谌龙与马来西亚运动员李宗伟之间展开。谌龙势如破竹，以2∶0完胜对手夺得金牌。多年付出终于有了回报，张玉霞与丈夫热泪盈眶。

活动与训练

名称：颠球行进游戏

方法：在场地上设置障碍物，报数颠球绕过障碍物到达终点。

名称:"点位移"游戏

方法:将四个不同颜色的标志物放在羽毛球的场地边线上,两人一组,一名同学站在场地中间,另一名同学在场地外说颜色,场地中间的同学一定要从该颜色绕过,之后迅速回到场地中间。例如:喊出"黄"这一口令,需要从黄色的标志前面绕过,并快速回到场地中间。喊出"黄、红"的口令后,需要先从黄色标志物绕过回到场地中间,然后再从红色的标志物前绕过回到场地中间。从而提升前后、左右步法移动的能力。

探索与思考

1. 简述羽毛球运动的起源及其发展概况。
2. 详述羽毛球场地的长宽、线宽、网高以及器材标准。
3. 分析正手高远球技术过程。

单元6.4 乒乓球

 学习目标

1. 了解乒乓球运动的起源与发展。
2. 学习和掌握乒乓球的基本知识、基本技术和战术。
3. 更好地欣赏和参与"国球":乒乓球运动。

堪称教科书般的较量

中国的乒乓球在世界的舞台上取得了十分辉煌的战绩,是世界乒坛中的传奇神话!在乒乓球项目上,中国无疑是强国,但更是一个礼仪之邦。国乒从很早的时候就有这样一个不成文的潜规则,比赛中不能给对手11比0的尴尬局面,给予对手足够的尊重。

然而在2016年的里约奥运会上,日本选手水谷隼在男团决赛击败许昕之后,嚣张地在刘国梁面前摔拍挑衅庆祝,这一幕让很多中国球迷都感到难以接受。坐在场边的刘国梁更是当场就被激怒,下令马龙、许昕和张继科全力以赴,最终国乒3比1击败日本队夺冠。

一、乒乓球运动的魅力

 (一)乒乓球起源与发展

乒乓球起源于英国。欧洲人至今把乒乓球称为"桌上的网球",由此可知,乒乓球是由网球发展而来。19世纪末,欧洲盛行网球运动。但由于受到场地和天气的限制,英国有些大学生便把网球移到室内,以餐桌为球台,书作球网,用羊皮纸做球拍，在餐桌上打来打去。

1890年，英国运动员吉布从美国带回一些作为玩具的赛璐珞球，用于乒乓球运动。20世纪初，乒乓球运动在欧洲和亚洲蓬勃开展起来。1926年，在德国柏林举行了国际乒乓球邀请赛（后被追认为第一届世界乒乓球锦标赛），同时成立了国际乒乓球联合会。乒乓球运动的广泛开展，促使球拍和球有了很大改进。最初的球拍是块略经加工的木板，后来有人在球拍上贴一层羊皮。随着现代工业的发展，欧洲人把带有胶粒的橡皮贴在球拍上。在20世纪50年代初，日本人又发明了贴有厚海绵的球拍。最初的球是一种类似网球的橡胶球。在名目繁多的乒乓球比赛中，最负盛名的是世界乒乓球锦标赛。起初每年举行一次，1957年后改为两年举行一次。1904年，上海一家文具店的老板王道午从日本买回10套乒乓球器材。从此，乒乓球运动传入中国。

（二）乒乓球运动的锻炼价值

1. 有效地提高人的身体素质

长期参加乒乓球运动，随着水平的不断提高，活动范围的加大，运动量的加大，不仅可以相应地提高速度素质、力量素质和身体的灵敏性、协调性，而且使肌肉发达、结实、健壮，关节更加灵活稳固。

2. 调节改善神经系统灵活性

增强中枢神经系统对其他系统与器官的调节能力，提高反应速度。打乒乓球时，球在空中飞行的速度是很快的，正手攻球只需0.15秒就可到达对方台面。在这样短暂的时间内，要求运动员对高速运动的来球方向、旋转、力量、落点等全面进行观察，迅速做出判断，并及时采取对策，迅速移动步法，调整击球的位置与拍面角度，进行合理的还击。而这一切活动都是在大脑指挥下进行的。经常从事乒乓球练习，可大大提高神经系统的反应速度。

3. 改善心血管系统和呼吸系统的功能

经常参加乒乓球运动，能使心血管系统的结构和机能得到改善，心肌变得发达有力，心容量加大，每搏输出量增多。一般健康成年男子安静时心率在65～75次/秒，成年女子为75～85次/秒；而受过乒乓球训练的运动员，安静时，男子心率为55～65次/秒，女子为70次/秒左右。能使心搏徐缓、血压降低，可以提高心脏的工作效率，有利于身体的新陈代谢，提高整个身体机能水平。

4. 提高心理素质

乒乓球是竞技运动。由于激烈的竞争，成功和失败的条件经常转换，参赛者情绪状态也非常复杂。参赛者经受这些变幻莫测、胜负难料的激烈竞争的锻炼，体验了种种情绪。同时，在比赛中要对对方的战术意图进行揣摩，把握自己的战术应用，因此使练习者的心理素质得到了很好的锻炼。

5. 促进交流，增加友谊

通过参加乒乓球运动，可以相互交流经验，切磋球技，达到相互学习、共同提高、建立良好人际关系的目的。

6. 使人心情舒畅，精神愉快

打乒乓球是一种高尚的文化娱乐活动，能使人们在精神上得到一种乐趣和享受，具有锻炼意志、调节情感之功效。

二、乒乓球运动基本技术与练习方法

（一）握拍法

1. 直拍握拍法（以右手握拍为例，后同）

又分为快攻类、弧圈类、削球类。这里介绍快攻类。

食指第二指节和拇指第一指节绕拍柄构成钳形握住拍的前面，拍后三指自然弯曲重叠，中指第一指节贴于拍上端。

2. 横拍握拍法

如见面时握手。中指、无名指、小指握拍柄，虎口贴拍肩，拇指稍弯曲捏拍，贴中指上，食指斜伸在拍的另一面，靠近拍边缘。

（二）乒乓球运动的基本姿势与基本步法

1. 基本姿势

两膝微屈，持拍手臂自然弯曲，置于身体右侧，手腕放松持拍于腹前，做到"注视来球，上体微倾，屈膝提踵，重心居中"。

2. 基本步法

单步、换步、并步、跳步、跨步、垫步、侧身步、交叉步和小碎步等。

（三）乒乓球的发球和接发球

1. 发球技术

乒乓球的比赛首先是从发球开始的。一个好的发球能控制对方，为自己创造进攻机会；反之则会被对方利用造成本方的被动。乒乓球的发球技术有许多种。这里介绍基本的和主要的发球技术。

（1）平击发球。发球时持球手向上将球轻轻抛起，同时持拍手向后引拍。球经高点下降稍高于球网时，持拍手以肘部为轴心，前臂向右前方横摆击球。向前挥拍时，拍面前倾，击球中上部。击球后第一落点在球台的中央。

（2）正手发左侧上（下）旋球。抛球时右臂外旋，拍面略向左侧，向右上方引拍，腰略向右转动。球下降时，右臂从右上方向左下方挥动。当球接近网高时，前臂加速向左方挥摆，腰部配合左转。击球中部向左侧上方摩擦为左侧上旋球；击球中下部向左侧下方摩擦为左侧下旋球。

（3）反手发右侧上（下）旋球。抛球时右臂稍内旋，使拍面几乎垂直，向左后方引拍，腰部略向左转动。球下降时右臂从左后方向右上方挥动。当球接近网高时，前臂加速向右上方挥摆，腰部配合右转。击球中部向右侧上方摩擦为右侧上旋球，击球中下部向右侧下方摩擦为右侧下旋球。

（4）侧身正手高抛发球。站位偏左半台，身体侧对球台。当球抛起后，持拍手臂立即向右侧后上方引拍，手腕外展，腰腹向右侧上稍挺起。待球落至头与右胸高度时，开始挥臂，在右腰前约比网高时击球，击球动作同正手左侧上（下）旋球。

2. 接球技术

首先必须根据对方发球的位置来决定自己的位置。要识别对方采用哪一类的发球，必须注意他在发球时挥臂动作和球拍移动方向。要根据对方发球时摆臂振幅大小和手腕用力的不同程度来判断来球落点的远近和强弱旋转；要根据来球的飞行弧线和速度来判断球的旋转性能。接发球的方法基本上是由点、拨、推、拉、搓、削、摆短、撇侧旋、挑等多种综合性技术组成的。接发球的教学和发球的教学通常是结合在一起进行的。教学时要以简单的固定旋转、落点开始，然后过渡到复杂的综合的多种发球和接发球。

（四）推挡球

推挡球是乒乓球技术中的基本技术之一。其特点是站位近、动作小、球速快、变化多。

1. 基本技术

（1）快推。站位靠近球台，上臂适当后撤引拍，迎球挥拍。推球前手臂迅速迎前，在来球上升期触球。球拍触球一刹那，前臂稍外旋，食指压腕击球中上部，手臂稍向上辅助发力。击球后随势挥拍，击球后迅速还原。

（2）加力推挡。站位离台 50 厘米，前臂提起引拍，上臂后收肘部靠近自身，迎球挥拍，上升后期或高点期击球。触球时，上臂、前臂、手腕加速向前下方推压，转腰配合用力，拍面前倾击球中上部。击球后随势挥拍，迅速回原。

（3）推下旋。手臂内旋，拍面稍后仰，上臂后引，前臂上提，球拍引至身体前方。迎球时，手臂、手腕向前下方挥动，在来球高点前期后击球中部向前下方用力推切。击球后迅速还原。

2. 练习方法

徒手做推挡球的模仿动作，体会动作要点；对墙做推挡球练习；两人在台上做各种线路的推挡球练习；两人全力推挡。

（五）攻球技术

攻球技术是乒乓球的一项重要技术，也是得分的重要手段。它包括正手攻球、反手攻球和侧身攻球三大类。我们重点介绍正手攻球。

1. 基本技术

（1）正手快拉。站位近台，手臂放松，上臂在身体右前方，前臂略下沉。拉球时，前臂迎击来球的最高点（下降前期），手腕同时向前、向上转动摩擦球，制造弧线。判断清楚来球的下旋程度，来球下旋强，球拍向上摩擦力量大，弧线高一些；反之，摩擦力量小，弧线低。拉球后应立即放松还原。

（2）正手快攻。站位近台，前臂与地面略平，以前臂发力为主，拍面前倾，触球中上部以向前上方发力为主。前臂挥动要快，用力适当。快攻时，落点要多变。落点变化依赖手腕调节拍面方向，改变击球部位。球拍触球中右部，转动手腕可打出斜线；球拍触球中部，向前向下击球，可打出直线。球击出后，还原要迅速，放松准备下一板击球。

（3）正手扣杀。手臂自然弯曲并内旋使拍面稍前倾，随着腰髋的转动，手臂向后移动将球拍引至右后方。手臂向前迎球，在球的高点期，上臂带动前臂同时加速向左前下方发力挥动，腰、髋向左转动配合发力，拍面前倾击球中上部。击球后迅速还原。

2. 练习方法

（1）徒手练习：根据正反手攻球的技术，徒手模仿练习体会挥臂，腰部扭转和重心交换等动作要领。

（2）单个动作练习：一人发球一人攻球，打一板球再重新发球。

（3）攻推挡练习：一人推挡，一人练习攻球。

（4）对攻练习：两人合作练习各种线路的对攻。

（5）发力攻练习：按以上练习方法，加大攻球力量。

（六）搓球

搓球是近台还击下旋的一种基本技术。

1. 基本技术

站位近台，在上升前期击球。击球前拍面稍后仰，手臂迅速前伸迎球。根据来球的旋转程度调节拍面和用力方向，来球下旋强，拍触球底部，向前用力大些；来球下旋弱，拍面触球中下部，向下用力大些。搓完迅速还原，准备回击下一板球。

2. 练习方法

徒手做模仿搓球练习；自己抛球，弹起后将球搓过网；接发球时，将球搓回对方球台；对搓练习；正、反手快搓练习；搓球与抽球结合练习。

（七）弧圈球技术

弧圈球是一种将力量、速度和旋转结合为一体的进攻性技术，可分为正手弧圈球技术和反手弧圈球技术。根据旋转特征可分为加转弧圈球、前冲弧圈球和侧旋弧圈球。

1. 正手拉加转弧圈球（前冲弧圈）基本技术

拉球（右手持拍为例）的准备动作是，左脚在前右脚在后，身体向右扭转，右肩略低于左肩。拉加转球，手臂自然下垂，球拍后引幅度小（拉前冲弧圈时，手臂略高，球拍自后与腰同高）。拉加转球的击球时间在下降期，拍面稍前倾，摩擦球的中部偏上位置，发力方向以向上为主略带向前。击球时候，脚掌内侧蹬地，以转腰带动肩、上臂、前臂和手腕发力将球击出（前冲弧圈球时间为高点下降前期，拍面前倾角度比加转球大，摩擦球中上部经向前发力略带上）。拉完后迅速还原，准备下一拍动作。

2. 练习方法

徒手做模仿拉弧圈球的动作：一人发下旋球，另一人练习拉弧圈球；一人推挡，一人练习连续拉弧圈；二人对搓，固定一人搓中转拉。

（八）直拍横打技术

直拍横打完善、丰富、发展了直拍反手位技术，极大地弥补了传统直拍反手位的不足，带动了全方位的直拍对抗横拍的技术革命。直拍横打有拨、拉、打、带、挑、撕等技术。这里介绍快拨、弹打技术。

1. 基本技术

（1）快拨。前臂外旋，手腕稍向内屈，向左后上方引拍。击球时，拍形稍前倾，主要用拇指、食指发力，在来球上升期击球中上部，向前方挥动。击球后手臂随势前送，迅速还原。

（2）弹打。上臂抬起，重心略高，肘关节稍前顶，前臂外旋，拇指压拍，食指放松，拍形前倾，在来球上升后期或高点期击球中上部。撞击球短促有力，向前下方弹压。击球后应迅速还原。

2. 练习方法

徒手做横打技术的模仿练习：一人推挡（或攻球），一人练习横打技术；两人对练横打技术。

三、乒乓球运动竞赛规则的简介与欣赏

（一）乒乓球竞赛规则简介

1. 定义

（1）回合：球处于比赛状态的一段时间。

（2）重发球：不予判分的回合。

（3）得分：判分的回合。

（4）击球：用握在手中的球拍或执拍手手腕以下部位触球。

（5）阻挡：对方击球后，处于比赛状态的球尚未触及本方台区，也未越过台面或端线，即触及本方运动员或其穿戴的任何物品。

（6）端线：球台的"端线"包括其两端的无限延长线。

2. 合法发球

发球时，球应放在不执拍手的掌上，手掌张开和伸平。球应是静止的，在端线之后和比赛台面的水平面之上。

3. 合法还击

对方发球或击球后，本方运动员必须击球，使球直接越过或绕过球网装置，或触及球网装置，或触及球网装置后再触及对方台区。

4. 失分

回合中出现重发球以外的下列情况，应判失一分：未能合法发球；未能合法还击；阻挡；连续两次击球；球连续两次触及本方台区；用不符合规定的拍面击球；运动员移动了比赛台面；不执拍手触及比赛台面；运动员或其穿戴的任何物品触及球网装置；在双打中，除发球和接发球以外，运动员未能按正确的次序击球。

5. 一局比赛

在一局比赛中先得 11 分的一方为胜方。但打到 10 平后，先多得 2 分的一方为胜方。

6. 比赛

一场比赛应采用五局三胜或七局四胜制。比赛应连续进行，在局与局之间运动员有权要求不超过 1 分钟的休息。每场比赛每方有权要求一次不超过 1 分钟的暂停。

（二）乒乓球比赛欣赏

首先，熟悉和掌握乒乓球最新规则的主要内容是欣赏比赛所需要的基本常识。近年来国际乒联相继推出了 11 分制、40 毫米大球、无遮拦发球等改革措施，对乒乓球运动产生了较大的影响。

其次，要了解乒乓球运动的发展趋势。1988 年，乒乓球被列入奥运会正式比赛项目，大大推动了乒乓球运动的发展。进入奥运时代以来，欧亚竞争更加激烈。乒乓球向着更快、更新、更强的方向发展。

最后，观赏比赛，重点在运动员的打法和技战术运用。乒乓球打法有快攻类、快攻结合弧圈类、弧圈结合快攻类、削球和削攻类。每类又有一到三种打法。每种打法各具技术特色，形成看点。乒乓球战术种类繁多，按项目分为单打、双打战术；

按攻、防性质分为进攻性、防守性战术；按技术使用顺序分为发球抢攻、接发球、相持阶段战术。乒乓球比赛不仅是比技战术，更为重要的是比智慧、比心理、比勇气。我们会为运动员的高超球艺叫好，也会为他们的机智而折服，更会为他们顽强的拼搏精神喝彩。但比赛总会有胜负之分，我们应客观看待结果，应更为关注运动员的临场表现。

运动让人强大：南非残疾人选手科吉尔·提奥

科吉尔与乒乓球的邂逅很简单：在科吉尔的父亲建造房子的时候，他用一张桌子和几把椅子搭建起了一个乒乓球台，科吉尔被乒乓球所吸引，并加入了当地社区的乒乓球中心。不久，科吉尔就显示了在乒乓球方面的天赋。因为受益于"全球青少年项目"和国际乒联"希望之星"计划，科吉尔的努力和天赋让他在排名上有所提升，他代表南非站上了国际舞台，参加了多项少年组和青年组的比赛。

然而7年前，科吉尔遭遇人生重大变故：在一次袭击中，他的背部受伤，并且导致他半身瘫痪，甚至连医生都认为未来他再也无法站立行走。就此，他与命运抗争的励志故事展开，乒乓球成为他复健的一部分。

在训练与恢复中，他的技术又有了逐步的提高，直到如今在世界大赛上与其他高手同场竞技。31岁的科吉尔，在2018英联邦运动会残疾人乒乓男单6~10级别赛事中，他先以2∶3憾负英格兰选手威尔逊，但随后他以3∶0战胜东道主选手米泽拉奇。

"恢复是艰难的，有两到三年的时间我远离了这项运动。但它帮我恢复着身体上的健康，更重要的是，这项运动帮助我实现了精神上的恢复。"

——与命运抗争的科吉尔·提奥

 活动与训练

颠球游戏

方法：尝试不同的颠球方式（如原地颠球、正反拍面颠球、走动颠球），进行分组游戏比赛，颠球次数多者或颠球持续时间长者获胜。通过不同的颠球方式，在颠球游戏中逐渐学会控制手腕力度、控制球拍的角度，加强球感。

循环接球

方法：乒乓球台两端分甲、乙两方。甲方为一人，乙方为若干人，乙方排成纵队，由甲方发出较好攻的球，乙方排头的队员攻一板球，攻球之后立即跑到队尾，下一位队员跟上再攻一板球，每人只攻一板球，以此类推。如攻球失误，失误者做立卧撑3个，再继续训练，从而提高步法移动和在跑动中击球的能力。

探索与思考

1. 乒乓球握拍技术有哪些手法？说出它们的特点。
2. 乒乓球练习步法由哪些部分组成？
3. 试述乒乓球正手发左侧上（下）旋球的基本技术动作。

模块七　田径运动

🌸 模块导读

本模块介绍了田径运动的四大类型：走、跑、跳、投，共分3节，分别为走与跑、跳跃、投掷。每一节先从历史层面分析该运动的发展历史，再从理论层面介绍运动的技术要领，最后从实践层面介绍运动的具体练习方法。走分为健身走和竞走，前者意在发展健康体能，后者更注重发展运动体能。针对不同的运动目的，本模块会给予不同的理论和实践指导。根据跑的距离长短，有不同的技术和动作要领，包括起跑姿势、发力方法、体力分配的诀窍。跳跃部分则选择现今跳高和跳远加以介绍，其中跳高选择的是当今最普遍的背越式跳高。投掷着重介绍实心球的投掷方法和铅球的投掷方法，同样地，实心球侧重于健康训练，而铅球偏重于比赛竞技，本模块第三节分别进行了动作详解和练习指导。

田径运动数字资源汇总

模块七

田径运动

单元7.1 走 与 跑

1. 学习掌握健身走的方式，包括大步走、快步走和倒步走。
2. 知晓竞走的原理和动作要领，了解竞走运动的规则。
3. 掌握短跑和中长跑的技术要点，知道常规比赛项目，能在日常跑步时合理分配体能，科学锻炼。

跑步的小明

听闻了体育锻炼的种种好处，小明决定每天到操场跑步3千米（400米的操场是7.5圈），强健体魄。操场上奔跑的身影可真多，速度快慢不一。一开始跑步的时候，小明觉得浑身是劲，奋力奔跑。第一圈、第二圈超越了不少同学。第三圈开始，小明就觉得气喘吁吁跑不动了，只能放慢脚步，被无数身影超越，接下去的几圈显得异常漫长。因为没有合理分配体力，小明每次的3千米锻炼都很痛苦，所以小明不想继续坚持了，每次跑的距离也越来越短。那些热爱跑步、每天坚持跑步的人也像小明一样跑得很痛苦吗？跑步时如何科学合理地分配体力？学习了本章的内容，你的心中就有答案了。

走是人们最基础也是最重要的运动技能之一，行走除了满足日常工作生活的需要，也可以作为健身和竞技的方式。

一、走

（一）分类

走可以分为竞走和健身走两大类，前者是竞技体育项目之一，后者则是健身的

171

有效方式。竞走相关技术要领和练习方法详见后文"竞走"部分。健身走按照步行速度可分为散步（2.5～3千米/小时）、慢走（4～4.5千米/小时）、健步走（5～5.5千米/小时）、快速走（7～7.2千米/小时），按照步行方法，可分为大步走、快步走、倒步走等若干类。

大步走是指在步行时加大步幅，比自然步幅大10～15厘米，迈腿时比自然步行时略抬高腿，注意增加蹬地力量，增大摆臂幅度。大步走实则是打破我们步行时已有的平衡，给身体施加一个新的更强的刺激并试图适应。双腿、双臂用力增强，摆（迈）动幅度加大，相应地，各个关节、肌肉的活动强度加大，加快全身血液循环，增强心肺功能。

快步走是指在步行时增加频率，在不改变步幅的前提下提高步行速度，相应地迈腿、摆臂更快。和大步走相似，快步走也是打破了原有身体的平衡，让身体适应更快的速度，各个关节、肌肉群活动周期缩短，灵活度增加，全身血液循环加快。

倒步走是指与正常行进方向相同但背身行走的一种健身方法。反向行走可以锻炼到正面行走未能锻炼到的肌肉，使正反肌肉都强健有力，同时也提高了锻炼者的平衡能力，刺激了神经系统，提升了反应的灵敏度。锻炼时要注意稳定重心，经常回头查看后方情况以免发生意外。

以上3种健身走的方式都打破了自然步行状态下身体的平衡，迫使身体适应新的刺激以达到运动健身的需要。实际运动中可将这3种步行方式穿插于正常的步行锻炼中，比如5公里的健身走中尝试大步走500米后恢复自然步行状态，呼吸调整后尝试快步走500米后恢复，再倒步走500米，如此循环，以达到良好的健身效果。

（二）练习方法

以下3种步行运动的方法侧重于在行进间活动身体各个关节，可用于跑步前的准备活动和动态拉伸，避免受伤，也可用于一般的健身。

1. 行进间高抬腿

在原地该抬腿的基础上腿向前迈，抬腿用力时收腹。高抬腿可以增强腰部、腹部和腿部肌肉力量，特别是腹斜肌的弹性。一次高抬腿20～30次，重复3～5组。

2. 跨步走

一腿抬起，弓步向前，另一腿顺势向前弯曲，双腿弯曲皆成90度；接着后腿抬起，弓步向前，交替重复上述动作，整个过程中自然摆臂。可根据自身情况负重，双手拿着小哑铃或双肩负杠铃向前行进。一次向前走10～15步，重复3～5组。

3. 弹跳行走

前脚掌脚趾用力蹬地，脚后跟抬起，让身体有节奏地弹跳前进。弹跳行走是在有意识地练习走路过程中如何正确使用"脚"用力，避免八字脚、拖着走等不雅观的走路行为。蹬地速度要快，这样可以产生弹跳感，锻炼脚部肌肉，使足弓保持良好的状态。同时，也使小腿肌肉更加强健。

（三）竞走

竞走时，运动员至少要有一只脚和地面接触且支撑腿必须伸直，膝关节不可弯曲。竞走的一周期也称为一个复步，一个复步是由两个单步组成的。在人体经过垂直部位后，支撑腿由全部着地过渡到脚尖着地，在摆动腿前摆的配合下完成下一步的后蹬。摆动腿随着骨盆沿身体纵轴的转动，屈膝前摆，脚离地面始终较低。腿前摆时应柔和地伸直膝关节，小腿依惯性前摆并用足跟着地。此时形成短暂的双脚支撑姿势。人体重心在向前运动过程中不应有明显起伏，当重心投影点与前腿支点一致时，又出现了下一步的垂直姿势，接着又开始新的用力蹬地动作。

运动员应做到步幅大、频率高，善于协调肌肉的用力和放松，走步朴实、自然，省力而无多余动作，两脚落地的足迹保持在一条直线上。竞走时，运动员躯干自然伸直或稍前倾，两臂屈肘约90°，在体侧做前后协调有力的摆动，两臂配合下肢动作调节走的速度。走步时，身体重心尽量做向前的直线运动。过大的上下起伏和左右摇摆不利于提高走速，也会消耗较多能量。

二、跑

（一）分类和项目

跑的分类和项目见表7-1。

表7-1　跑的分类和项目

项目	男子组	女子组
短距离跑	100米、200米、400米	100米、200米、400米
中距离跑	800米、1 500米、3 000米	800米、1 500米、3 000米
长距离跑	5 000米、10 000米	5 000米、10 000米
跨栏跑	110米（1.067米）、400米（0.914米）	100米（0.84米）、400米（0.726米）
障碍跑	3 000米	3 000米
马拉松	42.195千米	42.195千米
接力跑	100米×4、400米×4	100米×4、400米×4

在平时的运动生活中，我们运用比较多的是短距离跑和中长跑，以下就这两部分的技术动作进行介绍。

（二）短跑

1. 短跑技术

短跑技术是一个不可分割的整体，为了便于分析，把它分为起跑和起跑后的加速跑、途中跑及终点跑几个部分。

（1）起跑技术。

在短跑比赛中必须用蹲踞式起跑。起跑器安装时可根据个人的身高、体型、身体素质和技术水平等特点来选择。一般前起跑器抵足板与地面的夹角为45°左右，后起跑器为60°~80°，两个起跑器之间宽度为15厘米左右。起跑过程包括"各就位""预备""鸣枪"三个环节。听到"各就位"口令后，轻快地跑到起跑器前，俯身用两手撑地，两脚依次踏在前、后起跑器的抵足板上，将有力的腿放在前面，后膝跪地，然后两手收回到起跑线后，两臂伸直或微屈，两手间的距离约比肩稍宽，四指并拢和拇指成"八字"形，身体重心稍前移，颈部自然放松，两眼看前下方40~50厘米处。听到"预备"口令时，抬起臀部，使之稍高于肩，同时身体重心适当前移，这时体重主要落在两臂和前腿上。听到枪声或"跑"的口令时，两手迅速离开地面，屈肘做有力的前后摆臂，同时两腿迅速蹬起跑器，把身体推向前方。如图7-1所示。

1　　　　　　　　　2

图7-1　起跑的技术动作

（2）起跑后的加速跑。

起跑后的加速跑距离一般为20~30米。起跑后的第一步不宜过大，以后逐渐增大。跑进时，两臂应积极摆动，两腿依次用力蹬地，上下肢协调配合。在加速跑的开始阶段，上体前倾很大，随着步长和速度的逐渐增加，上体逐渐抬起，直到转入途中跑。如图7-2所示。

1 　　　　　　　　　　　　　　2

图 7 – 2　起跑后的加速动作

（3）途中跑。

百米跑的途中跑距离为 65 ~ 70 米，占百米全程的 70%，如图 7 – 3 所示。

1 　　　　　　　　　　2　　　　　　　　　　3

4 　　　　　　　　　　5

图 7 – 3　途中跑的技术

①摆臂动作：途中跑时上体稍前倾或正直，两眼平视，颈肩放松，手成半握拳，两臂弯曲，以肩关节为轴，大臂用力前后摆动。两臂不能摆过身体胸前的中线形成交叉摆动。前后摆动的幅度应与运动员的跑速相适应。

②摆动腿的动作：后蹬结束、蹬地脚蹬离地面后，即进入摆动动作。随着跑动惯性，摆动腿快速积极地向前摆动，这是当代短跑技术的主要特点之一。摆动腿的大腿从脚一离地后，大、小腿自然折叠紧，缩短摆动半径，大腿带动小腿积极向前摆动，摆过支撑点垂直面上方后积极向前上方摆动，同时送髋，膝部前顶。高抬大腿后，随即积极下压，在摆动腿大腿下压的同时，摆动腿膝关节放松，小腿顺惯性向前继续摆动后及时迅速回摆，用前脚掌积极向后"扒地"。一般情况下，摆得快，步频快，摆幅大，步幅大。

③蹬伸动作：前脚掌落地后足跟稍下沉，膝、踝两关节略弯曲，这个动作叫作"缓冲"。在缓冲时踝应尽量保持较高的支撑，膝关节弯曲不宜过大。现代塑胶跑道的出现，要求踝关节有力量，支撑能力强，缓冲小，摆动、扒地、蹬伸要快。

（4）终点跑。

终点跑是途中跑的继续，如果有能力最好保持途中跑的技术跑到终点。但是从目前的技术观察，由于疲劳，百米运动员在终点段有降低步频、拉大步长的现象。撞线时的最后1～2步应迅速前倾上体，到终点线时，达到最大限度的上体前倾，尽量用躯干部位先到达终点。通过终点后，要调整步频和步幅，维持身体平衡，逐渐减速。

（5）弯道跑。

200米和400米跑有一半以上距离是在弯道上跑进的，为了适应弯道跑，在跑的技术上也有相应的变化。

为了便于加速，起跑后开始一段距离应沿着直线跑进。起跑器应安装在跑道的右侧方，正对弯道切点方向。弯道起跑的技术如图7－4所示。

为了克服向前跑时直线运动的惯性，运动员必须改变身体姿势，跑进时身体应稍向圆心方向倾斜，后蹬时，右脚用前脚掌的内侧左脚用脚前掌的外侧着地。摆动时右腿膝关节稍向内，左腿膝关节稍向外。右臂后摆时肘关节稍偏向后方，前摆时稍向左前方，左臂则靠近体侧。右臂的摆动幅度略大于左臂。弯道途中跑的技术如图7－5所示。

图7－4 弯道起跑的技术

图 7-5 弯道途中跑的技术

（二）短跑技术教学中跑的专门练习

（1）小步跑。上体稍前倾，膝、踝关节放松，大腿抬起约45°后积极下压，小腿顺势以前脚掌积极着地，完成"扒地"动作。上臂屈肘前后摆，配合两腿动作，加快频率。它还可以起到加强踝关节力量训练的目的。

（2）高抬腿跑。上体正直或稍前倾，提起重心。大腿向上前高抬与躯干接近直角，然后积极下压以前脚掌着地，两臂屈肘成90°在两侧做前后摆动，腰部要直，使骨盆前送。做的形式可以采用原地行进、加速。它可以增强抬腿的肌肉力量，发展膝关节的灵活性，加快动作速率。它是"摆动式"跑法的关键练习，十分重要。

（3）后蹬跑。上体正直或稍前倾，两臂自然摆动。摆动腿积极向前上方摆出，由于摆动幅度大，躯干略加扭转进行补偿运动后，使同侧髋关节充分前送。另一侧大腿积极下压，经足掌着地，髋、膝、踝关节缓冲，着地后迅速转入"屈蹬"。

（三）中长跑

1. 中长跑的技术和战术

（1）起跑和起跑后的加速跑。

①中长跑要求"站立式"起跑姿势，按"各就位""鸣枪"两个口令进行。"站立式"起跑要求："各就位"时，运动员从集合线走到起跑线处，两脚自然前后开立，将有力的腿放在前面，后脚距前脚一脚左右，上体前倾，两膝弯曲，两臂一前一后，身体重心主要落在前脚上，保持稳定姿势，集中注意力听枪声。"鸣枪"，听到枪声后，后面的腿用力蹬地后快速前摆，前面的腿用力蹬伸。两臂配合腿部动作，快速用力前后摆动，身体向前冲出。

②起跑后的加速跑要求：起跑后，上体保持一定的前倾，脚的着地、腿的蹬地和前摆以及两臂的摆动都应快速积极，逐渐加大步长和加快速度。随着加速跑段的延长，上体逐渐抬起转入途中跑。加速段距离的长短和速度，应根据个人特点、战术要求和临场情况而定。

（2）途中跑。

①上体姿势：途中跑时上体应自然伸直，适度前倾（3°~5°），下颌微收，两眼平视，颈部肌肉放松。

②摆臂动作：两臂自然弯曲约成90°，两手放松或半握拳，肩部放松，以肩为轴，两臂自然地做前后摆动。前摆时稍向内，后摆时稍向外。

③两腿动作：当身体重心移过支撑点后摆动腿由大腿带动小腿继续向前摆动，在它的摆动配合下，髋部向前送出。随之蹬地腿迅速有力地伸髋、伸直膝和踝关节。在摆动腿前摆的过程中，膝部和小腿自然放松。

（3）终点跑。

终点跑时，身体已处于疲劳状态，技术动作容易变形。为了力争保持速度，应根据体力情况选择加快摆臂或加大摆幅，同时转动髋部，有利于抬腿迈步。终点冲刺的距离应根据自己的体力情况而定。一般中距离跑为200米左右，长跑在300米以上。

（4）中长跑的呼吸和"极点"现象。

中长跑途中，为了加大肺通气量，以满足机体的需要，呼吸时采用口鼻同时进行呼吸的方法。呼吸的节奏应和跑的节奏相配合，一般采用两步一呼、两步一吸（有时也采用三步一呼、三步一吸）。呼吸时要注意加大呼气的深度。中长跑时由于人体生理惰性，氧气的供应落后于机体的需要。跑到一定距离时，会出现胸部发闷，呼吸节奏被破坏，呼吸困难，四肢无力和难以跑下去的感觉，这种现象被称为中长跑中的"极点"。这是人体正常反应。当出现"极点"时要以顽强的意志坚持跑下去。同时加强呼吸（特别是呼气），必要时还可适当调整速度和步幅。再坚持跑一段距离后，"极点"现象就会消失，人体就可以轻松自然地继续跑了。

基普乔格：1小时59分40秒的神话

马拉松全长42.195千米，在两小时内完成这么一个漫长的距离一度被认为是难以突破的人类极限。两小时内跑完42.195千米，意味着每千米只用2分50秒，每5千米只用14分10秒，每10千米28分20秒。而这个不可能实现的目标在2019年10月12日被基普乔格完成，创造了人类的新纪录。北京时间2019年10月12日14时15分，维也纳当地时间8时15分，INEOS破二挑战赛正式鸣枪。1小时59分40秒后，我们看到基普乔格冲过终点！1小时59分40秒，这是人类第一次在两小时之内完成马拉松。

人类极限，没有不可能！

探索与思考

1. 短跑中的弯道起跑有哪些注意点？哪些练习有助于练习短跑技术？
2. 中长跑时呼吸的节奏应该是怎样的？
3. 如何在长跑中合理分配体力？

单元 7.2 跳　　跃

学习目标

1. 了解跳高跳远的分类。
2. 掌握背越式跳高、跳远的技术要点。

 导入案例

跳得"更高"的小明

继上节体育课学习了立定跳远之后，小明又在这节体育课上学习了跨越式跳高。体育老师李老师不断地把崩在两杆之间的皮筋升高，让同学们进行尝试，跳过去的排在左边试跳下一高度，小明屡屡尝试成功，直到左边只有小明一人。小明内心美滋滋的，对跳高这项运动萌生了一定的兴趣。周末回家，正好CCTV5在转播国际田联钻石联赛——上海站的比赛，其中就有跳高项目。让小明疑惑的是，运动员们没有采用跨越式跳高的方式，而是用背越式或撑竿跳的方式越过高度杆。这是为什么呢？学习了本章的内容，你就明白了。

一、跳高

跳高，田径运动跳跃项目之一，又称急行跳高，由有节奏的助跑、单脚起跳、腾空过杆与落地等动作组成，以其最后成功地越过横杆上方的高度计算成绩并以此判定名次。

过杆技术有跨越式、剪式（亦称"东方跳高方式"）、滚式、俯卧式和背越式等。跳高运动最初起源于英国，是从体操项目中派生出来的。1864年，英国首先将跳高列入田赛比赛项目，英国人柯奈用跨越式（最原始、最简单的跳高姿势）跳过了1.70米的高度。男子跳高于1896年首届奥运会上被列为正式比赛项目。女子跳高于1928年开始正式列入奥运会项目。剪式跳高起源于美国，19世纪末，美国东部州运动员创造并采用了这一跳高姿势，故曾被称为"东方式"；又因跳时身体各部分成波浪形状依次越过横竿，因此也有"波浪式"之称。滚式跳高亦源于美国。20世纪初，美国西部州运动员创造并采用滚式跳高，因跳时运动员形似滚过横竿而得名。又因美国运动员霍拉英首用此式创造2.01米世界纪录，因而又称"霍拉英式"。俯卧式跳高起于20世纪20年代，40年代时已被普遍采用。现在，最流行的是背越式跳高，而其他几种跳高方式在大赛中已几乎绝迹。因为背越式过杆时，身体重心是低于横杆的，相同条件下运动员采取背越式的成绩会优于其他方法，而背朝下落地较为安全，滚式和俯卧式危险系数较大。为了能跳得更高，人们想到借助外部工具，也就有了我们现在看到的撑竿跳高。以下部分重点讲解背越式跳高的技术要点。

背越式跳高技术是一种利用弧线助跑、起跳、起跳后背越横杆的一种现代跳高技术。

（一）技术动作

1. 助跑

跳高助跑一般包括助跑路线、起动方式、助跑距离、助跑技术、助跑节奏几个方面。

背越式跳高助跑路线的前几步为直线或近似直线，最后4～6步呈弧线，被称为弧线助跑。全程助跑距离一般需跑8～12步。全程助跑的距离、步数和弧线曲率的选择因人而异，由助跑速度和起跳能力来决定。起动方式有两种：原地起动和行进间起动。原地起动的优点是助跑起动稳定，步长相对固定，有利于助跑步点的准确性，但起动动作较紧张，发挥速度较慢。行进间起动优点是助跑起动自然放松，有利于发挥速度，但由于行进的速度、用力的大小不易控制，影响助跑步点的准确性。助跑距离的丈量方法如图7-6所示。

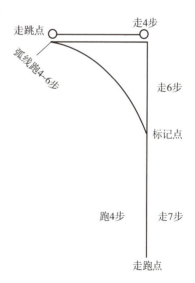

图7-6 助跑距离的丈量方法

助跑技术要求：自然放松、富有弹性、步幅开阔、后蹬充分，重心平稳。开始起动时的前几步，应加强后蹬，上体略前倾。进入弧线助跑时，身体逐渐向内倾斜，外侧的肩略高于内侧的肩，内侧的臂摆动幅度较小，外侧的臂摆动幅度要大。助跑最后几步应逐渐加快频率，提高助跑速度，为起跳做好充分准备。助跑速度的快慢应适合自己的起跳能力。

2. 起跳

起跳腿指用于蹬伸起跳的腿，一般应选择有力的腿或者起跳时能够做到协调用力的腿。摆动腿指起跳时用于协调配合起到摆动作用的腿。

起跳技术是跳高的关键技术。正确的起跳技术要求在助跑最后一步身体内倾达到最大限度时，摆动腿积极扒地后蹬，在保持身体内倾的情况下，推动髋部迅速前移，使起跳腿快速踏上起跳点，形成肩轴与髋轴交叉扭紧姿势。起跳腿大腿积极下压，带动起跳脚以脚跟外侧着地并迅速过渡到全脚掌积极扒地，支撑用力，以减少制动。由于身体重心的水平速度、惯性和地面的支撑反作用力很大，迫使起跳腿被动弯曲，肌肉被拉长进行退让性工作，形成起跳腿自然屈膝被压紧的状态。然后，起跳腿的髋、膝、踝三个关节依次迅速发力，快速完成蹬伸起跳的动作。

在起跳过程中，摆动腿和摆动臂的摆动是起跳技术不可忽视的重要因素。最后一步摆动腿蹬离地面后，以髋部发力，带动自然折叠紧的大、小腿迅速前摆，摆过支撑垂直面后快速向上摆动。同时，摆动臂协调配合，快速摆动。摆动腿、臂的摆动力量因其惯性的作用，会对起跳腿产生能量的转移，以使身体重心获得更大的垂直加速度。臂的摆动可以采用双臂同时摆动或单臂交叉摆动。由于背越式跳高是背对横杆，起跳技术的控制稍不好，就会倒向横杆，影响身体重心腾起的垂直高度。因此，起跳动作结束蹬离地面时，身体重心应正好处于支点上方，起跳腿的髋、膝、踝三个关节应该蹬直，使整个身体垂直于地面，摆动腿和臂都摆至最高位置，以保证身体向垂直方向充分腾起。背越式跳高技术（如图7－7所示）与其他跳高技术相比，除过杆动作有明显不同外，最大的特点是助跑速度较快，可以充分利用助跑的水平速度，以获得更大的腾起初速度。

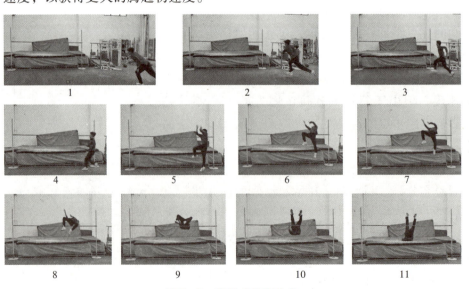

图7－7 背越式跳高技术

3. 过杆与落地

当起跳结束时，身体应保持起跳结束时的正确姿势，充分伸展身体，向上腾起。利用摆动腿的力量尽量提高髋部位置，然后以摆动腿同侧的臂、肩领先过杆，顺势仰头、倒肩、挺髋，围绕横杆进行旋转。在横杆上，髋部超过两膝时，形成背弓的拱形姿态，使头、肩、背、腰、髋、腿依次越过横杆。当髋部越过横杆时，顺势收腹，带动大腿向上甩小腿，使整个身体迅速摆脱横杆，以适宜的屈髋姿势下落，背部顺势落在海绵垫上。落地时要保持一定的肌紧张，用背部落地，顺势缓冲。收腿时不宜做过大的收膝动作，避免膝盖碰撞脸部，造成损伤。

（二）跳高的练习方法

1. 发展弹跳力的练习

单脚多级跳，单脚跳台阶，原地单、双足纵跳摸高，双脚连跳过栏架，从50～100厘米高处跳下并接着跳起。

2. 掌握起跳技术的练习

（1）迈步摆腿练习。斜侧横杆或肋木站立，起跳腿向前迈步放脚，屈膝、屈踝，身体前移，摆动腿屈膝内扣上摆，起跳腿蹬伸髋、膝、踝关节，身体背向横杆式肋木，两臂向上提肩引臂。

（2）3步助跑做（1）练习并跳起。

3. 助跑与起跳结合练习

（1）沿15米直径圆圈跑练习，体会身体向内倾斜。

（2）由直线进入圆圈跑练习。

（3）沿圆圈3步或5步跑起跳练习（如图7-8所示）。

1　　　　2

图7-8　3步跑起跳练习

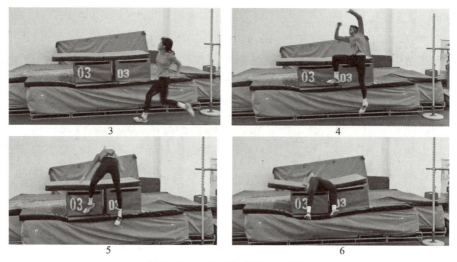

图 7-8 3 步跑起跳练习（续）

4. 过杆落地练习

（1）仰卧在垫子上，两肩和两脚撑地，做向上抬臀和挺髋的动作。

（2）背对垫子站立，做提踵、挺髋、仰头挺胸，肩后倒落于垫上。

（3）立定背越式跳高。两腿屈膝半蹲跳起，两臂配合上摆，向后倒肩，抬臀、挺髋，成背弓姿势越过横杆或橡皮筋，以肩落于垫上（如图 7-9 所示）。

图 7-9 立定背越式跳高练习

（4）助跑过杆练习。助跑 2~4 步做背越式过低杆或橡皮筋。

（5）全程助跑背越式跳高练习。要求丈量、调整助跑步点、起跳点，助跑节奏明显，起跳后身体垂直向上腾起，背对横杆，过杆时挺髋或"背弓"形，然后两小腿向上甩起，以背落于垫上。

二、跳远

田径运动跳跃项目，又称急行跳远，由助跑、起跳、腾空和落地等动作组成。运动员沿直线助跑，在起跳板前沿线后用单足起跳，经腾空阶段，然后用双足在沙坑落地。比赛时以跳的远度决定名次。

（一）跳远技术

跳远的技术包括助跑、起跳、腾空和落地几个技术环节。

1. 助跑

跳远的助跑（如图 7-10 所示）是为了获得必要的水平速度，为踏跳和起跳做好准备。助跑的距离男子一般为 35~45 米，步数为 18~24 步，女子为 30~40 米，步数为 16~20 步。助跑距离的丈量方法：一般采用走步丈量法。走的步数一般为跑的步数乘 2 再减 2，如丈量 16 步助跑时，走（16×2）-2=30 步即可。以此方法丈量的助跑距离必须反复试跑后确定。助跑的方法：一般采用逐渐加速的方法。即随着跑速的加快，上体逐渐抬起，步长、步频也逐渐加快，倒数第 2 步稍大并有微蹲，最后一步长比倒数第 2 步短 20~40 厘米。助跑的标记点：一般起跳点为第 1 标记，倒数第 8 步处为第 2 标记。助跑的标记是为了检查助跑的节奏和准确性，但不能只顾踩标记而影响了助跑的速度和连贯性。

图 7-10　助跑的技术动作

2. 起跳

起跳（如图 7-11 所示）的任务是改变身体重心向前运动的方向，使它按适宜的腾起角度向空中腾起。腾起的初速度越大，越有可能跳出优良的成绩。助跑到最后一步起跳腿迈出积极下压，以全脚掌踏起跳板，并向后快速"扒"地，摆动腿迅速向前摆,当身体重心移至起跳腿支点的垂直部位时,起跳腿迅速蹬伸,髋、膝、踝关节伸直。摆动腿继续向前上方摆至水平位置,小腿自然下垂。起跳时两臂的摆动可以增大起跳效果。起跳腿开始蹬伸时同侧臂向前上摆动,异侧臂向侧上摆起,当两臂肘关节摆至肩高时突然"停止"摆动,这样可以借助摆臂的惯性,提肩、拔腰、挺胸、顶头,使身体重心向上提起,协助两腿完成起跳动作。

图 7-11 起跳的技术动作

3. 腾空

起跳后身体便迅速腾空,形成"腾空步"。"腾空步"后的空中动作有3种:蹲踞式、挺身式和走步式。

(1)蹲踞式,"腾空步"后,起跳腿逐渐向摆动腿靠拢,然后两腿一并上举使膝盖接近胸部,两臂随上体前倾向前伸。如图 7-12 所示。

图 7-12 蹲踞式跳远技术

(2)挺身式,起跳成"腾空步"后,摆动腿自然下放,起跳腿微屈与摆动腿靠拢两臂随摆动腿下放而由下向后上方摆振,同时展髋,挺胸抬头,形成挺身姿势。如图 7-13 所示。

图 7-13 挺身式跳远技术

(3)走步式,起跳腾空步后,以髋关节为轴,摆动腿,大腿带动小腿,由前向后下方摆动。同时起跳腿屈膝前摆,向上抬起大腿,前伸小腿,完成空中两腿交换步的动作,两臂协调地配合大腿做大幅度绕环摆动,然后顺势收起留在体后的摆动腿,两腿靠拢,收腹,举腿前伸小腿落地。在空中完成一次交换步就落地的走步式为"两步半"走步式,完成两次交换步再落地的为"三步半"的走步式。

4. 落地

正确的落地技术有利于推迟脚着地的时间,可以提高跳远成绩,并能防止伤害事故的发生。落地技术包括以下动作:

①着地前两腿屈膝高抬并主动向胸部靠拢成团身姿势。

②即将着地时,膝关节迅速伸直,使小腿前伸,以脚跟先接触沙面。

③着地后,立即屈膝,身体前移,两臂前摆,使身体迅速移过落点,避免后坐影响成绩。如图7-14所示。

图 7-14 落地姿势

(二)跳远素质练习

(1)发展速度素质,提高跑的技术和奔跑能力。

①行进跑30~50米计时练习。

②100米反复跑练习。

③跳远跑道上助跑距离的计时跑练习。

(2)各种弹跳力练习。单足跳、跨步跳、纵跳、直膝兔跳等多种跳跃练习。

(3)各种杠铃力量练习。各种抓举、挺举练习(注意轻质量时的快速举和次数少、质量较大的力量练习交替进行)。

(4)各种体操技巧练习、腰背腹肌力量练习。

(5)跳深练习(连续跳跃几个高40~60厘米的跳箱)。

(6)专项跳深跳远练习。

在6~8米长、高30~40厘米的专用跳箱上助跑2~3步,从跳箱上冲下来,用起跳脚落地并迅速做出跳远起跳。

知识窗

据史料记载，首次正式的跳远比赛是在公元前708年举行的，距今已有2700多年的历史。当时跳远的设施非常简单，只是把地面的土质刨松，然后在前面放一条门槛代替起跳板。为避免落地时产生伤害事故，以后用沙坑代替了松土。

跳远起初是人类猎取或逃避野兽时跨越河沟的活动，后成为军事训练的手段，为公元前708年古代奥运会五项全能项目之一。现代跳远运动始于英国，1827年9月26日在英国圣罗兰博德尔俱乐部举行的第一次职业田径比赛中，威尔逊越过5.41米的远度，这是第一个有记载的世界跳远成绩。

随着时间的推进，跳远运动的记录不断被打破。在近代田径比赛中，有记载的第一个男子跳远世界纪录是英国运动员麦切尔在1864年创造的，成绩为5.48米。比蒙在第19届奥运会获得跳远冠军，其8.90米的世界纪录一直保持了20多年，才被美国选手鲍威尔以8.95米的新纪录打破。

探索与思考

1. 跳高有哪些过杆姿势？背越式跳高的技术要点是什么？
2. 加强跳跃能力的素质练习方法有哪些？

单元 7.3 投　　掷

学习目标

1. 掌握投掷实心球的技术要领。
2. 掌握原地推铅球的技术要领，了解滑步推铅球的技术。

导入案例

班级的体育委员呼吁同学们报名秋季运动会，为班级争夺荣誉。小哲报名了铅球项目。比赛中，小哲采取了原地推铅球的方式，投出了 7.92 米的成绩，本以为胜券在握，却发现隔壁班的小黄轻松投出了 9.83 米的成绩。原来小黄运用了背向滑步投铅球的方式完成了比赛。赛后，小哲向小黄请教滑步的技术要领，希望学会后下次也能用这种方式取得更好的成绩。这两种方式有什么区别？为什么背向滑步要比原地投掷更远？看完了本章的内容，就能明白了。

投掷运动是一个全身协调用力的运动，也是田径中的经典项目，包括铅球、铁饼、标枪、链球等项目。本部分就学生体育课上最常见的实心球和铅球加以介绍。

一、投掷实心球

原地正面双手头上投掷实心球是发展上肢力量、下肢力量和腰腹力量最常见的投掷方法。投掷的远近在于全身是否协调用力，特别是腰腹肌力量，还取决于出手速度和角度。

投掷实心球的技术有很多种，现主要介绍原地正面双手头上投掷实心球技术。

（一）原地正面双手头上投掷实心球的技术

（1）握球的方法：两手自然张开，分别握住实心球的两侧。

（2）原地正面双手头上投掷实心球技术：正对投掷方向，两脚前后或左右开立

与肩同宽，两臂伸直，双手持球于头上方。用力时，两腿弯曲，身体向后弯成一个弓形，两臂持球后引，借两腿蹬地、收腹、快速挥臂将球掷出。

(二) 投掷实心球的技术练习方法

1. 单手或双手推实心球

（1）单手推实心球。两脚左右或前后开立，身体面对或侧对投掷方向。单手持球于肩上，另一只手扶球并向后引肩，利用转体、蹬地和伸臂的力量，将球向前推出。

（2）双手推实心球。两脚左右或前后开立，两腿弯曲，双手胸前持球，利用蹬地、伸臂的力量将球向前推出。

2. 单手或双手抛掷实心球

（1）单手抛掷实心球。两腿前后开立，一手体侧持球后引，借助向前摆臂的力量将球向前抛出。

（2）双手抛掷实心球。两脚左右或前后开立，上体前倾，两手体前持球。立腰抬上体，将球举至头后，然后迅速收腹，两臂用力前摆，将球向前或向上抛出。向侧或向后抛球时可加转体或上体后仰动作。

3. 单手或双手投实心球

（1）单手投实心球。两脚前后或左右开立，一手举球至头上，用挥臂的力量将球向前、向侧投出。

（2）双手投实心球。两脚左右或前后开立，向左或向右转体，利用挥臂的力量将球向前、向侧投出。

二、推铅球

推铅球是田径运动田赛投掷项目之一，经常从事这项运动，对增强体质，发展躯干和上、下肢力量有显著的作用，并能培养坚毅、顽强的意志品质。推铅球方法是单手持球于锁骨窝处，在直径2.135米圆圈内，经过滑步（或旋转）后，单手从肩上方推出，使铅球落在规定的投掷区内。

(一) 推铅球技术

现代推铅球技术包括背向滑步推铅球和原地推铅球。背向滑步推铅球比原地增加了一个向前的加速度，出手时铅球向前运动的速度更快，投掷距离更远。这里我们重点介绍背向滑步推铅球（以右手持球为例）的技术动作，主要可分为预备姿势、滑步、最后用力、维持身体平衡4部分。如图7－15所示。

模块七

田径运动

图 7-15 推铅球的完整动作

1. 握持方法

五指自然分开弯曲，把铅球放在食指、中指和无名指的指根部，大拇指和小拇指自然地扶在铅球的两侧，手腕背后屈（如图 7-16 所示），防止球体滑落和滑动。手指力量强的人可把球适当地向手指端移动一些。然后把球放于右肩锁骨窝处，贴靠颈部下颌侧面，掌心向前，大臂与肩同高，使球保持稳定。左臂屈肘，横放胸前或屈肘上举（如图 7-17 所示）。

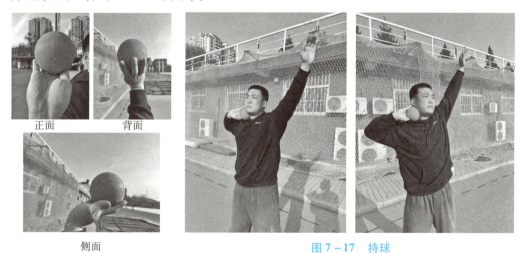

正面　　背面

侧面

图 7-16 握球　　　　　图 7-17 持球

2. 滑步前的预备姿势

（1）高姿势。持球背对投掷方向，两脚前后站立，重心落在伸直的右腿上，上

·191·

体正直，持球臂的肘部略低于肩，左臂自然上举。高姿势动作自然放松，并能协调转滑步，有利于提高滑步的速度，但由于滑步前的摆腿和团身，身体的重心升降幅度大，要求运动员有较强的腿部力量与较高的平衡能力。

（2）持球背对投掷方向，两脚前后站立，重心落在弯曲的右腿上，上体前屈，左腿在后自然弯曲，以脚尖点地，两脚相距 50~60 厘米，这种姿势较简单，但是全身的肌肉较紧张。根据姿势反射的原理，两种姿势的头部的位置必须保持与躯干在一条直线上，并保持正直。

（3）滑步。滑步的目的是为了使器械获得一定的水平速度，为最后用力创造良好的条件。完善的滑步推铅球成绩要比原地推铅球成绩远 1.5~3 米。滑步时要注意身体的平衡动作要协调、连贯，加速完成动作。背向滑步的预备姿势做好后，左腿可做 1~2 次预摆。当预摆结束，在左腿回摆时，右腿弯曲，使身体团紧，蓄势待发。当左膝回靠近右膝时，臀部后移，右腿用力蹬地伸直，左腿迅速借右腿蹬地的力量主动向抵趾板方向伸直摆出。这样右腿的蹬伸和左腿的主动蹬摆产生了快速力量，使身体快速向投掷方向移动。右腿蹬地后迅速拉收至身体重心下面（投掷圈圆心处），着地脚尖内扣，同时左脚迅速主动用前脚掌滑步的技术动作侧着落于与右脚跟同一直线，距右脚 50~60 厘米处。此时重心落于右腿上，上体保持前屈姿势。两臂保持低姿势时状态，为最后用力做准备。如图 7-18 所示。

1

2

3

4

5

图 7-18 背向滑步的技术动作

（4）最后用力。最后用力是从左脚着地的同时开始的。整个最后用力我们可以概括为"蹬""转""抬""送""推""拨"。滑步结束后，右脚比左脚先着地，右腿着地后积极蹬伸，膝和大腿内扣，推动右髋向投掷方向转动，上体在转动中逐渐抬起（为加快上体转动和抬起，左臂从胸前向左上方摆动，使原来背对投掷方向转至侧对投掷方向）。此时左臂和左肩高于右肩，铅球处于较低位置，体重大部分仍在弯曲而压紧的右腿上。如图7－19所示。

图7－19 最后用力的技术动作

由于右腿不停地蹬伸，大腿积极向前向上加速，右髋继续向投掷方向转动和上体逐渐前移（投掷方向），体重逐渐移至左腿，左膝微屈。当左臂继续向体侧摆动时，向前展胸转头，躯干开始做最后的鞭打动作（向前展胸愈积极，手臂伸直得愈快，推球速度也愈快）。随着两腿充分蹬伸和躯干的最后鞭打，右肩积极向前上方送出，右臂迅速而有力地将球推出，当铅球快出手时，快速而有力地屈腕拨球，使铅球从手指离开加快出手速度，推球角度一般是铅球离手后，两腿弯曲或交换，降低重心，缓冲向前的冲力，维持身体平衡，防止出圈犯规。如图7－20所示。

图7－20 推球的技术动作

(二) 推铅球的练习

（1）徒手模仿握持法。预备姿势，背向滑步及最后用力技术动作。

（2）发展手指力量的练习。手持铅球，用手指与手腕的力量将铅球推出或右手握入左手来回推球8～10次，反复9组。

（3）原地正向推铅球练习。

（4）原地侧面推铅球练习，原地背向推铅球练习（如图7－21所示）。

图7－21　原地侧面推铅球

（5）持球连续做背向滑步练习（如图7－22所示）。

图7－22　背向滑步练习

持球做完整技术练习，体会全过程的连贯动作、动作幅度、用力顺序和各环节的相互配合。

铅球世界冠军：巩立姣

巩立姣是我国铅球运动员的领军人物，多次获得世界铅球冠军。在2007年，巩立姣首登国际舞台，在大阪世界田径锦标赛上收获第七名。之后巩立姣不断活跃在国际的田径场上，并先后收获2009年柏林田径世锦赛铜牌，2012年伦敦奥运会季军，2013年世锦赛铜牌，2015年世锦赛亚军，2017年田联钻石联赛上海、罗马站冠军。而她本人的最好成绩也不断刷新，从18.66米、19.93米到20.43米。2019赛季，女子铅球项目，巩立姣共出战13项赛事，豪夺12个冠军，以20米31的成绩排名年度世界第一位。

巩立姣能够取得如此成绩，除了从小展现出的铅球天赋，与她刻苦勤奋的训练是分不开的。铅球项目训练比较枯燥，冬练三九，如果天气异常寒冷，训练完后脖子上都会被冷冰冰的铅球粘走一层皮；夏练三伏，每天汗水都浸湿了衣背。这些成绩足以证明她脚踏实地、刻苦训练的成果。但正如她自己所言："这只是一个开始，走下领奖台一切从零开始。梦想一直在路上，我会继续努力，没有什么比梦想更值得坚持。"

探索与思考

1. 投掷实心球时有哪些技术要点？
2. 滑步推铅球从技术上可以分为哪4部分，每部分的重点是什么？

模块八　操类运动

模块导读

本模块主要介绍基本体操和健美操项目。

"体操"是对所有体操项目的总称。体操可分为竞技体操、艺术体操和基本体操3大类。运动中既有动力性动作，又有静力性动作。基本体操是指动作和技术都比较简单的一类体操，其主要目的、任务是强身健体和培养良好的身体姿态，它所面对的主要对象是广大的人民群众，最常见的有广播体操和为防治各种职业病的健身体操。

健美操是在音乐伴奏下，以身体练习为基本手段，以有氧运动为基础，达到增进健康、塑造形体和娱乐目的的一项全身性体育运动。健美操通常采用徒手或轻器械进行练习，中低强度，主要锻炼练习者的心肺功能。健美操分为健身性健美操和竞技性健美操两大类。健身性健美操的主要练习目的是"健身"，因此动作比较简单，音乐速度慢，对练习者的身体素质要求不高，适合大多数人练习。竞技性健美操的主要目的是"竞技"，比赛中运动员要在1分多钟的时间内配合音乐完成许多高难度的技术动作，因此对运动员的全面身体素质和技术水平都有很高的要求。

模块八

操类运动

单元 8.1 基本体操

1. 了解体操运动的起源和特点。
2. 学习体操运动的动作练习方法。

陈一冰被黑事件

北京时间 2012 年 8 月 6 日，伦敦奥运会体操项目男子吊环决赛中，第一个出场的上届冠军、中国名将陈一冰凭借堪称完美的发挥得到 15.800 分，赢得全场观众的喝彩。而最后一个出场的纳扎内蒂以同样的难度动作，且在下法上出现失误的情况下得到 15.900 分，陈一冰的冠军奖牌被裁判黑成了银牌。也让他的最后一届奥运会留下了遗憾。

"体操"一词来自希腊语（gymnastike），意为"赤膊"，这是因为在古希腊时代人们是赤膊锻炼的。广义地讲，体操运动概指为身体的操练。狭义地讲，体操运动是通过徒手、持轻器械或专门器械以及在器械上正确完成各种类型的难度动作的练习，并体现出一定的艺术性，借以实现体育目的、任务的一种手段。体操在中国、印度、埃及、古希腊、古罗马都有着悠久的历史，产生于远古时代。现代竞技体操始于 18 世纪的欧洲，有德国体操和瑞典体操两大流派。体操是健身强体的主要手段，被人民大众普遍采用。体操更是体育运动的一个主要项目，被萨马兰奇称为国际奥林匹克运动会的四大支柱项目之一。

一、体能练习

体能是完成体操动作的基础。体能主要包括力量、速度、耐力、灵敏、柔韧等因素，这里主要从柔韧性与力量两大方面帮助同学进行体能练习。

(一) 柔韧性练习

1. 压肩

动作要求：手向前伸，臀部尽量往后坐，尽量把肩角拉开，如图 8-1 所示。

2. 拉肩

动作要求：手向后伸，尽量把肩角拉开，如图 8-2 所示。

图 8-1 压肩

图 8-2 拉肩

3. 横叉

动作要求：双腿向两侧伸直，上体正直，如图 8-3 所示。

图 8-3 横叉

4. 纵叉

动作要求：双腿前后伸直，上体正直，如图 8-4 所示。

图 8-4 纵叉

5. 体侧屈

动作要求：重心在两腿之间，臂、头与躯干在一个面上，在这个基础上屈到最大的位置，如图 8-5 所示。

图 8-5 体侧屈

6. 体前屈

动作要求：双腿不弯曲，胸贴住腿，如图 8-6 所示。

图 8-6 体前屈

（二）力量性练习

1. 俯卧撑

动作要求：身体伸直，肩平于肘，如图8-7所示。

1

2

图8-7 俯卧撑

2. 单杠引体向上

动作要求：不能摆动，下颌出杠面，放下时两臂伸直，如图8-8所示。

1

2

图8-8 单杠引体向上

3. 双杠臂屈伸

动作要求：屈臂时肩低于肘，身体不能前后摆动，如图8-9所示。

4. 仰卧起坐（直腿和屈腿）

动作要求：两手抱头，两腿伸直或弯曲，如图8-10所示。

  1   2

图 8-9　双杠臂屈伸

直腿   屈腿

图 8-10　仰卧起坐（直腿和屈腿）

二、动作技术

（一）垫上运动

1. 前滚翻（如图 8-11 所示）

（1）教学规格。

腿蹬直，方向正，滚翻圆滑。

（2）技术要点。

①蹲立，两手向前撑地，两脚蹬地，提臀同时屈臂低头，屈体前滚。

②当背部着地时，屈膝团身，两手抱小腿中部，上体跟上成蹲立。

（3）保护与帮助。

保护者跪于前侧方，当练习者头部将要着地时，一手托颈；当滚翻至臀部着地时，保护者两手顺势推练习者背部成蹲立。

图 8-11 前滚翻

2. 后滚翻（如图 8-12 所示）

（1）教学规格。

团身紧，方向正，滚翻圆滑。

（2）技术要点。

图 8-12 后滚翻

①蹲撑，身体稍向前移，随即两手推地，低头、圆背、团身后滚。

②屈臂内夹两手，反掌放在肩上（手指向后），当后滚至肩，头着地时，臀部上翻，顺势推地呈蹲撑。

（3）保护与帮助。

①保护者站于后侧方，当练习者滚翻至肩头着地时，两手扶其髋部的两侧向上提拉，帮助其推手和滚动。

②保护者跪于后侧，一手托肩，另一手拨其臀部，帮助练习者后滚成蹲立。

3. 跪跳起（如图 8-13 所示）

（1）教学规格。

摆臂制动与脚面、小腿压垫、提腿动作连贯协调，收腿要快。

（2）技术要点。

跪立，两臂斜前平举，经向下后摆，臀后坐，上体前倾，接着两臂迅速向前上方摆并至斜上举部位立即制动。同时展髋、提腰，脚背和小腿用力压垫，使身体向上腾起，迅速提膝，收腿起立。

图 8-13 跪跳起

（3）保护与帮助。

保护者站在练习者斜前方，当练习者有向上的腾起趋势时，保护者迅速一手扶前胸，一手扶后背，助其向上跳起。对于脚背压垫不充分的同学，保护者可站在练习者正前方，握住练习者双手，随着练习者向上跳起时，保护者给予一个向上的力，拉起练习者。

4. 挺身跳（如图 8-14 所示）

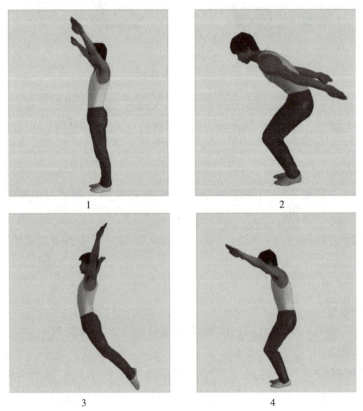

图 8-14 挺身跳

·204·

（1）教学规格。

空中挺胸，两腿向后下方展开，腿并拢。

（2）技术要点。

充分蹬地跳起；空中挺胸、两腿向后下方展开、稍抬头；主动向前收腿落地，屈膝缓冲站稳。

（二）双杠

1. 跳上成分腿坐（如图 8-15 所示）

1

2

3

图 8-15　跳上成分腿坐

（1）教学规格。

支撑前摆高出杠，分腿向后滑压杠。

（2）技术要点。

面对杠端站立，从内握杠，跳起直臂撑杠，两腿顺势向前举起，当超过杠面后迅速分腿，以大腿内侧触杠成分腿坐。

（3）保护与帮助。

站在双杠一侧，待练习者跳起时保护者一手握其上臂助其支撑，另一手顺势托其腰部前摆成分腿坐。

2. 分腿骑坐前进成分腿坐（如图 8-16 所示）

（1）教学规格。

分腿坐不砸杠，后摆进杠有腾起，两腿始终伸直。

（2）技术要点。

分腿坐开始，然后身体挺直，两腿骑杠，上体前移，两臂经侧举，两手顺势于体前稍远处用力撑杠，同时两腿伸直压杠后摆并腿进杠，接着支撑前摆成分腿坐。

（3）保护与帮助。

保护者站在杠外练习者的侧面，前摆时托其臀部，送至分腿坐，进杠时一手扶其上臂，另一手托膝，帮助并腿进杠。初学者可以两人保护帮助。

1　　　　　　　　　　　　　　2

3　　　　　　　　　4　　　　　　　　　5

图 8－16　分腿骑坐前进成分腿坐

（三）单杠

1. 单腿摆越成骑撑（如图 8－17 所示）

1　　　　　　　　　2　　　　　　　　　3

图 8－17　单腿摆越成骑撑

（1）教学规格。

摆越时，有明显腾越；骑撑时，上体正直，两腿夹角大于 90 度。

（2）技术要点。

由支撑开始（以右腿摆越为例），右臂顶杠，身体重心移向左侧，接着右手推离杠，同时右腿向右侧摆越，右手迅速握杠，右腿前伸使大腿根部靠杠，上体正直成骑撑。

（3）保护与帮助。

帮助者站在练习者摆越腿的异侧方，一手扶上臂，一手托腿，配合练习者移重心、摆越，并固定身体姿势。

2. 后倒挂膝摆动上（见图8-18）

图8-18 后倒挂膝摆动上

（1）教学规格。

连贯圆滑，摆动腿过杠下垂直面完成骑撑；挂膝上时，肘角大于90度。

（2）技术要点。

①重心后移，后腿后下伸，直臂后倒挂膝。

②后腿前摆至杠水平面时做制动式的前伸动作。

③回摆时后腿充分伸展后摆，后摆至极点时，前腿膝窝用力勾杠，同时两臂顺势压杠，上体跟上成支撑。

（3）保护与帮助。

保护者站于杠前左侧方，在练习者后倒前摆时一手托其背，另一手扶其大腿帮助练习者前摆与制动。在练习者后摆时，一手托其背，另一手压其大腿帮助练习者的上体跟上成支撑。

(四) 肋木练习

1. 发展身体各部分的练习

(1) 上肢和肩带的练习。

①正面压肩：面对肋木站立，两臂伸直，两手正握肋木，与肩同宽（或窄握），向下压肩。

可以自己压，也可由同伴帮助压。压肩时应低头、挺胸、塌腰。

②背面拉肩：背对肋木站立，两臂伸直向后，两手反握肋木，与肩同宽（或窄握），两膝弯曲下蹲，向下拉肩。

(2) 躯干的练习。

①体前屈练习：背贴近肋木并腿或分腿站立，两臂伸直在体侧反握肋木，上体做前屈动作。

②体后屈练习：面贴近肋木并腿或分腿站立，两臂伸直在体侧正握肋木，上体做后屈动作。

(3) 体侧屈练习。

①身体侧对肋木，并腿或分腿站立两臂侧举，同侧手正握肋木，上体向肋木侧屈，同时异侧臂上举。

②身体侧对肋木，同侧臂在体侧正握肋木，异侧臂上举握肋木，上体向肋木侧屈。

③身体侧对肋木，同侧腿搭在肋木上，同侧手正握肋木，异侧臂上举握肋木，上体向肋木侧屈。

(4) 发展腹背肌力量的练习。

①背对肋木悬垂，做各种举腿动作。

②面对肋木悬垂，做各种腿向后举的动作。

③在肋木前放一个跳箱（或跳马、山羊等），身体俯卧或侧卧或仰卧在跳箱（或跳马、山羊等）上，用手握肋木或脚钩住肋木，做各种举腿或抬上体动作。

(5) 下肢和髋关节的练习。

①压腿练习：面对或侧对或背对肋木，一腿放在肋木上，高度可以根据练习者的柔韧程度来定，做上体的前屈、侧屈、后屈，也可以采用支撑腿下蹲的方法。在压腿时上体保持正直。

②踢腿练习：一般采用侧对肋木、同侧手扶肋木，靠近肋木的腿作为支撑腿，外侧腿做向前、向侧、向后踢腿动作。在踢腿时上体保持正直。

③腿、髋的屈伸练习：面对肋木，两臂弯曲握住肋木，两脚站在肋木上或地上，做提踵练习、腿的屈伸练习；背对肋木，两手反握肋木，两腿站在肋木上或地上，

做提膝、伸腿动作；侧对肋木，同侧手握肋木，同侧脚站在肋木上，做向前、后、侧提膝、伸腿动作。

2. 攀登练习

（1）直线攀登：练习者直接上下、左右平行攀登。

（2）斜线攀登：练习者从肋木的一头开始，斜进向上攀登，然再斜进向下攀登至另一头。

（3）曲线攀登：练习者从肋木的一头开始，用上、下曲线的方法进行攀登。

观赛赏析

体操比赛观赛须知

国际体操联合会的主要比赛有四年一次的奥运会体操比赛、两年一次（单年）的世界锦标赛、一年一次的世界杯赛以及各大洲的锦标赛和体操节。但受关注程度最高的还是奥运会体操比赛。竞技体操比赛项目有男子自由操、鞍马、吊环、跳马、双杠、单杠，女子自由操、平衡木、高低杠、跳马，以及蹦床和艺术体操。观众可以根据自己的喜好来选择欣赏的比赛项目。

体操比赛都具有很强的技巧性、艺术性和观赏性。体操比赛在很大程度上是心理比赛，运动员需要良好的比赛环境。观众在一套动作结束时可以鼓掌称赞，但运动员做动作时不可鼓掌助威，应保持场上安静。

在观看体操比赛中，鼓掌加油通常有两种情况：一种是运动员技惊四座的漂亮动作完成后，如两个动作间的精彩连接，都可鼓掌喝彩；另一种是运动员动作失败，掉下器械，但又重上器械继续比赛，这时都应为运动员的坚强意志和顽强作风报以热烈的掌声。

探索与思考

1. 世界级的体操比赛有哪些？
2. 观看体操比赛时我们应注意哪些方面？
3. 我国在哪一届奥运会上赢得体操项目男子团体与女子团体双料冠军？

单元 8.2 健 美 操

1. 了解健美操的分类。
2. 掌握健美操的基本动作。

是"便民健身"还是"扰民清静"?

傍晚走到各大公园附近,你是不是常看到一波一波的"广场舞"大爷大妈们?一直以来广场舞健身活动或多或少存在场地不足、噪声扰民、管理服务不到位等问题,个别地方甚至发生了健身群众抢占活动场地的冲突,成为社会舆论关注的焦点。不少民众对广场舞这种健身方式褒贬不一。广场舞实际上属于健美操的一种。国家体育总局在 2017 年发布《关于进一步规范广场舞健身活动的通知》,要求严格规范广场舞健身活动行为。你如何看待广场舞?

一、健美操及其分类

 (一)健美操的定义

健美操是一项深受广大群众喜爱、普及性极强,集体操、舞蹈、音乐、健身、娱乐于一体的,通过徒手、手持轻器械或专门器械的操作练习,达到健身、健美和健心目的的一种新兴娱乐、观赏性体育项目。健美操的英文名称是"aerobics",意为有氧操或有氧舞蹈,是有氧运动的一种。

现代健美操是从 20 世纪 60 年代初开始萌芽的,最初是美国太空总署医生库帕博士为太空人设计的体能训练"阿洛别克项目"。1969 年杰姬·索伦森综合了体操和现代舞创编了健美操。这种操带有娱乐性，简单易学，深受人们的欢迎，20 世纪 70 年代在美国迅速兴起。美国健美操代表人物简·方达为健美操在世界的推广做出了杰出的贡献。健美操是以健身美体为主要特点的运动项目，其内容丰富，简单易学，变化繁多，不受年龄、性别、场地、器械的限制，可使全身各类关节都得到充分的活动，各部位的肌肉得到均衡的发展，塑造出良好的体态。

（二）健美操的分类

1. 竞技健美操

竞技健美操目前大致分 3 种比赛：一是全国健美操比赛；二是全国职工健美操比赛；三是全国大学生健美操比赛。竞技健美操在练习场地的大小、练习人数的多少、特定动作、动作节奏快慢等方面有严格统一的标准，必须按规则进行，不得擅自更改。

2. 健身健美操

健身健美操的目的在于增进健康，可为社会不同年龄层次的人所采用。它根据练习对象的需求进行创编，动作简单易学，节奏稍慢，时间长短不等，可编排 5 分钟到 1 小时。例如，美国著名健美操明星简·方达所编的初级健美操，一套有 27 分钟。在日本，一般的健美操约 1 小时。目前我国健身健美操运动开展非常广泛，各种成套健美操动作的练习时间、场地、人数、内容、动作名称、节奏快慢等没有统一的标准，可以根据练习者的需要进行编排。

健美操除上述分类法外，按一定的特征，还可归为以下几类：

（1）根据练习的主要目的和任务，可分为大众健美操和竞技健美操。

（2）根据练习形式，可分为徒手健美操、持轻器械健美操和利用专门健美器械进行练习的健美操。

（3）根据练习者的性别特征，可分为女子健美操和男子健美操。

（4）根据练习者不同年龄阶段的特征，可分为幼儿健美操、儿童健美操、少年健美操、青年健美操、中年健美操和老年人健美操。

（5）根据人体解剖结构特征，按身体部位可分为颈部健美操、肩部健美操、臂部健美操、胸部健美操、腰腹健美操、髋部健美操、腿部健美操和足踝健美操。

（6）根据动作的内容特征，可分为形体健美操、姿态健美操、跑跳健美操和垫上健美操等。

3. 表演健美操

表演健美操是我国在健美操运动历史发展过程中出现的一种特殊形式，在国外

是没有的。表演健美操的主要练习目的是"表演",它是事先编排好的、专为表演而设计的成套健美操,时间一般为 2~5 分钟。表演性健美操的动作较健身性健美操动作复杂,音乐速度可快可慢,并为了保证一定的表演效果,动作较少重复,也不一定是对称性的。参与的人数可以是单人,也可以是多人,并可在成套中加入队形变化和集体配合的动作,表演者可以利用轻器械,如花环、旗子等,还可采用一些风格化的舞蹈动作,如爵士舞等,以达到烘托气氛、感染观众、增加表演效果的目的。

二、健美操基本动作

健美操的基本动作是指动作中最主要、最稳定、最规范的动作,所有动作都以此为核心加以扩展。基本动作是根据各部位而确定的,它包括头颈动作、上肢动作、躯干动作、下肢动作,正确地掌握基本动作是较好地完成成套动作的基础。

(一)健美操基本动作特点

1. 基本动作是健美操中最典型、最核心的部分

健美操中所有动作的变化和创新都是在基本动作的基础上产生和发展的,身体某个部位的基本动作既具有该部位的共性特征,又具有代表性和典型性。

2. 基本动作是发展难度和组成复合动作的基础

初学健美操时,首先应掌握身体各部位的基本动作。只有掌握了这些部位的基本动作,才能抓住健美操的特点。

3. 基本动作是健美操动作中最重要、最稳定的部分

健美操最突出的特点就是全面地影响身体,使练习者更加健美。例如:踢腿的基本动作抓住前、侧、后 3 个面,就能较全面地影响身体,在此基础上还能发展各种各样的踢腿动作,而这些动作都离不开这 3 个基本面的踢腿,因而它是最重要、最稳定的。

4. 健美操基本动作的变化

在准确熟练掌握健美操最基本的简单动作后,就要进一步掌握基本动作的变化。主要有以下几种表现形式:

(1)改变动作速度。动作速度是指在单位时间内身体某部位移动的距离,速度越快,肌肉工作的负担就越大。另外,为了得到不同的锻炼和教学效果,往往可以

采用改变动作速度的方法进行练习。如屈伸步动作,开始采用两拍一动的慢动作,随着动作掌握熟练程度的提高,可一拍一动,或者采用变换节奏的做法。

(2)改变动作幅度。动作幅度的大小,直接影响运动负荷的大小,因此改变动作幅度能较好地起到调节运动量的作用。如肩绕环可以用小绕环或大绕环,后者幅度显然大于前者,其对身体的影响也就更明显。

(3)改变动作方向。动作有前、后、左、右、上、下6个基本方向,除此还经常运用向内、向外和向斜的方向来表现动作。由于动作方向不同,影响的肌肉群也不同,方向的变化能够使动作连接得不呆板,有新意。

(4)改变开始姿势。改变开始姿势不但使同一基本动作不至于千篇一律,而且能增加动作的新颖度和难度。

(二)健美操基本动作

健美操基本动作分别是:头颈、肩部、胸部、腰部、髋部、腹部、上肢、下肢等部位的动作。

1. 头颈部动作

(1)头颈屈。做练习时,上体保持不动并探颈。如图8-19所示。

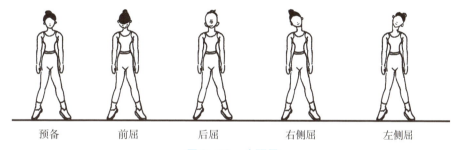

图 8-19 头颈屈

(2)头颈转。做动作时,头要正,不能抬下颌。

(3)头颈绕和绕环。颈部肌肉及韧带要相对放松。如图8-20所示。

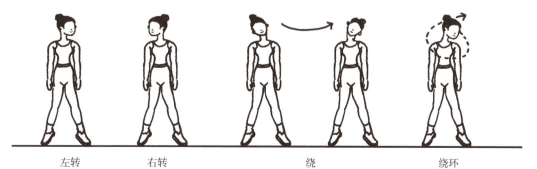

图 8-20 头颈绕和绕环

2. 肩部动作

（1）提肩和沉肩。颈与头不能向前探，上体不摆动，如图 8－21 所示。

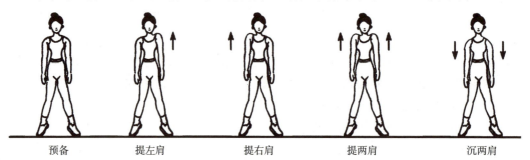

图 8－21　提肩和沉肩

（2）肩绕和绕环。肩绕和绕环是指以肩关节为轴做小于或大于 360°的弧形或圆形运动。注意肩部肌群放松，大幅度绕环。如图 8－22 所示。

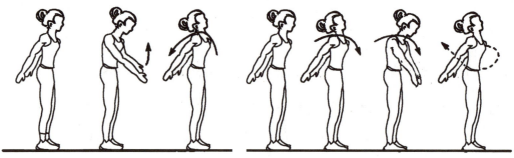

图 8－22　肩绕和绕环

3. 胸部动作（如图 8－23 所示）

（1）含胸。动作要缓慢，速度要均匀。

（2）展胸。展胸指挺胸肩外展，向上展胸时下塌腰。

图 8－23　胸部动作

4. 腹部动作

（1）下腹练习。仰卧，腿伸直和绷脚面；下腹肌发力，将腿向上举起；随后将腿放下，腿与地面约成 15°。手臂与上体不能离地。

（2）上腹练习。仰卧，腿伸直，绷脚面；上腹肌发力将上体拉起成坐姿；随后使上体从下至上逐步着地。练习时脚不能离地。

（3）全腹练习。仰卧，脚伸直，绷脚面；整个腹肌发力，将上体和腿拉起，双手抱膝；上体和腿同时着地成仰卧。

（4）综合练习。仰卧、抱颈、屈膝、两腿分开；腹肌发力头离地；上体离地，两手臂插于两腿中间；上体完全立起；随后脊柱及腹肌相对放松，顺势躺下。要用腹肌发力，将上体一节一节地拉起。

5. 腰部动作

（1）腰屈。动作有腰前屈、后屈和左右侧屈。
（2）腰绕、绕环。动作有腰的左、右绕和绕环。

6. 髋部动作

（1）顶髋。动作有：前、后、左、右顶髋，如图 8-24 所示。

图 8-24 顶髋

（2）提髋。动作有：髋左、右侧摆，同侧脚提起，如图 8-25 所示。

图 8-25 提髋

（3）摆髋。动作有：左、右侧摆。摆髋时，膝关节伸直，如图8-26所示。

图8-26 摆髋

（4）绕髋和绕环髋。动作有：向左、向右的绕髋和绕环髋，如图8-27所示。

图8-27 绕髋和绕环髋

（5）行进间正（反）髋走。行进间正（反）髋走是指顶髋方向与身体行进方向一致（相反）的移动动作。

7. 上肢部位的动作

（1）基本手形。常用的手形如图8-28所示。

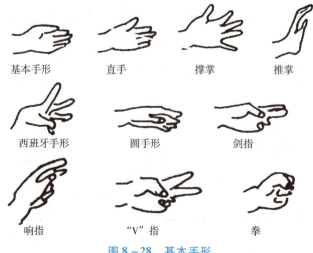

图8-28 基本手形

（2）屈臂。屈臂是指肘关节产生一定的弯曲角度，如图8-29所示。

图8-29 屈臂

（3）举臂。以肩为轴，臂的活动范围不超过180°，停止在某一部位的动作，如图8-30所示。

图8-30 举臂

（4）绕环。臂以肩为轴，向不同方向做圆形运动，如图8-31所示。

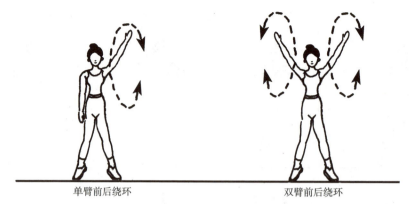

图 8-31 绕环

（5）振臂。以肩为轴做臂的加速度摆至最大幅度，如图 8-32 所示。

图 8-32 振臂

8. 下肢部位的动作

（1）脚与腿的基本位置。包括直立、开立、点地立、提踵立、弓步、蹲等。如图 8-33 所示。

图 8-33 脚与腿的基本位置

（2）腿屈伸。膝关节由直成屈，再由屈伸直的动作。做原地屈伸动作时，身体重心不能前后移动，如图 8－34 所示。

图 8－34　腿屈伸

（3）抬腿。一腿支撑，一腿屈膝高抬，如图 8－35 所示。

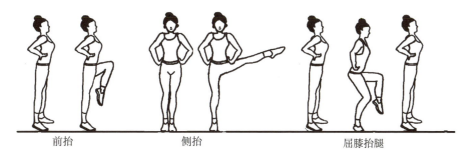

图 8－35　抬腿

（4）踢腿。腿要伸直，绷脚面，身体不可晃动，如图 8－36 所示。

图 8－36　踢腿

9. 基本步伐、跳步、跑步、转体、波浪动作

（1）步伐。基本步伐有柔软步、提踵步（足尖步）、并步、垫步、弹簧步、滚动步、十字步等。

（2）跳步。跳步有开合跳、并步跳、提膝跳、钟摆跳、射燕跳、翻身跳、挺身跳、转体跳、弹踢跳、跨跳、交换腿跳、弓步跳等。

（3）跑步。跑步有摇臂、摆臂、屈伸臂等各种姿势不同方向、不同形式的跑，如跑十字、跑圆弧等。

（4）转体。有平转和单足转。

（5）波浪。波浪是指身体各环节依次而连贯的屈伸动作。有手臂的波浪（单、双臂）、躯干波浪（前、后、侧）、全身波浪。

（三）健美操基本动作练习时应注意的问题

1. 动作的规范性

动作的规范性建立在动作的标准性上。因此，练习时肢体的位置、方向及运动的路线一定要准确。此外，注意动作速度、肌肉力度和动作幅度，使肌肉充分拉长与收缩，只有这样才能达到动作的整体效果。

2. 动作的弹性

动作富有弹性是健美操特点之一。动作的弹性所涉及的身体部位有踝关节、膝关节、髋关节、肘关节、肩关节以及脊柱。在练习时应注意，肌肉的收缩与放松要有控制，使动作富有弹性，节奏均匀，避免动作过分僵硬和关节的过度伸展。在进行高冲击有氧练习和力量性的练习时，应注意调整好呼吸，使健美操运动达到完美的最佳效果。

3. 动作的节奏感

掌握好动作的节奏对健美操运动非常重要。练习者要想表演出较好的动作节奏感，必须具有一定的肌肉控制能力、音乐节奏感及动作的完成能力。因此，在开始练习时，要重视开发、训练学生的动作节奏感，使他们在听懂音乐节奏的基础上慢慢掌握动作的节奏感。

健美操——全民健身的利器

2019年11月18日，第八届全国全民健身操舞总决赛在深圳市龙岗区拉开帷幕。该赛事是国家体育总局立项的大型群众体育赛事，大赛比赛项目包含有氧健身操（舞）、时尚健身课程、街舞、民族健身操（舞）、广场健身操（舞）5大类，70多个小项，是迄今为止覆盖地域最广、参赛人数最多、年龄跨度最大的单项全民运动赛事。2014全国20个省市（北京、上海、天津、山东、浙江、江西、山西、福建、河南、湖北、宁夏、四川、青海、贵州、云南、广东、河北、广西、辽宁、海南）共约3万名运动员参加了本届大赛的分区赛，总决赛参赛人员超过1万人。间接参与者及密切关注者超过100万人，影响覆盖超过1亿人。

 探索与思考

1. 简述健美操的基本动作和要求。
2. 在实践中最容易忽视动作练习注意事项的哪一点？想一想为解决该问题应进行何种训练？

模块九　游泳运动

🌸 模块导读

　　游泳运动不仅是一种健身手段，也是一种求生技能，有很强的实用性。本模块向同学们介绍游泳运动中最常见的两种泳姿：蛙泳和自由泳。蛙泳是入门者最先习得的泳姿，也是四种泳姿中最传统的，极具健身锻炼之作用。除蛙泳的基本技术要领和岸上水上的练习方法之外，第一节的最后还特别分析了两种实用的水中技能：反蛙泳和踩水。第二节主要分析自由泳的技术动作和练习方法，自由泳是四种泳姿中运行速度最快的，是典型的游泳竞技项目。掌握自由泳和蛙泳对日后进一步学习仰泳和蝶泳及翻滚式转身有很大的促进作用。

模块九 游泳运动

单元 9.1 蛙 泳

1. 掌握蛙泳的基本技术动作和练习方法。
2. 运用相关的基本知识和技术进行有效的自我锻炼。
3. 明确游泳安全的重要性，了解危险情况的应对方法。

小美的困惑

小美这学期选修了游泳课，已经学会了基本蛙泳技巧的她打算去游泳池考一个深水证，方便下次去深水区练习游泳。本以为深水证只需要双脚不落地连续游200米就可以，但工作人员告诉她还需要头露出水面，踩水20秒。为什么在深水区游泳还要学会踩水呢？踩水、反蛙泳这些水中技能有哪些实用的功能呢？学习了本章的内容，你就知道了。

一、蛙泳的动作要领

（一）身体姿势

游蛙泳时，身体呈水平俯卧于水中，两臂向前伸直，两腿自然向后伸直并拢，同时上体稍挺起，头略抬，使身体和前进方向成5°~10°角，这种流线型的姿势，既能减少前进的阻力，又可以充分发挥手、臂、腿的作用，加快游速。

（二）腿部动作

腿部蹬水动作是蛙泳推动身体前进和加强游速的主要动力。腿部技术有宽蹬和窄蹬两种，近年来大多数运动员都采用窄收窄蹬的技术，特点是：窄蹬腿距离窄，大腿收得少，收腿路线短，迎面阻力小，动作比较简单易学。

腿部动作可分为滑行、收腿、翻脚和蹬水4个动作阶段。

1. 滑行

可以说是蛙泳的开始姿势，当身体借助惯性力高速向前滑行时，两腿并拢向后伸直，身体成水平姿势，下肢放松，只靠腿部肌肉的适当收缩，把脚跟稍稍提向水面，为收腿做好准备。

2. 收腿

收腿是蹬腿的准备动作，路线要短，阻力要小，要为蹬水创造有利条件。收腿时两腿稍微内旋，使脚跟分开，膝关节随腿的下沉向前边收边分。收腿结束时，大腿和躯干之间角度为130°~140°，小腿尽量靠近臀部，并藏于大腿的投影之中，两膝的距离约与肩同宽，两脚掌几乎是平行向前收，靠腿的内旋使脚跟分开与臀部同宽。

3. 翻脚

为了延长蹬水的路线，随着收腿的结束，两脚应继续向臀部靠紧，大腿内旋使两膝内压的同时小腿向外翻，接着脚尖也向两侧外翻，使脚掌内侧正对蹬水方向。整个翻脚的动作是由内收腿、压膝、翻脚3个连贯动作组成。应当强调压膝是指大腿内旋，带动小腿外翻的过程。

4. 蹬水

蛙泳蹬水就像蹬池壁一样，要使蹬水方向向后由髋部发力，带动膝关节和踝关节，然后相继伸直。如用窄蹬动作，能利用小腿内侧和脚掌内侧的合力对水造成向前的推进作用力。另外，蹬水翻脚时大腿内旋造成膝内压，能带动小腿和脚向后蹬水，使蹬水形成一个有力的鞭状打水动作。

（三）臂部动作

蛙泳的臂部动作可分为滑行、抓水、划水、收手、伸臂5个连续的动作。

1. 滑行

伸臂结束后，身体向前滑行，这时两臂向前伸直，手指并拢，掌心向下，两手尽量接近水面，使身体在较高的位置上保持稳定，整个身体成为流线型。

2. 抓水

是滑行后进入划水前的动作，如果立即进入划水动作，其动作方向会向外下方，不仅不利于推进身体,还会造成身体过分起伏,所以从滑行到划水之间要有一个准备划水的抓水动作。抓水时,肩保持前伸,两臂内旋,使两臂和掌心转向斜外下方,屈手腕成150°~160°。结束抓水时,两臂和水平面及前进方向应为15°~20°,肘关节伸直。

3. 划水

抓水后紧接着划水。划水路线是向后偏外下方,划至与前进方向约成80°。划水时,肩部向前伸展,保持高抬肘的姿势。整个动作过程是肘高于手并前于肩,手带动前臂和上臂向后划水的过程中,肘关节的角度为120°~130°。

4. 收手

划水结束即开始收手。收手就是结束划水后,手掌在向内上移动的同时,上臂外旋,向前推肘的动作过程。收手时,要尽量把两臂收在身体的投影之中,以发挥划水造成的推进惯性作用,减少水对臂前移的阻力。

5. 伸臂

收手后继续推肘伸臂。推肘不是先伸肘关节,而是伸肩关节的同时伸肘关节。两手先向前上,再向前伸。两臂伸直后即恢复成滑行姿势。伸臂时不能有停顿的动作。

(四) 呼吸和完整动作的配合

蛙泳的呼吸方法有两种:一种是早吸气,另一种是晚吸气。早吸气是两臂抓水时抬头用力呼气,在划水过程中吸气,在收手过程中闭气低头,伸臂滑行时吐气。晚吸气是划水几乎结束时才开始抬头用力呼气,在两臂结束划水和收手过程中,身体达到最高点时吸气,结束收手时闭气低头,伸臂的后段直至划水过程中慢慢吐气。

二、蛙泳的练习方法

(一) 腿部动作练习

动作要领:收腿要慢,翻腿要充分,使脚掌、小腿和大腿内侧形成最好的对水面并向外、向内做弧形蹬夹水动作。练习方法如下:

1. 陆上模仿练习

(1) 坐撑在地上或池边,做收腿、翻腿、蹬夹水、并腿分解练习。
(2) 按上述动作做完整连贯动作练习。
(3) 俯卧在凳子或出发台上做上述动作练习。

2. 水中练习

（1）抓住池边做蛙泳蹬腿练习。

（2）蹬边滑行做蛙泳连续蹬腿练习。

（3）扶打水板做上述练习。

（二）臂部动作练习

动作要领：划水时收手要快，移臂要慢，保持动作节奏，明确划水路线，整个臂部动作应同时对称进行。练习方法如下：

1. 陆上模仿练习

（1）两脚原地左右开立，上体前倾，做蛙泳臂划水练习。

（2）按上述动作配合呼吸进行蛙泳臂划水练习。

2. 水中练习

（1）两脚前后开立，上体前倾，做蛙泳臂划水练习。可配合呼吸动作进行练习。

（2）由同伴抱住双腿，俯卧水中做上述练习。

（3）双腿夹打水板进行上述练习。

（三）完整动作配合技术练习

动作要领：臂的划水动作先于腿，即先臂后腿，收手抬头吸气、伸臂低头吐气，收腿要慢，蹬夹要快，保证动作节奏。练习方法如下：

1. 陆上模仿练习

（1）两臂伸直上举，一脚站立，另一脚抬起，做腿、臂、呼吸完整配合模仿技术。

（2）两脚前后开立，前脚站立，后脚抬起，做蛙泳完整动作配合技术练习。

2. 水中练习

（1）蹬边滑行俯卧，做蛙泳腿臂连续配合技术练习。

（2）按上述动作，逐渐增加呼吸次数，最后，过渡到1∶1∶1完整动作配合技术。

（3）增加练习距离，熟练和巩固蛙泳技术。

三、反蛙泳和踩水

(一) 踩水

踩水时头在水面上，身体垂直立于水面。腿部动作接近蛙泳腿，动作频率比蛙泳快。收腿时膝关节内扣，蹬腿时脚掌向侧下方蹬出，同时向内夹水，两腿未蹬直时再次收腿。双手既可屈臂露于水上，也可屈臂在腰部两侧，掌心向下，连续地做向外、向内的八字形划水动作。如遇深水区呛水，泳镜进水时，踩水能帮助我们及时停下，头露出水面略做调整。

(二) 反蛙泳

反蛙泳，即身体仰卧水中，两腿同时向后蹬夹腿（近似蛙泳），两臂在体侧同时向后划水或不划水。反蛙泳主要靠腿部力量，双臂可以休息，最关键的是反蛙泳时头可以一直露于水面正常呼吸，比较节省体力。反蛙泳的实用价值很大，必要时可以拖带物品或溺水者。

反蛙泳仰卧于水面，两臂置于体侧或头上。收腿时大腿尽量不动，膝关节内扣，小腿向侧下方收；出腿时翻脚外蹬，小腿向侧前蹬，直至两腿并拢。腿始终置于水下，不要出水。两臂同时于肩前入水，抱水，屈肘向后推水。反蛙泳的臂腿配合要领是移臂时收腿，划水时蹬夹腿。划水和蹬腿结束后身体要自然伸直向前滑行。

 总结案例

泳坛天才珍妮·汤普森

珍妮·汤普森不仅是美国优秀的游泳运动员，也是奥运历史上最优秀的游泳运动员之一。从1992年到2004年，她连续出征4届奥运会，总共收获了12枚奖牌，8枚金牌。从小，汤普森就展现出过人的游泳天赋，14岁就夺得泛美运动会50米自由泳金牌。1992年的巴萨罗那奥运会上，她在4×100米自由式接力和4×100米混合式接力中获得金牌。1996年亚特兰大奥运会，她又获得了3枚金牌。2000年悉尼奥运会，她将3枚金牌收入囊中。2004年，此时她已经31岁，仍然帮助美国队的游泳接力获得了两块银牌。

 探索与思考

1. 蛙泳时蹬腿的方向朝那里？手脚的动作要领是什么？
2. 反蛙泳和踩水有什么实际的作用？

单元9.2 自 由 泳

学习目标

1. 掌握自由泳的基本技术动作和练习方法。
2. 掌握单边换气和双边换气的技术动作。

导入案例

自由泳的动作

小哲同学已经熟练掌握了蛙泳，打算自学自由泳。他模仿平日里看到的自由泳的动作，手臂在空中画出一个大大的半圆，也试图在水下画出半圆。旁边的救生员走过来，轻声提醒他说："小伙子，你的自由泳动作错了。不是画圆，是推手抬臂。"小哲游得很费劲，可总也游不远，也意识到自己的动作有问题，就向救生员虚心请教："那您可以教教我吗？"你是否正确掌握了自由泳的技术动作？

一、爬泳（自由泳）

爬泳是身体俯卧水中，依靠两臂轮换划水，两腿上下交替打水向前游进。这种姿势的两臂轮换划水很像爬行，所以称为爬泳。自由泳是指运动员可以自由选择泳姿，但因为爬泳的速度最快，所以参赛运动员都选择爬泳参加自由泳比赛。久而久之，爬泳就被称为自由泳。

（一）爬泳的动作要领

1. 身体姿势

游爬泳时，身体平直地俯卧在水中，身体的纵轴与水平面保持3°~5°角，微微

抬起,这种平直的姿势能缩小前进时截面,有助于减少阻力,颈部自然后屈与水平面成20°~30°角,两眼注视前下方。两臂轮换前伸向后划水,两腿上下交替打水。身体保持平直,既不要收腹提臀,也不要挺胸塌腰,但在游进中身体可以绕身体纵轴有节奏地转动,这种转动一般在35°~45°角之间。

2. 腿部动作

爬泳的打腿,主要使身体保持平衡,有利于划水,在整个爬泳的配合技术中有着重要的作用。爬泳的打腿是两腿不停地上下交替摆动。向下时,腿自然伸直,用髋关节发力,大腿带动小腿,打水的幅度,一般两腿间差距30~45厘米。向下打水时,动作要快而有力,向上提腿时应放松一些。在向下打水时,由于惯性作用,此时小腿仍继续向上移动,而使膝关节有些弯曲,弯曲一般在140°~160°角之间。在打水时,脚尖自然伸直,在向下打水时,两脚应自然向里转一些。

打水的次数,一般是一个完整的划臂动作配合6次打水,但也有人采用4次。

3. 臂部动作

爬泳的手臂动作是产生推进力的主要动力。整个手臂动作可分为入水、抱水、划水、出水和空中移臂五个不可分割的部分。但是它们之间并没有明显的界限,而是一个完整的动作。

(1) 入水:在完成空中移臂后,手应向前,自然放松地入水,入水点,一般在身体纵轴和肩关节的前方延长线之间。入水时手指自然伸直并拢,通过臂内旋使肘关节抬高,弯成130°~150°角,使肘关节处于最高点,掌心斜向外下方。这种姿势阻力较小。

(2) 抱水:臂入水后,手掌从向斜外下方转向斜内后方,并开始屈腕、屈肘,并保持高抬肘姿势。抱水时,上臂和水平面约为30°角,前臂与水平面约为60°角,手掌接近垂直对水,肘关节屈成150°角左右,整个手臂像抱个圆球似的。

(3) 划水:划水是整个臂部动作产生推进力的主要环节。在抱水的基础上,划水时臂与水面成35°~45°角。开始划水时,屈肘为100°~120°角。此时前臂移动快于上臂,当划至肩下垂直面时,屈肘90°~120°角。前臂迅速向后推水至侧腿旁,结束划水。在划水过程中,手掌微凹。

(4) 出水:划水结束后,臂借助推水后的速度惯性,利用肩三角肌、肩带肌的收缩及身体沿纵轴的转动,将肘部向上方提起,并迅速将臂部提出水面,这时臂部和手腕应柔和放松。

(5) 空中移臂:是臂部在一个划水周期中的休息放松阶段。移臂时,肘稍屈,保持比肩和手部都要高的位置,不要直臂侧向挥摆,也不要以手来带动臂完成屈肘移臂,这样动作紧张,而且也不正确,还达不到放松的目的。

(6) 两臂配合:爬泳两臂是否协调配合,是前进速度均匀性的重要条件。

4. 呼吸与臂部动作的配合

爬泳的呼吸是利用头向左侧或右侧的转动,用嘴进行呼吸的。如以向右呼吸为例:右手入水以后,嘴和鼻开始慢慢地呼气,划至肩下向右侧转头,呼气量开始增加,当右臂推水即将结束,呼气量进一步加大。右臂出水时,马上张嘴吸气。移臂到一半时,吸气就结束,并开始转头复原。此时,又闭气,继续转头和移臂,脸部转向前下方。头部姿势稳定时,右臂又入水开始下一次划水。如此反复循环进行呼吸。

5. 呼吸和完整动作的配合

爬泳腿、臂、呼吸的配合动作,一般采用两手各划水一次,呼吸一次和两腿打水 6 次的配合方法。为了充分发挥手臂的作用,提高游进速度,也有采用两臂各划一次水,呼吸一次和两腿打水 4 次的配合方法。

(二)爬泳的练习方法

1. 腿部动作练习

(1)陆上练习。

①坐姿打水:坐在岸边或桌椅边上,两手后撑,两腿伸直,脚尖相对,脚跟分开成八字形。以髋关节为轴,大腿带动小腿,做上下交替打水动作。先可以做慢打水,然后可以做快打水的练习。

②坐池边,两脚放入水中打水,要求同上。

③俯卧在池边或长凳上,两臂前伸或弯曲抱住物体固定,两腿自然并拢伸直,做上下打水动作。

(2)水中练习。

①扶池槽打水:俯卧水面抓住水槽,可采用快速打水或慢速打水的方法。要求打水时,脚不出水面。也可用仰卧的方法,两手抓住水槽,身体仰卧水面,用仰泳腿部动作的练习,体会爬泳打水的方法,但必须注意膝盖不能露出水面。

②手扶浮板或救生圈打水。方法要领同前。

③脚蹬池臂滑行打水。打水方法按腿部动作要领做。

④练习者由同伴拉着,做原位或后退行走的打水练习。

2. 臂部动作练习

(1)陆上练习。

①身体站立,上体前屈两臂伸直平举,做单臂的抱水、划水、出水、空中移臂、

入水的模仿动作。

②双臂的配合：原地站立，上体前屈，两臂伸直前平举做左（右）臂抱水、划水、左（右）臂出水、空中移臂入水。

（2）水上练习。

①站立水中，上体前倾，做手臂的划水练习。动作按臂部动作要领做。

②上体前倾入水做水中走动的动作练习。

③在水中用两腿夹板做臂的划水练习。

④自己蹬池臂滑行后，做手臂划水的练习。

3. 呼吸动作

（1）陆上练习。

①臂腿配合：体前屈站立，两臂前伸，做脚尖不离地两膝轮流前屈的踏步，并与二次划水配合。口令配合即1~3踏步，同时左臂划水一次；4~6踏步，同时右臂划水一次。

②单臂与呼吸配合：体前屈站立，做抱水动作，同时慢呼气，并向后划水、转头、用力呼气和吸气，然后做出水、入水动作，头转正时闭气。

③双臂和呼吸配合：体前屈站立，口令配合即1~3踏步，右臂划水一次，并配合呼吸、闭气、吐气、还原；4~6踏步，左臂划水一次，同时吸气、闭气、吐气、还原。

（2）水中练习。

①体前屈：脸部入水，在水中做呼气动作；转头时，用力吐气；吸气时，下颌靠近肩部；闭气还原。

②站立水中，上体前屈成水平姿势，头部放在水里。开始时，可以练习一臂划水与呼吸的配合；再练习两臂同时划水与呼吸的配合；也可以模仿向前游泳的姿势，两脚向前走动进行练习。

③练习者双脚由同伴扶住，身体俯卧在水中，做呼吸与两臂配合的动作。

4. 爬泳的完整技术配合

（1）滑行打腿，一臂前伸，一臂划水。划时不要太快，但划水路线要长，以推水为主。

（2）滑行打腿，两臂分解配合。

（3）滑行打腿，两臂轮流划水，做前交叉配合。

（4）臂与呼吸配合，滑行打腿，单臂划水，向同侧转头呼吸。掌握后再做两侧呼吸。

（5）完整配合游。距离可以逐渐加长，在长游中改进和提高技术水平。

孙杨：再破世界纪录

2011年7月16日，世界游泳锦标赛在上海东方体育中心拉开帷幕。在最后一个比赛日，也就是7月31日，中国选手孙杨在1 500自由泳的赛场上以14分34秒14夺冠，打破哈克特保持10年之久的世界纪录，为中国男队夺取首枚奥运项目的世锦赛金牌，成为本届双冠王。2012年伦敦奥运会中，孙杨以14分31秒02的成绩摘得金牌，并再次打破一年前自己创造的世界纪录。孙杨是泳坛的传奇。

 探索与思考

1. 自由泳换气时头大致偏转到什么位置？手臂在水下是什么姿势？
2. 下水之前要进行哪些岸上练习？

模块十　冰雪运动

模块导读

　　冰雪运动是北方广大学生非常喜欢的一项冬季户外运动,有效地开展冰雪运动可以使学生感受到冰雪运动的乐趣,促进学生心血管和呼吸系统机能的改善,增强腰、腹及腿部肌肉的力量和关节的灵活性,从而全面提高身体机能;经常参加冰雪运动可以有效地增强学生抗寒、耐寒能力,提高人体的平衡能力,培养学生勇敢、顽强、不畏困难的良好品质。本模块介绍了冰雪运动的起源与发展、项目分类、运动装备及基本技术,使学生对冰雪运动有了一个初步的认识,指导学生学习冰雪运动的基本技术,帮助学生解决学习中出现的重点与难点,预防运动损伤的发生。

单元10.1 滑冰运动

1. 了解滑冰运动项目基本情况。
2. 掌握滑冰运动前的准备工作。
3. 运用滑冰运动的基本技术。

悬疑丛生，中国女队痛失冬奥银牌

2018年2月20日的韩国平昌，短道速滑女子3 000米接力赛正在进行。谁都没料到这场比赛有着充满争议的结局。中国、韩国、加拿大三支强队参与的这场决赛，充满了悬疑和刺激：韩国队第一个冲过终点拿到冠军，而第二个冲过终点的中国队被判犯规，没能站上领奖台。根据电视画面回放，中国队并没有明显的犯规动作，反倒是韩国队在倒数第五圈时交接棒有人摔倒，影响到了旁边加拿大队的交接棒。然而就在四位中国姑娘已经披好国旗，准备庆祝这枚来之不易的银牌时，中国队和加拿大队双双被判犯规、取消比赛成绩。中国短道速滑队主教练李琰赛后与裁判长进行沟通，并表示已提出申诉，而国际滑联有关负责人驳回了中国队的申诉，理由是提交申诉的截止时间是比赛结束后的30分钟，而中国队的申诉提交时间超时。

一、滑冰运动的缘起和发展

滑冰运动起源于荷兰。11至12世纪的荷兰、英国、瑞士一些国家就有脚绑兽骨，手持带尖木棍支撑冰面向前滑行的记载。13世纪中叶，荷兰出现一种镶嵌在木板上的铁制冰刀。1572年苏格兰人发明全铁制冰刀。17世纪后，这种最初的冰上运输形式逐渐发展成为一种运动项目。19世纪末和20世纪初，一些冰雪运动如滑雪、滑雪橇、滑冰、冰球等项目在欧美国家逐渐得到普及和发展。1887年挪威成立了世界上第一个滑雪俱乐部。1890年加拿大成立了世界上第一个冰球协会。1892年国际

· 234 ·

滑冰联盟在荷兰成立。1893 年，在阿姆斯特丹举行了首届男子速度滑冰锦标赛。1908 年，法国成立了世界范围的国际冰球联合会。在冰雪运动日益普及的情况下，现代奥运会创始人顾拜旦建议单独举办冬季奥运会。

1908 年第 4 届夏季奥运会上增加了花样滑冰项目。1920 年第 7 届夏季奥运会上增加了冰球项目。花样滑冰和冰球加入奥运会后引起了观众的极大兴趣。正式的冬季奥林匹克运动会始于 1924 年。当时，在法国的夏蒙尼市承办了当时被称为"冬季运动周"的运动会，两年后国际奥委会正式将其更名为第 1 届冬季奥林匹克运动会。目前滑冰运动主要包括速度滑冰、花样滑冰和短道速度滑冰 3 种。

二、滑冰运动项目种类

滑冰运动是指运动员以冰刀为用具，以竞速或者技巧展现为目的，在人工或天然冰面上进行滑行动作的运动，包括速度滑冰、花样滑冰和短道速度滑冰 3 个项目。

（一）速度滑冰（speed skating）

速度滑冰简称速滑，是滑冰运动中历史最为悠久、开展最为广泛的项目。1763 年 2 月 4 日在英国首次举行 15 公里速度滑冰赛，从 19 世纪 80 年代开始举办国际性的比赛，并于此时进入中国，北方的普通民众开始在冰面上开展多种速滑项目以及各种速滑表演节目。1889 年在荷兰的阿姆斯特丹首次举办世界冠军赛，1892 年，15 个国家的代表在荷兰的席凡宁根成立了国际滑冰联盟（The International Skating Union，ISU），现在总部位于瑞士的洛桑，主要负责花滑与速滑等项目的推进，这是所有冬季项目的第一个组织。国际滑冰联盟建立了国际标准化的制度和章程，并组织国际化的冰上运动比赛，1893 年它主办了第 1 届世界男子速滑锦标赛，对加强各国冰上运动的联系起到了重要的作用。在国际滑冰联盟成立后，速度滑冰的发展也由此进入了新的时代，并于 1924 年进入冬奥会比赛项目。

男、女速滑分别于 1924 年、1960 年被列为冬奥会比赛项目。现比赛项目有男子 500 米、1 000 米、1 500 米、5 000 米、10 000 米；女子 500 米、1 000 米、1 500 米、3 000 米、5 000 米共 10 个小项。

（二）花样滑冰（Figure Skating）

花样滑冰起源于 18 世纪的英国，后在德国、美国、加拿大等欧美国家迅速开展。1863 年，被誉为"现代花滑之父"的美国人杰克逊·海因斯（Jackson Haines）将滑冰运动与舞蹈艺术融为一体，在欧洲巡回表演，丰富了花样滑冰的内容和形式。1868 年，美国的丹尼尔·梅伊（Daniel Mey）和乔治·梅伊（George Mey）首次表演了双人滑。1872 年，奥地利首次举办了花样滑冰比赛。1896 年，首次世界男子单人花样滑冰锦标赛在俄国彼得堡举行。1906 年，首次世界女子单人花样滑冰锦标赛在瑞士达沃斯举行；1924年被列为首届冬季奥运会的比赛项目，目前设有包括男、女单人滑，双人滑和冰上舞蹈4个比赛项目。

滑冰在中国有悠久的历史，《宋史》已有关于"冰嬉"的记载。元朝以后，冰嬉更为盛行。明代《帝京岁时纪胜》中有"冰床、冰擦"的记载，都是指在冰冻的江河湖泊上做滑冰游戏。清乾隆年间，画家沈源的一幅《冰嬉赋》图中有大蝎子、金鸡独立、哪吒探海等姿势。清末，专为慈禧观赏的北京北海花样滑冰表演中，已有双飞燕、蝶恋花等双人动作和朝天镫、童子拜佛等单人动作。那时民间的冰上表演有猿猴抱桃、卧鱼、鹞子盘云、凤凰展翅、摇身晃等动作。1930年前后，西方花样滑冰传到中国，北京、天津、哈尔滨、长春、沈阳等城市的学校，有些学生参加了花样滑冰运动。1935年，在北京举行的滑冰比赛会上，进行了花样滑冰表演赛。1942年冬，在延安的延河上举行了冰上运动会，表演了花样滑冰的图形和自由滑。1953年2月在哈尔滨举行了第1次全国冰上运动大会，花样滑冰被列为比赛项目。1979年10月，中国花样滑冰运动员参加了在日本举行的NHK杯国际邀请赛，1980年2月参加了第13届冬季奥林匹克运动会的花样滑冰比赛，1980年3月参加了第70届世界花样滑冰锦标赛。1992年，陈露先后夺得冬奥会第6名、世锦赛第3名，在世界舞台全面展示了中国花滑运动的新形象。此后几年，陈露在世锦赛上摘金夺银，1994年、1998年两届冬奥运连续夺得第三名，为中国花滑运动在世界赛场争得一席之地。从此中国选手成为世界花滑界的一支主要力量。2010年温哥华奥运会成为中国花滑选手夺金的见证地，申雪/赵宏博、庞清/佟健，这两对征战多届冬奥会的老将包揽了冠亚军，共同创造了中国冰雪运动的新辉煌。

（三）短跑道速度滑冰（short track speed skating）

短跑道速度滑冰简称短道速滑，起源于加拿大。19世纪80年代，加拿大修建室内冰球场，一些速度滑冰爱好者经常到室内冰球场练习。至19世纪90年代中期，加拿大的蒙特利尔、魁北克、温尼伯等城市相继出现室内速度滑冰比赛。1905年加拿大首次举行全国短道速滑锦标赛，后逐渐在欧美国家广泛开展。1969年加拿大在第33届国际滑冰联盟代表大会上，向与会代表散发了《短跑道速度滑冰规则》。1975年国际滑冰联盟成立短跑道速度滑冰技术委员会。1976年首次在美国伊利诺伊州的尚佩思举行国际短道速滑赛，1981年起举办世界短道速滑锦标赛。现有男子500米、1 000米、1 500米、5 000米接力，女子500米、1 000米、1 500米、3 000米接力共8个比赛项目。

短道速滑是所有滑冰项目中最为激烈、精彩的项目，观众的参与度极高。相对于速度滑冰，短道速滑属于短距离的竞技，选手之间的比赛在同一个赛道上进行，会出现抢位、碰撞、摔倒等现象，除了对运动员的身体素质有较高的要求，同时也需要有很好的起跑技术、抢位技术以及对局势判断的能力。

三、滑冰前基本准备

（一）选择适合的装备

在滑冰运动竞技比赛项目中，不同项目所需装备不尽相同。作为初学者，可根据天气、场地、活动量、活动目的等不同选择适合自己的装备。主要包括冰刀、服装和护具三大类。

1. 冰刀的选择

冰刀根据结构和运动特点大致可分为速滑冰刀、花样冰刀、冰球冰刀3类。其中速滑冰刀分为大跑道冰刀和短跑道冰刀，分别对应速度滑冰项目和短道速滑项目；花样冰刀根据冰上动作和刀齿及刀体形状又分为自由花样冰刀、规定图形花样冰刀、冰上舞蹈花样冰刀，以适应不同比赛内容要求；冰球冰刀分为守门员冰球刀和球员冰刀，其中球员冰刀针对比赛时球员急停、急转和加速滑行的需要进行了针对性设计，十分适合滑冰运动初学者的需求。虽然3类冰刀有不同之处，但滑行时蹬冰原理基本相似，就冰刀的结构特点来说，冰球冰刀和花样冰刀相对容易被初学者所掌握，速滑冰刀能够满足对滑行速度的追求，因此初学者可根据实际情况和自身需求自由选择适合自己的冰刀。

2. 服装的选择

在滑冰竞技比赛中，对各项目比赛服装有专门规定。其中速度滑冰个人比赛项目中要求运动员身穿专门的尼龙连体比赛服进行比赛；在速度滑冰集体出发、团体追逐比赛项目和短道速滑全部比赛项目中，要求运动员穿戴装备专用头盔、专用防切割比赛服、塑料或防切割材料护腿、防切割或皮质手套、防切割护颈和护踝、防护眼镜等专门装备。在花样滑冰比赛中，男子选手必须穿上衣长裤，不得穿露胸无袖上衣和紧身裤，女选手必须穿连衣裙或紧身长裤，但是不得穿上下分开的服装，前后裙子的长度要可以遮盖住臀部。所有项目运动员都可以在比赛服装中穿着起保暖作用的衣物，但是要求必须紧贴皮肤，不得遮挡住比赛服装或影响比赛服装的整体协调性。比赛中不得佩戴围巾、腰带等有可能对运动员带来不安全因素的物品。

对于初学者，以保暖、舒适和安全为原则。根据运动的场地环境，选择适合自己的服装即可。需要注意的是不要选择过于肥大的衣物，影响滑冰技术动作的发挥，也不要佩戴过长的围巾、过于坚硬的装饰物等有安全隐患的服饰。

3. 护具的选择

在竞技比赛中，针对可能出现的危险因素对运动员护具的穿戴进行了专门的规定。作为初学者,可根据实际情况,以保证安全、不过度浪费为原则,选择适合自己的护具。一般的建议是配备头盔、护腕、护肘和护膝作为基本护具。

(二)树立基本安全意识

滑冰运动在坚硬的冰面上进行,参与者穿着锋利的冰刀进行滑行,相对于其他运动项目而言危险性较大,因此要求初学者必须树立安全意识,防止意外的发生。

第一,上冰前要佩戴好安全护具,夏季应穿着长裤,身上不佩戴尖锐物品,以免摔倒后划伤。

第二,检查冰鞋是否穿着正确并系好冰鞋带,防止运动过程中发生冰鞋脱落等意外情况,造成自身和他人的危险。

第三,做好热身运动,使身体充分伸展,防止运动过程中发生挫伤、扭伤、拉伤等运动伤害。

第四,初学者在练习时当意识到要跌倒时,应尽量使自己的身体向前面或是侧面跌倒从而避免摔伤后脑。

四、滑冰的基本技术

(一)技术准备

1. 站立练习

两脚略分开约与肩同宽,两脚尖稍向外转形成小"八"字,两腿稍弯曲,上体稍向前倾,两臂伸向侧前方与腰同高,目视前方。站立时,身体重心要通过两脚平稳地压到刀刃上,踝关节不得向内侧或向外倒。

2. 平衡练习

初学者可先在陆地上、后在冰上进行基础练习。练习中,手扶栏杆或在同伴的扶持下,慢慢站直身体,使身体重心尽量落在两脚的冰刀之间,保持两脚不左右扭动,做好站立姿势。然后放开栏杆,逐渐体会身体重心在两脚冰刀上维持好平衡的感觉,再做一些原地提踵和原地踏步练习。

3. 小步走练习

冰上站立,两脚分开比肩稍窄,向前迈步。以脚上的冰刀内刃向侧后方蹬冰向前行,步子开始要小一点,慢点走,然后逐渐加快速度前行。小步走时,眼向前看,两臂稍分开放在体前侧,上体稍左右晃动,练习移动重心并体会维持身体平衡的感觉。如果双脚能借助惯性前滑时,这说明身体已经逐渐适应了滑行状态,初步具有了在冰上滑行条件下控制自身平衡的能力。

通过以上3项专门的适应性练习，初学者可基本学会使用冰刀，实现基本的技术准备，接下来便可以开始学习基本滑行技术。

（二）向前滑行技术

1. 双足向前滑行

上体直立姿势，目视正前方，手心向下，两臂向侧前方伸展，双足稍分开，与肩同宽，两只冰刀平行站立。在蹬冰时，首先双膝微屈，然后将重心移至右足，用右足刃前半部分向侧方蹬冰。在完成蹬冰动作后，迅速将蹬冰足收回原位置，将重心放在双足之间，形成双足向前滑行动作，然后再换另一足蹬冰，做同样双足滑行动作。如此反复交替至比较熟练。

2. 单足蹬冰，单足向前滑行

在比较熟练地掌握了单足蹬冰，双足向前滑行动作后，可以进行单足蹬冰、单足滑行的练习。其准备姿势同前，只是在蹬冰时，身体重心要确实移到滑足上，在蹬冰结束后，要保持重心不变和单足向前滑行姿势，此时蹬冰足应尽快放在滑足足跟后，以保持重心平稳。初练时可以一拍蹬冰一拍滑行，双足交替进行练习。经过一段练习，重心保持较稳后，可以做一拍蹬冰、二拍滑行或三拍滑行。最后可以做一次蹬冰，尽量坚持一次滑行的长度，这样做既可以提高身体保持平衡的能力，也可以练习增加蹬冰力量。

3. 双足向前弧线滑行

以右足蹬冰，双足向左前弧线滑行为例进行说明。双足呈丁字型站立于冰面上，左足在前，右足在后，双膝微屈，用右足冰刀内刃前部做蹬冰动作，此时身体重心稍向前移至左足外刃一侧，蹬冰后右足尽快回到左足内侧，呈双足滑行姿势，用左前外刃和右前内刃双足向左呈弧线滑行。在滑行中身体重心应稍偏于左足，右足前内刃起支撑协助滑行作用。身体纵轴稍向左倾，两臂自然伸向身体两侧，左臂稍向后，右臂稍向前，这样便于向左呈弧线滑行。用同样的方法，相反的姿势和动作，做左足蹬冰，双足向前右侧弧线滑行。

在练习以上滑行动作时，要注意身体不能转动过急，身体纵轴倾斜角度不能过大，在练习中要充分体会双足内外刃的用力和重心移动，以便为下一个技术动作打下一个基础。初练时，速度不能过快，伴随着技术的熟练，可以适当加速，加大倾斜角度和弧线的曲度。初学者弧线的曲度以圆的直径为5～7米为宜。

4. 单足向前弧线滑行

准备姿势和技术动作与单足蹬冰、双足向前弧线滑行相同，不同之处在于：在蹬冰后应立即将重心移至滑行足，蹬冰足应尽快放在滑行足足跟后，足尖向下，呈单足向前弧线滑行姿势。由于是单足滑行，身体重心完全落在滑足冰刀上，身体倾斜要比双足弧线滑行大一些，两臂应发挥调节平衡的作用，切忌转体过急，造成重心不稳，两侧交替进行练习。在练习熟练后，可以逐步在熟练的基础上适当加大单足滑行的时间和距离，为单足半圆滑行打好基础。

5. 前交叉步滑行

前交叉步分左前外－右前内交叉步和右前外－左前内交叉步。以前者为例，双足平行站在冰上，首先用左足前内刃蹬冰，在前外刃滑行，身体向左倾斜，左臂在后，右臂伸向前，然后将右足经左腿前交叉放在左足前方，同时重心由左足移至右足，呈右前内刃滑行，并用左前外刃向右后侧方蹬冰，右腿屈曲，左腿伸直，两腿呈交叉状，如此反复蹬冰和滑行便形成了左前外－右前内交叉步滑行。

（三）向后滑行技术

1. 双足向后滑行

在练习双足向后滑行时，首先要双足平行站在冰上，由左足或右足内刃做原地向后蹬冰练习，蹬冰动作要与臀部和腰部的摆动协调配合，然后再练习向后双足滑行动作。双足平行站立，用左后内刃蹬冰，重心稍向右足移动，用腰部、臀部及两臂的摆动配合滑行，然后再用右后内刃蹬冰，做相反的动作向后做双足滑行。如此交替蹬冰和向后滑行，便形成了两条平行的曲线。

2. 单足向后滑行

准备姿势同单足蹬冰、双足曲线向后滑行，蹬冰方法和动作也完全相同，只是在完成蹬冰动作后，立即将身体重心移至滑行足，蹬冰足立即抬离冰面，放在滑足前方线痕之上，形成单足向后滑行动作，两臂在身体两侧协助保持平衡，两足交替上述动作，便形成单足交替蹬冰和滑行动作。

3. 双足向后弧线滑行

左后外刃蹬冰后，双足靠近呈右后外刃、左后内刃双足滑行，身体向右倾斜，右臂向右，左臂向左，左臂在前，头转向右后方。用同样的方法，相反的动作和姿势，做右后内刃蹬冰，双足（右后内刃、左后外刃）向右后呈弧线滑行。

4. 单足向后弧线滑行

用左后内刃蹬冰，并立即将身体重心放到右足后外刃上，形成右后外刃单足弧线滑行，此时，蹬冰足应尽快抬离冰面，放到滑足前滑线之上，右臂向后，左臂向前，头向右侧，滑腿微屈。用同样的方法，相反的动作和姿势，做右后内刃蹬冰，左后外刃弧线滑行。

（四）停止技术

1. 内"8"字停止法

在获得一定的向前滑行速度后，两脚平行分开滑冰，随后脚尖内转，两脚以内刃柔和地压紧冰面，同时两腿弯曲，上体稍前倾，臀部后坐，两臂前伸，维持身体平衡，这样就会逐渐减速至停止。

2. "T"形停止法

单脚向前滑行开始，浮足在滑行脚的后跟处成"T"形放好后，用浮足内刃放在冰面上柔和地压紧冰面，减缓滑行速度至停止。

3. 双脚急停法

在向前滑行时，两脚同时做顺时针（或逆时针）方向急转，左脚以内刃、右脚以外刃与滑行方向成 90 度角压紧冰面，同时身体向右急转，重心移至右腿上两膝弯曲，两臂前侧伸，即可使身体停止下来。

4. 向后滑行急停法

由于花样滑冰鞋底的冰刀前缘有刀齿，所以在向后滑行的过程之中，只要抬起脚跟做提踵动作，冰刀的刀齿就会起制动性摩擦冰面的作用，从而达到降低滑行速度停下来的目的。做刀齿摩擦冰面的同时，注意身体要稍前倾，两臂侧举维持平衡。

总结案例

用实力让黑手"无从下手"

2018 年 2 月 22 日晚，平昌冬奥会短道速滑男子 500 米决赛上演，中国选手武大靖一骑绝尘，1/4 决赛即打破世界纪录的他，顶住重重压力，没有给韩国队任何机

会，以39秒584的成绩再次刷新自己刚创造的世界纪录和奥运纪录，获得冠军，为祖国拿下该届冬奥首块金牌！这个冠军赢得没有一点瑕疵，让所有对手和观众心服口服，让幕后操纵者"无计可施"。中国队，用实力说话，凭实力夺冠！

 探索与思考

1. 滑冰初学者应该如何选择冰鞋？
2. 有几种向前滑行的方式？试着在实践中体验，找到最擅长的方式。

单元 10.2 滑雪运动

1. 了解滑雪运动的缘起和发展。
2. 熟悉滑雪运动的场地、设施和装备。
3. 掌握滑雪运动的基本入门技术。

跨界堪比专业，全国冠军险胜小提琴天后

  2014年2月，索契冬奥会女子高山滑雪超级大回转项目比赛中，时年35岁，身穿87号滑雪服，体重仅48公斤的华裔知名小提琴演奏家陈美，作为当届冬奥会高山滑雪项目中年龄最大、身材最娇小的选手，代表泰国参赛并且成功完赛，演绎了一场跨界传奇。她在第一轮滑出了1分44.86秒的成绩，列第74名；在第二轮滑出了1分42.11秒，最终总成绩3分26.97秒排第67名，这一成绩比冠军慢了50.10秒。而在同场比赛中，代表中国参赛的全运会冠军夏丽娜仅比陈美快11.35秒，排名第66位，取得险胜。尽管奥运会9个月后，陈美所取得的索契冬奥会参赛资格受到国际滑雪联合会质疑并且展开调查，但是在这场同场竞技中，陈美的跨界参赛堪比全国冠军的表现，仍然凸显中国滑雪运动发展任重道远的现状。

一、滑雪运动的缘起和发展

（一）滑雪运动的缘起

  关于古代滑雪运动的起源，目前有两种主流观点。一种观点是世界雪坛（特别是欧洲）不少人把挪威称之为"滑雪的故乡"；另一种观点认为中国的阿勒泰地域是人类滑雪运动的发源地。

无论哪种观点，都一致认为最早的滑雪活动是人们为了利用雪、征服雪而作为行走、狩猎、运输、战争等内容的手段，大约开始于公元前2500年以前。滑雪的踪迹最早可以在西伯利亚贝加尔湖以南的阿勒泰地域的历史记载中见到。在挪威的山洞岩石上也发现了刻有穿滑雪板的人体雕刻。最早的滑雪器具可能是人们把"雪踏"形状的器具用皮条绑在脚上，这主要是为了不陷进雪中，进而作为在雪面上走滑的用具。

公元前4世纪，希腊历史学家在小亚细亚旅行时，见到有关记载说，亚美尼亚山民穿着原始的雪靴，就如同在马脚上扎上布袋一样在雪上走滑。在中国古代地理书《山海经》的第十八卷《海内经》中曾有如下记载"有丁令国，其民自膝以下有毛，马蹄善走"，这是有关中国滑雪的最早论述，所谓丁令国，即在贝加尔湖以南直至阿勒泰山一带从事游牧的我国北方的一个民族。此外，在中国的古籍《魏志》卷三十五的末尾曾指出"北丁令有马胫国，其人严似雁鹜，自膝以上身首为人，膝以下有毛，有马胫、马蹄，不骑马而能奔驰，驭马更快，为人勇猛善战"。这段文字也清晰地描绘了奔驰雪上的古代人形象。

（二）现代滑雪运动的发展情况

现代滑雪运动被公认为起源于欧洲。20世纪初叶，伴随人类社会的进步，经济、科技的发展，滑雪运动冲破了原有的局限，经过近代哺乳、跳跃式登上了现代的历程。现代滑雪运动在场地建设、器材设备的研制、技术理论的探讨、参与的人口等各领域得以全面发展，竞技滑雪、滑雪旅游在近几十年处于突飞猛进的发展之中。当代滑雪的重心在欧洲，大众参与程度可谓达到登峰造极的高度，其次是北美的美国、加拿大及亚洲的日本，目前世界五大洲都开展了滑雪运动。

（三）我国滑雪运动的发展情况

我国的近代与现代滑雪运动发展缓慢，近代滑雪是20世纪二三十年代从俄罗斯及日本传入，并在部分地区零星开展。1957年我国组织了第一次全国性的滑雪比赛，从此拉开了新中国近代滑雪运动的序幕，以东北地区为代表陆续开展了滑雪运动。由于受到自然条件和经济不发达的制约，发展速度缓慢，而且多局限于竞技滑雪领域。我国于1980年第13届冬奥会才首次参加冬奥会，就此开始实现现代滑雪的起步。

改革开放以来，群众性的旅游休闲滑雪自20世纪末期逐步开展，中国的滑雪产业已成为朝阳产业，1996年之后的不足十年间，滑雪场的数量与滑雪人口迅猛增加。目前全国有超过20余个省级行政区域开展了大众滑雪运动，并且以迅猛速度发展。

目前，中国的竞技滑雪运动除空中技巧项目已获得冬奥会银牌及多次世界杯冠军，冬季两项除女子成绩突出外，其他诸多滑雪项目及滑雪领域较国外滑雪运动水平先进的国家存在着很大的差距。

二、滑雪运动的分类

滑雪运动是指人们以各类雪板为用具，以竞速或者技巧展现为目的，在人工或天然雪面上进行滑行动作的运动。

（一）滑雪运动的分类

按照滑雪的目的和功能可将滑雪运动分为实用滑雪、竞技滑雪、娱乐滑雪、冒险滑雪四类。

1. 实用滑雪

实用滑雪是滑雪最初的功能，作为一种运输方式和手段与人类社会生产密切联系，目前已经被竞技滑雪、大众滑雪和冒险滑雪所替代。

2. 冒险滑雪

冒险滑雪也称为探险滑雪、特殊滑雪，是部分狂热的爱好者为了超越自我、征服大自然而开发的一种特殊滑雪运动，包括极限滑雪、定向滑雪、登山滑雪等。

3. 竞技滑雪

竞技滑雪以竞赛为目的，是现代滑雪发展的产物，作为冬奥会项目，形成了完善的体系，包括高山滑雪（国外称阿尔卑斯滑雪）、越野滑雪、跳台滑雪、北欧两项、自由式滑雪、单板滑雪、冬季两项、登山滑雪等冬奥会和非冬奥会项目。

4. 娱乐滑雪

娱乐滑雪是以健身和娱乐为目的的群众性滑雪运动，也称为休闲滑雪或者大众滑雪，以高山滑雪、单板滑雪和越野滑雪为主。

三、滑雪运动的场地、设施和装备

（一）滑雪运动场地

滑雪场地根据项目不同，可以分为滑雪道、跳台、U形池和单板公园等不同种类、不同类型，大型的滑雪场可能囊括所有的滑雪场地类型，中小型可能包含一种或几种场地类型。目前世界上数量最多的是高山滑雪场地，一般是由初、中、高级雪道组成。我国也以高山滑雪场地为主。

(二) 滑雪运动设施

1. 索道

在滑雪场，人们通过索道往返于各种类型场地之间。索道是滑雪场的必备设备，每个滑雪场的雪道之间都由索道连接，根据不同的坡度和长度，可配置传动式索道，拖牵式索道，吊椅式索道以及吊箱式索道。

乘坐索道时，要注意以下几点：一是乘坐夹腿式拖牵索道时，双腿要夹紧身体，略微后仰，使身体重量直接作用在把杆上，在到达终点后，一定要先松开把手，再离开索道；二是乘坐托臀式拖牵索道时，上体和腿要伸直，身体略微后仰，使身体重量直接作用在拖杆上；三是在乘坐吊椅式索道过程中，应保持身体平稳，不能晃动，防止雪板或雪杖脱落，在下吊椅时，利用雪杖的撑动，迅速离开索道，以免被运行中的吊椅刮倒，同时也给后面的乘坐者让出下索道的位置。

2. 造雪机和压雪车

造雪机是把水高压喷射雾化后，通过外界冷空气的作用，将水雾变成雪的人工造雪机器，利用造雪机可以保证雪道雪量充足。

压雪车是修整滑雪场的专用车辆，具有平、推、压雪的功能，是保证滑雪的舒适性、安全性的机械。

(三) 滑雪运动装备

1. 滑雪板

不同项目所使用的滑雪板各不相同，可以分为高山滑雪、越野滑雪、自由式滑雪、单板等类型滑雪板。滑雪板由板头、板腰和板尾构成，滑雪板两端翘起，两侧由板刃包裹。滑雪板的长度、宽度、弧度、硬度决定了滑雪板的性能，雪板越长，滑行速度越快，越难控制，相反雪板越短，滑行速度越慢，越容易控制。

2. 固定器

固定器是连接滑雪板和滑雪鞋的装置，一般由金属材质构成，主要作用是将滑雪鞋固定在滑雪板上，次要作用是在滑雪者摔倒时可以使滑雪板自动脱落，避免人员受伤。固定器由前、中、后3个部分组成，前部和后部可以将滑雪板与滑雪鞋固定为一体，固定器可在横向外力过大，也就是侧摔时自动脱开，使雪板和雪鞋分离，以避免造成滑雪者的伤害。

3. 滑雪鞋

滑雪鞋对脚和踝关节有固定保护、保暖等作用。滑雪鞋的种类很多，从功能上可以分为竞技滑雪鞋和休闲滑雪鞋，都设有调整松紧的卡子和调整前倾角度的装置，用以连接滑雪板。

挑选滑雪鞋的号码，应根据脚的大小、技术水平和个人爱好等因素决定。穿鞋时要打开鞋面的卡子，穿完鞋后用脚跟踏地穿实，然后依次固定扣紧夹子及加固带，适度调节松紧穿。脱掉雪鞋时，先清除鞋面的覆雪，然后松开夹子和加固带，将脚从鞋内抽出，将鞋上夹子和加固带扣好即可。

4. 滑雪头盔和滑雪镜

滑雪头盔是硬质材质注塑而成的，款式多种。头盔的作用是当滑雪者失控跌倒后，保护头部不致被雪面或其他物体撞伤。在参加比赛快速滑行及在树林中穿行时必须戴用头盔。

滑雪镜一般有两种，一种是太阳镜，另一种是封闭式防风专用高山滑雪镜。滑雪镜主要有防止冷风对眼睛的刺激、防止紫外线对眼睛的伤害（直射或雪面反射）、保证滑雪者的视线正常、跌倒后不会刺伤眼睛和脸部、在光线暗淡条件下，起到增光的作用等功能。

5. 滑雪杖

滑雪杖的功能是支撑、加速、维持平衡、引导转变（点杖）。滑雪杖的杖杆部分由轻铝合金材料制成，上粗下细，有鞘度；其上端有握柄和握革，便于手握和防止雪杖脱落；其下端有杖尖，防止雪杖在硬雪撑插时脱滑，杖尖以上有圆形或雪花形雪轮，限制雪杖过深插入雪面。滑雪杖在选用时其高度应大致与肘部同高或略低些，初学者可再高一点，以便限制上体过分前弯曲。滑雪杖越轻越好，握革环状的大小可根据持杖者手的大小调节。

6. 滑雪服

滑雪服具有保暖、防风防水、吸汗耐磨等作用。选择滑雪服应注意，不能选择太大或太紧的服装，滑雪服的外料应选耐磨、防风防水的材料，内层应选保暖透气的材料，从颜色上看，最好选用与雪色反差较大的醒目颜色。

7. 帽子和手套

大众滑雪者选择佩戴滑雪帽，它的主要作用是头部的保温作用，避免耳部冻伤，预防感冒,可根据气温的冷暖变化情况选择厚或薄的滑雪帽,由于经常要用手去整理滑雪器材和持握雪杖,因此滑雪手套是滑雪者的必备用品,应当选择尽量宽大的滑雪手套,手套腕口要长,最好能将袖口套住,滑雪手套要保暖防水,并可以保护手部安全。

三、滑雪运动基本入门技术

从当前滑雪运动发展现状分析,高山滑雪作为娱乐滑雪的主要形式,同时也是竞技滑雪的主要项目,受到几乎所有滑雪爱好者的欢迎,无论从人数、器材、场地及设施等各个角度来看,都是滑雪运动的主体。因此,高山滑雪基本技术成为滑雪运动的入门技术。

(一)前导练习

1. 不着雪板的练习

穿上雪鞋后,由于雪鞋的鞋勒较高,踝关节的可动性很小,活动受限,为了尽快适应雪鞋及提高对雪的兴趣,可进行不持雪杖只穿着滑雪鞋的各种游戏通过各种游戏及活动,使练习者在不知不觉中提高对雪鞋的适应性,增强对雪的兴趣。在此基础上两手持雪杖进行有支撑的走或慢跑的练习,体会雪杖与运动的配合。

2. 着雪板的练习

(1)站立练习。

穿雪板站立姿势是滑雪者进入雪场后应持的基本体态姿势,分为平地站立姿势与斜坡站立姿势。

平地站立练习:身体放松自然站立,双雪板平行,间距不超过胯宽,双雪板放平,共承体重,重心居中,压力均匀,双雪杖起立插于固定器前部的外侧,目视相关方向。

斜坡站立练习:在平地站立姿势的前提下,加进雪板的立刃及身体的小反弓形姿势,形成左、右不对称。双雪板平行横在山坡上,与滚落线垂直,山上板较山下板位置略高,山上侧腿微曲,可稍前于山下侧腿半脚距离,双膝微微向山上侧倾斜,山下板立内刃承担主要体重,刻住雪面;山上板立外刃刻住雪面,重心向山下侧偏移,上体微微向山下侧与立刃的雪板对应横倾和转向,形成微小的反弓反向姿势。

(2)穿雪板原地改变方向练习。

原地变向是指滑雪者在平地或坡面上处于非滑行的"静态"状态下改变方向。初学者只有掌握了原地改变方向之后才能比较自如地进行各种练习。

踏步式变向：无论板尖展开变向还是板尾展开变向都要注意雪杖的位置，板尖展开变向时雪杖支撑位置应在体前。初练时雪板一次展开距离不宜过大，随着对雪板的适应再逐渐加大展开的角度与距离。在展开雪板时，身体重心要明显地放在支撑腿上，移动要快。展开雪板时，要保持身体的平稳站立姿态。

180°变向（向后转）：呈穿板站立姿势，雪板与滚落线垂直；双雪杖稍前移至体前两侧支撑，左板后部提起向后预摆；右板承重，左板向前上踢成起立状态；将直立的左板以板尾为轴心向左侧下方转动约180°，右板内侧着地并承重，左雪板转动的同时，上体跟着左转约90°；体重移至左腿，右板抬起从左腿后侧通过并力争也转动180°，放到左板同一方向并平行的位置上，上体随同右板再左转约90°；双板同时承重，完成了向后转体的目的；两雪杖在体侧根据转向情况顺势支撑，维持平衡、协助后转，雪杖不要影响雪板的动作；若滑雪杖妨碍雪板转动，雪板不垂直滚落线，安然后转是不可能进行的。

（3）着雪板移动练习

着单板练习：一只脚穿雪鞋、另一只脚穿着雪板，通过穿雪鞋脚的蹬动及穿着雪板脚的支撑及滑进，循序渐进地提高对雪板和雪板着雪感觉的体会及提高支撑平衡能力。练习内容包括平地行走、单板撑杖滑行、各种蹬坡。

着双板练习：在平坦场地进行，其目的是进一步适应雪板、雪鞋及雪杖，达到人与器材的协调一体，练习方法包括走、滑行、双杖推进滑行及双杖推进滑行到停止。

（二）登坡技术

登坡技术是指滑雪者穿着雪板从山下向山上移动。登坡时因技术水平、雪质、坡度和滑雪者自身体力的不同而采用不同的登坡方法。

1. 双板平行蹬坡

可适用于各种坡面，蹬坡者侧对垂直滚落线，可用雪杖协助蹬坡。双板平行蹬坡可用于直蹬坡，也可用于斜蹬坡。其动作要领如下：向上迈出的板步幅不要太大，迈出时保持双板平行，重心随之向上移动，可用雪杖协助支撑；用上侧板外刃刻住雪面后重心随之移到上侧板上，接着下侧腿向上侧腿靠拢，并用内刃刻住雪面；下侧板内刃刻住雪面后，再进行第二步的蹬行。

2. 八字登坡

一般用于缓坡、中坡。蹬坡者应面对蹬坡方向，垂直向上蹬行。其动作要领如下：面对山坡，用两板内刃刻住雪面，身体前倾，向前上方依次迈出雪板，步子不宜过大，防止板尾交叉，同侧的雪杖协助支撑，可用手握住雪杖握把的头。在向上蹬坡时重要的是板内刃刻住雪面和重心的移动。

(三) 停止、安全摔倒与站起

1. 停止

减速或停止是通过对雪板的控制使雪板与前进方向成一定的角度或完全横对前进方向的同时，增大立刃的幅度以加大摩擦力来完成的。初学者主要采取犁式停止法。其动作要领如下：在滑降中使雪板成犁式状态。重心稍后移，形成稍后坐姿势的同时两板尾蹬开，使立刃、两侧内刃逐渐加大刮雪力量，逐渐加大板尾向外侧的立刃和蹬出力量直至停止。

2. 安全摔倒

指在滑降过程中，通过主动摔倒的方式分解冲力，避免撞击，化解险情。其动作要领如下：跌倒前急剧下蹲，降低重心；臀部向后侧方坐下，臀部一侧触及雪面，头朝上向山下滑动。防止头部触地或向前摔倒；可能时双脚举起、双臂外展，尽可能使雪板、雪杖离开雪面；不要挣扎，顺其自然下滑，严防滚翻；没停止之前或受伤后，不要盲目乱动。

3. 站起

在山坡上摔倒后，首先要弄清自己的头朝什么方向，然后再移动身体使头朝山上、雪板朝山下方向，形成侧卧状态。然后是抬起上体形成侧坐，收双板时使双板横对山下侧，尽量使双板靠近臀部并用山上侧板外刃刻住雪面，再用手或雪杖支撑站起。

(四) 滑降技术

高山滑雪滑降是基本顺着滚落线由上向下的滑行，通常是只靠重力自动加速的滑行。滑降技术是高山滑雪的基础技术，是滑行速度最快的技术，应用于高山滑雪，乃至其他滑雪项目诸多技术领域。

1. 滑降的基本姿势

高山滑雪滑降（滑雪）的基本姿势是最基础的姿势，是在"穿雪板自然站立"姿势的基础上增加几个简单的人体动作，被视为滑雪实际技术的第一位，几乎应用于滑雪技术全领域，对高山滑雪各种技术有着决定性、长久的影响。

2. 基本姿势的动作要领

（1）呈"平地穿雪板站立姿势"，身体放松，双雪板平行放平，受力均匀，两板距离约同胯宽。

（2）双脚或双脚弓处承担体重，并结实地将雪板踩住，做到脚下不发虚，重心不落后和"下沉"，两侧居中。

（3）双膝前顶，使其具有万向接头的功能，有弹性地调整姿势。

（4）臀部适度上提，收腹，上体微前倾。

（5）提起双雪杖，肩放松，双手握杖置于固定器前部外侧，与腰部同高，微外展，杖尖不拖地。

（6）目视前方 10～20 米的雪面。

（7）进入学习转弯点杖阶段，在进入中级水平之后，基本姿势应适度压缩，便于上下肢的配合，适应快速滑行。

3. 滑降的技术的种类

（1）直滑降

指雪板呈平行状态，雪板底面与雪面吻合，与滚落线方向相同，至上而下滑行。直滑降的技术重点是用腿部的屈伸调节并保持正确的滑行姿势。包括双板平行直滑降、犁式直滑降等类型。

（2）斜滑降

指与滚落线形成一定角度，向斜下方滑行的方式。斜滑降技术是高山滑雪基本功练习的主要内容，包括双板平行斜滑降、犁式斜滑降等类型。

（3）横滑降

是指双雪板横在山坡上，与滚落线大致垂直，沿着滚落线的方向，自上而下的滑降。横滑降呈"坡面穿雪板站立姿势"，两板尽量平行靠近，山上板也可稍前；身体侧对滚落线方向，与斜滑降比较上体有更大的向山下扭转的感觉；双腿基本直立，由双雪板山上侧立刃刻住雪面，通过调整雪板立刃角的大小及放平来增减下滑的速度。加大立刃角度时减速，放平雪板时速度增快；滑雪杖基本不用，当横滑速度太慢时，可用雪杖放于上侧推助或支撑；雪板前部用力大些，雪板向前下方滑动；雪板后部用力大些，雪板向后下方滑动。

（四）转弯技术

转弯也称为"回转"指利用相适应的动作方式使滑雪板不时地改变方向的滑降，即为滑雪的转弯。转弯时雪板在雪面上运行的板迹是连续的"S"型曲线。转弯是高山滑雪技术的重点、关键和精华。

按转弯时雪板的板型及动作结构的不同分类有犁式转弯与犁式连续转弯、半犁式转弯、半犁式连续转弯、踏步式转弯、绕山急转弯、登冰式转弯、双板平行转弯、双板平行连续转弯、双板平行摆动转弯、登跨式转弯、跳跃式转弯、卡宾式转弯技术。

1. 犁式转弯

犁式转弯是高山滑雪转弯的重要基础技术。犁式转弯是在犁式直滑降的基础上，向一侧雪板移动重力（或增大一侧雪板的立刃或加强一侧腿部蹬转力，改变雪板迎角）的方式，左、右轮换地强化主动板的作用，达到左右转弯。

犁式转弯技术：犁式直滑降状态中向一侧雪板移动体重（横移重心），促使该雪板成为主动板，便形成犁式的自然转弯。在犁式直滑降状态中加大一侧雪板的立刃角度，使其产生较大的雪面阻力，促使该雪板成为主动板，便形成犁式的转弯。在犁式直滑降状态中，强化一只雪板的蹬转力，改变该雪板形成迎角变为主动板，实现犁式转弯。

2. 卡宾转弯

当代卡宾滑雪板的出现，滑雪技术较传统板型技术又增添了新的特点。

卡宾转弯技术：增宽双板间的距离，一般为肩宽，特别是在陡坡、斜坡、硬雪中的滑行，更不能收窄，应尽量在合理范围内增大支撑面积；双雪板始终趋于在雪面上滑行，简化了引伸及"提并板"过程，双雪板基本是"原地变刃"进行转弯；腰部以上的躯体稳定，增加了上体对转弯的倾过及导向功能；身体重心通常总处于中间，而不是向前点或向后点都可以；转弯的动作更向下肢胯部集中；双雪板负重比例差缩小，根据实际情况调整两只雪板间的重力比例。

小花绽放，中国滑雪未来可期

2019年2月24日下午，宫乃莹在国际雪联单板滑雪平行项目世界杯崇礼站的平行回转项目决赛中战胜瑞士选手佐格。二人一路紧咬，直到最后三个旗门才见分晓，宫乃莹最终以0.35秒的优势摘金。

一天前，这位20岁的中国单板滑雪选手仅仅跻身大回转项目16强。面对记者时，她感叹自己发挥不够好，用力不够。一天后，宫乃莹在这条为2022年冬奥会新建的赛道上斩获冠军。中国队的臧汝心和宫乃莹进入平行回转比赛的16强。八分之一决赛中，臧汝心被佐格淘汰，宫乃莹则战胜了波兰选手克鲁尔。四分之一决赛中，宫乃莹战胜了新西兰选手萨宾娜。半决赛中，面对德国名将约尔格，宫乃莹以0.16秒的优势涉险挺进决赛并最终战胜佐格夺冠。颁奖仪式前后，宫乃莹一直身披国旗，嘴唇有些颤抖。"今天比的是平行回转（非奥项目），奥运会上比的是平行大回转，我希望在北京冬奥会的平行大回转上取得前四名的成绩吧。"她说。期待我国滑雪运动取得新的突破。

 探索与思考

1. 滑雪运动有哪些导入技术？
2. 不同类型滑降技术有哪些区别？试着在实践中体验，找到最擅长的方式。

模块十一　武术与民族传统体育

❀ 模块导读

太极拳数百年绵延不绝，名手辈出，流派纷呈，是中华民族五千多年传统文化的结晶，也是我国精神文明宝库的瑰宝。拳理来源于《易经》《黄帝内经》《黄庭经》《纪效新书》等中国传统哲学、医术、武术等经典著作，并在其长期的发展过程中吸收了道、儒、释等文化的合理内容，故太极拳被称为"国粹"。随着历史的发展和社会的变迁，太极拳的技术防御和祛病强身作用得到了不断地发展，在民间得以广泛流传，发展成为寓攻防技击和强身健体为一体的一种拳术。

武术与民族传统体育
数字资源汇总

模块十一

武术与民族传统体育

单元 11.1 太 极 拳

1. 了解太极拳的起源与发展。
2. 学习二十四式太极拳,掌握动作要领。
3. 更好地欣赏和参与太极拳运动。

陈氏太极拳:"打太极拳不犯法了"

1966 年,"文化大革命"爆发,太极拳成了大毒草,陈家祠堂被拆,祖宗牌位被砸。74 岁的陈照丕被扣上一堆帽子,翻他跟国民党的旧账,一起练拳的人,被批为"搞小集团",搞家族、宗派组织,说他们"夜聚明散"。

1969 年,《人民日报》登了一条毛主席语录:"凡能做到的,都要提倡。做体操,打球类,跑跑步,爬山,游泳,打太极拳及各种各样的体育运动。"

陈照丕凑巧看到了这条消息,拿着报纸去找陈正雷:"小雷,你看毛主席号召打太极拳了,打太极拳不犯法了!"

一、太极拳运动的魅力

(一)太极拳运动的起源与发展

太极拳运动属于中国拳术之一,是中华民族五千多年传统文化的结晶,也是我国精神文明宝库的瑰宝。太极拳运动在我国源远流长,关于太极拳的起源与创始人,历来众说纷纭,大致有以下几种观点:唐朝(618—907 年)许宣平、宋朝(960—1278 年)张三峰、明朝(1368—1644 年)张三丰、清朝(1644—1911 年)王宗岳、

也有武术史研究者查阅县志和《陈氏家谱》后提出陈王廷才是太极拳的创造者。纵观近现代太极拳的发展可以发现，太极拳并非一人所创，而是由前人不断开发、总结、整理、创新、发展而来。

太极拳数百年绵延不绝，名手辈出，流派纷呈。随着历史的发展和社会的变迁，太极拳的技术防御和祛病强身作用得到了不断的发展，在民间得以广泛流传，发展成为寓攻防技击和强身健体为一体的一种拳术。值得一提的是清乾隆年间山西民间武术家王宗岳，他著有《太极拳论》《太极拳解》《行功心解》，对后人学习、研究太极拳具有极大的参考作用。另一个在太极拳发展史里做出卓越贡献的人物是河北永年人杨露禅，三下陈家沟十余载向陈长兴学习太极拳，朝夕苦练，寒暑无间，尊师重道，终得太极精髓。他于1851年将太极拳带入当时的经济和文化中心北京，使得太极拳得到广泛的发展，称为杨氏太极拳，随其学拳者甚多。在其影响下，吴、孙、武式太极拳相继问世，流传至今已有一百多年，成为以姓氏命名的陈、杨、吴、孙、武氏太极拳等。

中华人民共和国成立后，太极拳发展很快，打太极拳的人遍及全国。当前，仅北京市公园、街头和体育场就设有太极拳辅导站数百处，吸引了大批爱好者。卫生、教育、体育各部门都把太极拳列为重要项目来开展，出版了上百万册的太极拳书籍、挂图。太极拳在国外也受到普遍欢迎。欧美、东南亚、日本等国家和地区，都有太极拳活动。据不完全统计，仅美国就已有30多种太极拳书籍出版。许多国家成立了太极拳协会等团体，积极与中国进行交流活动。太极拳作为中国特有的民族体育项目，已经引起很多国际友人的兴趣。太极拳是中华民族辩证的理论思维与武术、艺术、气功引导术的完美结合，是高层次的人体文化。其拳理来源于《易经》《黄帝内经》《黄庭经》《纪效新书》等中国传统哲学、医术、武术等经典著作，并在其长期的发展过程中吸收了道、儒、释等文化的合理内容，故太极拳被称为"国粹"。

（二）太极拳运动的特点和作用

1. 太极拳运动的特点

中正安定，舒展自然（姿势），轻灵沉稳，圆活连贯（动作）；
基于腰腿，周身联合（协调），虚实刚柔，松整相济（劲力）；
动中寓静，意领神随（意念），开合有序，呼吸平顺（节奏）。

太极拳运动如"行云流水，连绵不断"。这种运动既自然又高雅，可亲身体会到音乐的韵律、哲学的内涵、美的造型、诗的意境。

2. 太极拳运动的作用

经常参加太极拳运动对神经系统有良好的影响，能使人精神饱满、思路敏捷，还能使人克服不良的身体姿态，提高肌肉的运动能力，特别是提高各肌群的协调能力，对提高肌肉的代谢能力有积极的作用。太极拳运动对预防、治疗癌症有一定的作用，是预防高血压、降低血脂和防治心血管疾病的最好锻炼方法。练习太极拳，能有效调节体内的阴阳平衡，使内气开合、升降、聚散有度，这种特殊的生理状态是祛病疗疾、增强体质、提高健康水平的传统锻炼方法。

二、二十四式太极拳

（一）第一式：起势（如图11-1所示）

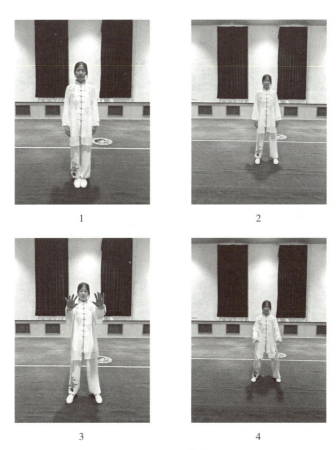

图11-1 起势

1. 预备姿势：身体自然直立，两臂自然下垂，下颌微回收，嘴巴闭合，上齿轻叩下齿，舌抵上腭，精神集中，全身放松。

2. 两脚开立：左脚向左分开，两脚开立与肩同宽，脚尖向前，两臂自然下垂，两手放在大腿外侧，眼向前平看。

3. 两臂前举：两臂慢慢向前平举，两手高与肩平，与肩同宽，掌心向下。

4. 屈膝按掌：两腿慢慢屈膝成半蹲，同时两掌轻轻下按，两肘下垂与两膝相对，眼平看前方。

（二）第二式：野马分鬃（如图 11-2 所示）

图 11-2　左右野马分鬃

1. 左野马分鬃

（1）抱球收脚：重心后移，右脚尖外撇，重心右移收左脚，同时右臂屈抱于右胸前，掌心向下；左臂屈抱于腹前，掌心向上，两手上下相对；左脚收至右脚内侧，脚尖点地；眼看右手。

（2）转体迈步：上体左转；左脚向左前方迈出一步，脚跟轻轻着地，重心仍在右腿上。

（3）弓步分手：上体继续左转，重心前移，左腿屈膝前弓，成左弓步；同时两掌前后分开，左手至体前，高与眼平，掌心斜向上；右手按至右胯旁，掌心向下，指尖朝前；眼看左掌。

2. 右野马分鬃

（1）后坐翘脚：重心稍向后移，左脚尖翘起外撇，上体稍左转；两手准备翻转"抱球"；眼仍看左手。

（2）跟脚抱球：上体继续左转，左手翻转成掌心向下，至左胸前。右手翻转，掌心向上至腹前，两手上下相对，成"抱球"状；重心移至左腿，左脚踏实，右脚收至左脚内侧，脚尖点地；眼看左手。

（3）转体迈步：上体稍右转；右脚向右前方迈出一步，脚跟轻轻着地。

（4）弓步分手：上体继续右转，重心前移，右腿屈膝前弓，成右弓步；同时两掌前后分开，右手至体前，高与眼平，掌心斜向上；左手按至左胯旁，掌心向下，指尖朝前；眼看右掌。

3. 左野马分鬃

（1）后坐翘脚：重心稍后移，右脚尖翘起外撇，上体稍右转；两手准备翻转"抱球"。

（2）跟脚抱球：上体继续右转；右手翻转成掌心向下，至右胸前；左手翻转，掌心向上至腹前，两手相对，成"抱球"状；重心前移，右脚踏实，左脚收至右脚内侧，脚尖点地；眼看右手。

（3）转体迈步：上体左转；左脚向左前方迈出一步，脚跟轻轻着地，重心仍在右腿上。

（4）弓步分手：上体继续左转，重心前移，左腿屈膝前弓，成左弓步；同时两掌前后分开，左手至体前，高与眼平，掌心斜向上；右手按至右胯旁，掌心向下，指尖朝前；眼看左掌。

（三）第三式：白鹤亮翅（如图11-3所示）

图11-3 白鹤亮翅

1. 跟步合抱：上体重心前移；右脚向前跟半步，前脚掌轻着地；同时两手翻转相对，在胸前屈臂"抱球"。左手在上，右手在下；眼看左手。

2. 后坐提腕：重心后移，右脚踏实，上体后坐，同时向右转体；两手开始交错分开，右手上举，左手落；眼看右手。

3. 虚步挑掌：上体转正；左脚稍向前移动，前脚掌着地，成左虚步；同时右手向上分至右额前，掌心向内，左手按在左胯旁；眼看前方。

（四）第四式：搂膝拗步（如图11-4所示）

1. 左搂膝拗步

（1）转体落手：上体微向左转，同时右手下落至面前；掌心转向上，左手开始外旋向上翻掌；眼看前方。

（2）收脚托手：上体右转；两臂交叉摆动，右手自体前下落，经右胯侧向右后方上举，与头同高，掌心向上；左手自左侧上摆，经头前向右划弧落至右肩前，掌心向下；左脚回收至右脚内侧，脚尖点地；头随身体转动，眼看右手。

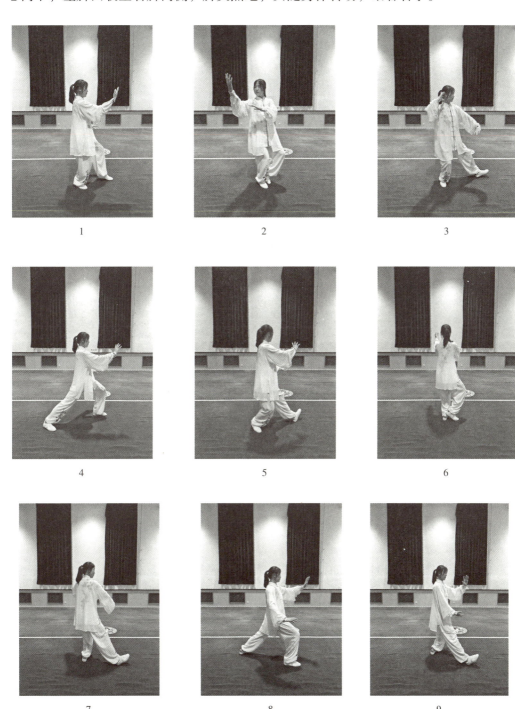

图 11－4 左右搂膝拗步

10　　　　　　　　　　　11　　　　　　　　　　　12

图 11-4　左右搂膝拗步（续）

（3）上步屈肘：上体稍左转；左脚向左前方迈出一步，脚跟轻着地；同时右臂屈肘，右手收至右耳旁，虎口对耳，掌心斜向前；左手下按至腹前，虎口向后；眼看前方。

（4）弓步搂推：上体继续左转至面向前方。左脚踩实，左腿屈弓，成左弓步。左手经左膝前向左搂过，按于左腿外侧，掌心向下，指尖向前；右手向前推出，指尖与鼻尖相对，掌心向前，指尖向上，右臂自然伸直，肘微屈；眼看右手。

2. 右搂膝拗步

（1）后坐撇脚：重心稍后移，左脚尖翘起外撇，上体左转；两臂外旋，开始向左摆动；眼看右手。

（2）收脚托手：上体继续左转；重心前移，左脚踏实，右脚收至左脚内侧，脚尖点地；右手经头前划弧摆至左肩前，掌心向下；左手向左上方划弧上举，与头同高，掌心向上，左臂自然伸直，肘微屈；头看左手。

（3）上步屈肘：上体稍右转；右脚向右前方迈一步，脚跟轻着地；左臂屈肘，左手收至左耳旁，虎口对耳，掌心斜向前；同时右手下按至腹前，掌心向下，肘微屈；头看前方。

（4）弓步搂推：上体继续右转；重心前移，右脚踏实，右腿屈弓，成右弓步；右手经右膝前上方向右搂过，按于右腿外侧，掌心向下，指尖向前；左手向前推出，指尖与鼻尖相对，掌心向前，指尖向上，左臂自然伸直，肘微垂；眼看左手。

3. 左搂膝拗步

（1）后坐撇脚：重心稍后移，右脚尖翘起外撇，上体右转；两臂外旋，开始向右摆动；眼看左手。

（2）收脚托手：上体右转；两臂交叉摆动，右手自体前下落，经右胯侧向右后方上举，与头同高，掌心向上；左手自左侧上摆，经头前向右划弧落至右肩前，掌心向下；左脚回收至右脚内侧，脚尖点地；头随身体转动，眼看右手。

（3）上步屈肘：上体稍左转；左脚向左前方迈出一步，脚跟轻着地；同时右臂屈肘，右手收至右耳旁，虎口对耳，掌心斜向前；左手下按至腹前，虎口向后；眼看前方。

（4）弓步搂推：上体继续左转至面向前方。左脚踩实，左腿屈弓，成左弓步。左手经左膝前向左搂过，按于左腿外侧，掌心向下，指尖向前；右手向前推出，指尖与鼻尖相对，掌心向前，指尖向上，右臂自然伸直，肘微屈；眼看右手。

（五）第五式：手挥琵琶（如图11-5所示）

1　　　　　　　　　　2　　　　　　　　　　3

图11-5　手挥琵琶

1. 跟步展臂：右脚向前跟半步，脚前掌轻着地；同时右臂稍向前伸展，腕关节放松。

2. 后坐引手：重心后移，右脚踏实，上体右转；左手向左、向上划弧至体前，手臂自然伸直，掌心斜向下；右手屈臂后引，收至胸前，掌心斜向下；眼看左手。

3. 虚步合手：上体稍向左回转，左脚稍向前移，脚跟着地，成左虚步；两臂外旋，屈肘合抱，两手前后交错，侧掌合于体前。左手与鼻相对，掌心向右；右手与左肘相对，掌心向左；眼看左手。

（六）第六式：左右倒卷肱（如图11-6所示）

1. 右倒卷肱

（1）转体撒手：上体稍右转；两手翻转向上，右手随转体向下经腰侧向后上方划弧，右臂微屈，手与头同高。左手翻转停于体前；头随身体转动，眼先看右手，再转看左手。

（2）收脚屈肘：上体稍左转；左脚提收向后退一步，脚前掌轻轻着地；右臂屈肘，右手收至右耳侧，掌心斜向下；左手开始后收；眼看左手。

1

2

3

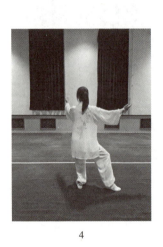

4

5

6

7

8

9

图11-6　左右倒卷肱

| 10 | 11 | 12 |

图 11-6　左右倒卷肱（续）

（3）虚步推掌：上体继续左转；重心后移，左脚踏实，右脚以脚掌为轴外旋，脚尖向前，右膝微屈成右虚步；右手推至体前，腕与肩同高，掌心向前；左手向后、向下划弧，收至腹前，掌心向上；眼看右手。

2. 左倒卷肱

（1）转体撤手：上体稍左转；左手向左后上方划弧，与头同高，掌心向上，肘微屈；右手翻转停于体前；头随身体转动，眼先看左手，再转看右手。

（2）收脚屈肘：上体稍右转；右脚提收向后退一步，脚前掌轻着地；左臂屈肘，左手收至左耳侧，掌心斜向前下方；右手开始后收；眼看右手。

（3）虚步推掌：上体继续右转；重心后移，右脚踏实，左脚以脚掌为轴外旋，脚尖向前，左膝微屈成左虚步；左手推至体前，腕与肩同高，掌心向前；右手向后、向下划弧，收至腹前；眼看左手。

3. 右倒卷肱

转体撤肘、收脚屈肘、虚步推掌，重复相同动作，注意方向。

4. 右倒卷肱

转体撤肘、收脚屈肘、虚步推掌，重复相同动作，注意方向。

（七）第七式：左揽雀尾（如图 11-7 所示）

1. 抱球收脚：身体继续向右转，左手自然下落逐渐翻掌经腹前画弧至右肋前，掌心斜向上；右臂屈肘，掌心转向下，收至右胸前，两手相对成抱球状；同时身体重心落在右腿上，左脚收到右脚内侧，脚尖点地；眼看右手。

2. 迈步分手：上体微向左转，左脚向左前方迈出，脚跟轻着地；上体继续向左转，右腿自然蹬直，左腿屈膝，成左弓步；同时左臂平屈成弓形，用前臂外侧和手背向左前方推出，高与肩平，掌心向后；右手向右下落放于右胯旁，掌心向下，指尖向前；眼看左手。

图 11-7　左揽雀尾

10　　　　　　　　　　　　11

图 11-7　左揽雀尾（续）

3. 转体伸臂：身体微向左转，左手随即前伸翻掌向下，右手翻掌向上，经腹前向上、向前伸至左前臂下方，眼看左手。

4. 后坐下捋：两手下捋，即上体向右转，两手经腹前向右后上方画弧，直至右手掌心向上，高与肩齐，左臂平屈于胸前，掌心向后；同时身体重心移至右腿；眼看右手。

5. 转身搭手：上体左转，正对前方；右臂屈肘，右手收至胸前，搭于左腕内侧，掌心向前；左前臂仍屈收于胸前，掌心向内，指尖向右；眼看前方。

6. 弓步前挤：重心前移，左腿屈弓，右腿自然蹬直成左弓步；右手推送左前臂向体前挤出，与肩同高，两臂撑圆；眼看前方。

7. 后坐收掌：重心后移，上体后坐，右腿屈膝，左腿自然伸直，左脚尖翘起；左手翻转向下；右手经左腕上方向前伸出，掌心也转向下。两手左右分开与肩同宽，两臂屈收，两手后引，经胸前收到腹前，掌心斜向下；眼向前看。

8. 弓步按掌：身体重心慢慢前移，同时两手向前、向上推出，两腕与肩同高，掌心向前；左腿前弓成左弓步；眼看前方。

（八）第八式—右揽雀尾（如图 11-8 所示）

1. 转体扣脚：右腿屈膝，上体后坐向右转身，身体重心移至右腿；同时右手掌心向外，经面前向右平行画弧至右侧，掌心向前，两臂成侧平举状；眼看右手。

2. 抱球收脚：左腿屈膝，身体重心移到左腿，上体微左转，右脚收至左脚内侧，脚尖点地。同时左臂向胸前平屈，掌心向下；右手由体前右侧边向上翻掌边画弧下落至左腹前，掌心向上，两手掌心相对成抱球状；眼看左手。

其余动作同左揽雀尾，只是左右式相反。

图 11-8 右揽雀尾

10　　　　　　　　　　　11

图 11-8　右揽雀尾（续）

（九）第九式：单鞭（如图 11-9 所示）

1　　　　　　　　　　　2

3　　　　　　　　　　　4

图 11-9　单鞭

1. 转体扣脚：重心左移，上体左转，右脚尖内扣；两臂交叉运转，左手经头前向左划弧至身体左侧，掌心向外；右手经腹前向左划弧至左肋前，掌心转向上；眼随左手动。

2. 勾手收脚：上体右转，重心右移，右腿屈膝，左脚收至右脚内侧，脚尖点地；右手向上向右划弧，掌心由里转向外，经头前至身体右前方变成勾手，勾尖向下，腕高与肩平，左手向下经腹前向右上画弧停于右肩前，掌心向里；眼随右手动。

3. 转身迈脚：上体微向左转，左脚向左前侧方迈出，脚跟着地；左手经面前向左划弧，掌心向内；眼看左手。

4. 弓步推掌：上体继续左转，重心前移，左脚踏实，右腿蹬直，成左弓步；同时左掌随上体的继续左转慢慢翻转向前推出，掌心向前，手指与眼齐平，臂微屈；眼看左手。

（十）第十式：云手（见图 11-10 所示）

1

2

3

4

5

6

图 11-10　云手

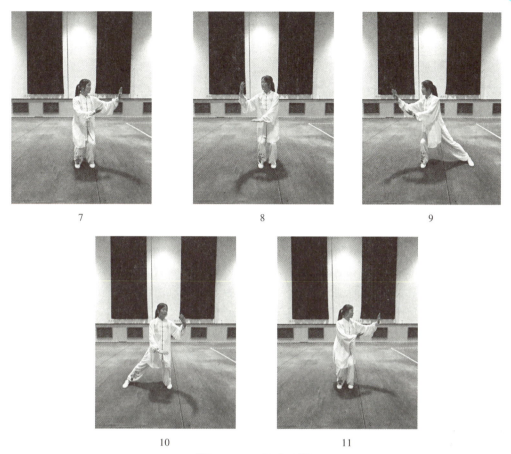

图 11–10 云手（续）

1. 云手 1

（1）转体扣脚：重心后移，上体右转，左脚尖内扣，右腿弯曲；左手向右划弧，经腹前至右肩前，掌心向内。右勾手松开变掌，掌心向外；眼看右手。

（2）并步翻掌：上体左转，重心左移；收右脚，脚前掌先着地，随之全脚踏实，两腿屈膝半蹲，两脚平行，脚尖向前，两脚相距约 10 厘米；左手经头前向左划弧，掌心渐渐翻转向外。右手向下经腹前同时向左划弧，掌心渐渐翻转向内；左掌停于身体左侧，高与肩平，右手停于左肩前；眼看左手。

2. 云手 2

（1）转体迈脚：上体右转，重心右移；左脚向左横开一步，脚前掌先着地，随之全脚踏实，脚尖向前；右手经头前向右划弧，掌心逐渐翻转向外；左手向下经腹前同时向右划弧，掌心逐渐翻转向内。右掌停于身体右侧，高与肩平，左掌停于右肩前；眼看右手。

（2）并步翻掌：上体左转，重心左移；收右脚，脚前掌先着地，随之全脚踏实，

271

两腿屈膝半蹲,两脚平行,脚尖向前;左手经头前向左划弧,掌心渐渐翻转向外;右手向下经腹前同时向左划弧,掌心渐渐翻转向内。左掌停于身体左侧,高与肩平,右掌停于左肩前;眼看左手。

3. 云手3

(1)转体迈脚:上体右转,重心右移;左脚向左横开一步,脚前掌先着地,随之全脚踏实,脚尖向前;右手经头前向右划弧,掌心渐渐翻转向外;左手向下经腹前同时向右划弧,掌心渐渐翻转向内。右掌停于身体右侧,高与肩平,左掌停于右肩前;眼看右手。

(2)并步翻掌:上体左转,重心左移;收右脚,脚前掌先着地,随之全脚踏实,两腿屈膝半蹲,两脚平行,脚尖向前;左手经头前向左划弧,掌心渐渐翻转向外;右手向下经腹前同时向左划弧,掌心渐渐翻转向内。左掌停于身体左侧,高与肩平,右掌停于左肩前;眼看左手。

(十一)第十一式:单鞭(如图11-11所示)

图11-11 单鞭

1. 勾手收脚：上体右转，重心右移，右腿屈膝，左脚收至右脚内侧，脚尖点地；右手向上向右划弧，掌心由里转向外，经头前至身体右前方变成勾手，勾尖向下，腕高与肩平左手向下经腹前向右上画弧停于右肩前，掌心向里；眼随右手动。

2. 转身迈脚：上体微向左转，左脚向左前侧方迈出，脚跟着地；左手经面前向左划弧，掌心向内；眼看左手。

3. 弓步推掌：上体继续左转，重心前移，左脚踏实，右腿蹬直，成左弓步；同时左掌随上体的继续左转慢慢翻转向前推出，掌心向前，手指与眼齐平，臂微屈；眼看左手。

（十二）第十二式：高探马（如图 11 – 12 所示）

图 11 – 12　高探马

1. 跟步前移：后脚向前收拢半步，脚前掌着地，距前脚约一脚长；眼看左手。

2. 后坐翻掌：上体稍右转；重心后移，右脚踏实，右腿屈坐，左脚跟提起；右勾手松开，两手翻转向上，两臂前后平举，肘关节微屈；眼看右手。

3. 转腰屈肘：上体左转，同时右臂屈肘，右手至右耳侧，掌心向前。

4. 虚步推掌：上体继续左转，左脚迈出，脚尖着地；同时右手向前推出，腕与肩同高，掌心向前；左臂屈收，左手收至腹前，掌心向上；眼看右手。

（十三）第十三式：右蹬脚（如图11-13所示）

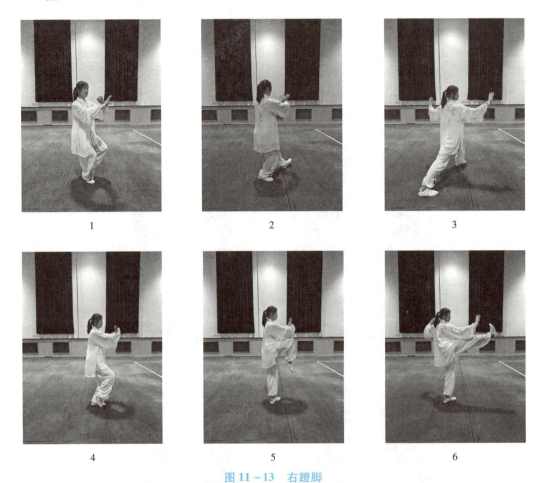

图11-13 右蹬脚

1. 收脚穿掌：左脚提收至右脚内侧；右手稍向后收，左手经右手背上向右前方穿出，两手腕交叉，左掌心斜向上，右掌心斜向下；眼看左手。

2. 迈脚旋腕：上体左转；左脚向左前方迈出，脚跟着地；左手内旋，两手合举于头前，掌心皆向外；眼看左手。

3. 弓步分手：重心前移，左脚踏实，左腿屈弓，右腿自然蹬直；两手同时向左右分开，掌心向前，虎口相对，两臂外撑；眼看右手。

4. 收脚抱手：右脚收至左脚内侧，脚尖点地；两手向腹前划弧相交合抱，举至胸前，右手在外，两掌心皆向内；眼看右前方。

5. 分手蹬脚：左腿支撑，右腿屈膝上提，右脚脚尖上勾，脚跟用力慢慢向右前上方蹬出。左腿微屈，右腿蹬直；两臂展于体侧，肘关节微屈，两腕与肩平，掌心向外。右腿与右臂上下相对；眼看右手。

(十四) 第十四式：双峰贯耳（如图 11-14 所示）

 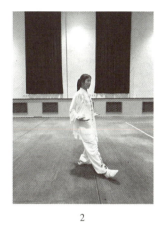 

1　　　　　　　　2　　　　　　　　3

图 11-14　双峰贯耳

1. 屈膝并手：右腿屈膝回收，脚尖自然下垂；左手在体前向右划弧，与右手并行落于右膝上方，掌心皆向上，指尖向前；眼看前方。

2. 上步落手：右腿向右前方上步，脚跟着地；两手收至两腰侧，掌心向上。

3. 弓步贯手：重心前移，右腿踏实屈弓，左腿自然蹬直，成右弓步；两手握拳从两侧向上、向前划弧摆至头前。两臂半屈成弧，两拳相对成钳形，相距同头宽，前臂内旋，拳眼斜向下；眼看前方。

(十五) 第十五式：转身左蹬脚（如图 11-15 所示）

1. 转身分手：重心后移，上体左转，左腿屈坐，右脚尖内扣；两拳松开，左手经头前向左划弧，两臂微屈举于身体两侧，掌心向外；眼看左手。

1　　　图 11-15　转身左蹬脚　　2

3 4

图 11-15 转身左蹬脚（续）

2. 收脚抱手：重心右移，右腿屈膝后坐，左脚收至右脚内侧，脚尖点地；两手向下划弧，于腹前交叉合抱，举至胸前，左手在外，两掌心皆向内；眼看前方。

3. 分手蹬脚：右腿支撑，左腿屈膝高提，左脚脚尖上勾，脚跟用力向左前上方慢慢蹬出；两臂外旋划弧分开，微屈举于体侧，掌心向外；左腿蹬直，与左臂上下相对；眼看左手。

（十六）第十六式：左下势独立（如图 11-16 所示）

图 11-16 左下势独立

1. 收脚勾手：左腿屈收，左脚下垂收于右小腿内侧；上体右转；右臂稍内合，右手变勾手。左手经体前划弧至右肘前，掌心向右，指尖向上；眼看右勾手。

2. 屈蹲迈脚：右腿屈膝半蹲，左脚脚前掌着地，沿地面向左侧伸出，随即全脚踏实，左腿伸直；左手落于右肋侧；眼看勾手。

3. 仆步穿掌：右腿屈膝全蹲，上体左转成左仆步；左手经腹前沿左腿内侧向左穿出，掌心向外，指尖向左；眼看左手。

4. 弓步起身：重心移向左腿；左脚尖外撇，左腿屈膝前弓；右脚尖内扣，右腿自然蹬伸。重心恢复至弓步高度；左手继续前穿并向上挑起；右勾手内旋，背于身后，勾尖朝上；眼看左手。

5. 独立挑掌：上体左转，重心前移；右腿屈膝前提，脚尖自然下垂，左腿微屈独立支撑，成左独立步；左手下落按于左胯旁；右勾手变掌，经体侧向前挑起，掌心向左，指尖向上，高与眼平；右臂半屈成弧，肘关节与右膝上下相对；眼看右手。

（十七）第十七式：右下势独立（如图 11-17 所示）

1

2

3

4

5

图 11-17 右下势独立

1. 落脚勾手：右脚落于左脚右前方，脚前掌着地；上体左转，左脚以脚掌为轴随之扭转；左手变勾手提举于身体左侧，高与肩平；右手经体前划弧至左肘前，掌心向左；眼看左手。

2. 屈蹲迈脚：右脚提收至左小腿内侧，然后以脚前掌着地，沿地面向右伸直，全脚踏实；右手落至左肋侧；眼看勾手。

3. 仆步穿掌：左腿屈膝全蹲，上体右转成右仆步；右手经腹前沿右腿内侧向右穿出，掌心向外，指尖向右；眼看右手。

4. 弓步起身：重心移向右腿；右脚尖外撇，右腿屈膝前弓；左脚尖内扣，左腿自然蹬直，重心恢复至弓步高度；右手继续前穿并向上挑起；左勾手内旋，背于身后，勾尖向上；眼看右手。

5. 独立挑掌：上体右转，重心前移；左腿屈膝前提，脚尖向下，右腿微屈独立支撑，成右独立步；右手下落按于右胯旁，左勾手变掌，经体侧向体前挑起，掌心向右，指尖向上，高与眼平；左臂半屈成弧，肘关节与左膝相对；眼看左手。

（十八）第十八式：左右穿梭（如图 11–18 所示）

图 11–18　左右穿梭

7　　　　　　　　　　　　8

图 11－18　左右穿梭（续）

1. 转腰落脚：左脚向左前方落步，脚跟着地，脚尖外撇，上体左转；左手内旋，掌心翻转向下；眼看左手。

2. 跟步抱手：上体左转；右脚收于左脚内侧；两手在左肋前上下相抱，左掌心向下，右手翻转向上；眼看左手。

3. 上步错手：上体右转；右脚向右前方上步，脚跟着地；右手由下向前上方划弧；左手由上向后下方划弧，两手交错；眼看右手。

4. 弓步架推：上体继续右转；重心前移，右脚踏实，右腿屈膝前弓，成右弓步；右手翻转上举，架于右额角前上方，掌心斜向上。左手推至体前，高与鼻平；眼看左手。

5. 后坐落掌：重心后移，右脚尖稍外撇，上体右转；右手下落于胸前，左手稍向右划弧，落至腹前，准备"抱球"；眼看右手。

6. 跟步抱手：两手在右肋前上下相抱；左脚收至右脚内侧；眼看右手。

7. 上步错手：上体左转；左脚向左前方上步，脚跟着地；左手由下向前上方划弧，右手由上向后下方划弧，两手交错；眼看左手。

8. 弓步架推：上体继续左转；重心前移，左脚踏实，左腿屈膝前弓，成左弓步；左手翻转上举，架于左额角前上方；右手推至体前，高与鼻平；眼看右手。

（十九）第十九式：海底针（如图 11－19 所示）

1. 跟步送肩：上体稍右转；右脚向前跟半步，前掌着地，距前脚约一脚长，同时转身送肩；眼看前方。

2. 搂膝提手：上体右转；重心后移，右腿屈坐，左脚跟提起；右手下落经体侧屈臂抽提至耳旁，掌心向左，指尖向前；左手向右划弧下落至腹前，掌心向下，指尖斜向右；眼看前方。

3. 虚步插掌：上体左转，向前俯身；右手从耳侧向前下方斜插，掌心向左，指尖斜向下；左手经左膝前划弧搂过，按至大腿外侧；左脚稍前移，前掌着地成左虚步；眼看右手。

1　　　　　　　　2　　　　　　　　3

图 11-19　海底针

（二十）第二十式：闪通臂（如图 11-20 所示）

1　　　　　　　　2　　　　　　　　3

图 11-20　闪通臂

1. 提手收脚：上体恢复正直，右腿屈膝支撑，左脚回收，脚尖点地落至右脚内侧，右手上提至体前，指尖朝前，掌心向左；左手屈臂收举，指尖贴近右腕内侧；眼看前方。

2. 上步旋臂：左脚向前上步，脚跟着地；两手内旋分开，掌心皆向前；眼看前方。

3. 弓步推掌：上体右转；重心前移成左弓步；左手推至体前，与鼻尖对齐；右手撑于头侧上方，掌心斜向上，两手前后分展；眼看左手。

（二十一）第二十一式：转身搬拦捶（如图 11-21 所示）

图 11-21　转身搬拦捶

1. 转体扣脚：重心后移，右腿屈坐，左脚尖内扣，身体右转；两手向右侧摆动，右手摆至身体右侧，左手摆至头侧，两掌心均向外；眼看右手。

2. 后坐握拳：重心左移，左腿屈坐，右脚以脚掌为轴伸直；右手向下、向左划弧至左肋前握拳，拳心向下；左手撑举于左额前上方；眼向右看。

3. 摆步搬拳：右脚提收至左脚踝关节内侧，再向前迈出，脚跟着地，脚尖外撇；右拳经胸前向前搬压，拳心向上，高与胸平，肘部微屈；左手经右前臂外侧下落，按于左胯旁；眼看右拳。

4. 转腰跟步：上体右转，重心前移，左脚收于右脚内侧；右臂内旋，右拳向右划弧至体侧，拳心向下。左臂外旋，左手经左侧向体前划弧；眼看右拳。

5. 上步拦掌：左脚向前上步，脚跟着地；左掌拦至体前，高与肩平，掌心向右，指尖斜向上；右拳翻转收至腰间，拳心向上；眼看左掌。

6. 弓步打拳：上体左转；重心前移，左腿屈弓，成左弓步；右拳自胸前打出，肘微屈，拳心转向左，拳眼向上；左手微收，掌指附于右前臂内侧，掌心向右；眼看右拳。

(二十二) 第二十二式：如封似闭（如图11-22所示）

图11-22　如封似闭

1. 穿手翻掌：左手从右前臂下向前穿出，翻转向上；同时右拳变掌，也翻转向上，两手交叉伸举于体前；眼看前方。
2. 后坐引手：重心后移，右腿屈坐，左脚尖翘起；两掌分开，屈臂内旋后引，收至胸前，掌心斜向下；眼看前方。
3. 弓步按掌：重心前移，左腿屈弓，成左弓步；两手翻转，经腹前向上、向前推出，与肩同宽，腕高与肩平，掌心向前，五指向上；眼看前方。

(二十三) 第二十三式：十字手（如图11-23所示）

图11-23　十字手

3　　　　　　　　　　　　4

图 11-23　十字手（续）

1. 后坐摆掌：上体右转，重心右移，右腿屈坐，左脚尖内扣；右手向右分摆至头前；眼看右手。

2. 弓步分手：上体继续右转，右脚尖外撇，右腿屈弓，左腿自然伸直，成右横裆步；右手继续向右划弧，摆至身体右侧，两臂平举于身体两侧，掌心皆向外，指尖斜向上；眼看右手。

3. 侧弓抄抱：上体左转，重心左移，左腿屈弓，右腿自然伸直，脚尖内扣；两手下落划弧，在腹前交叉，抱于胸前，右手在外，掌心向内；眼看前方。

4. 站立合抱：上体转正；右脚轻轻向左收回半步，随之全脚踏实，两腿慢慢直立，体重平均放于两腿，两脚平行向前，与肩同宽，成开立步；两手交叉合抱于体前，两臂撑圆，两腕交搭成斜十字形，高与肩平；眼看前方。

（二十四）第二十四式：收势（如图 11-24 所示）

1　　　　　　　　2　　　　　　　　3

图 11-24　收势

1. 翻掌分手：两臂内旋，两手翻转左右分开，与肩同宽；眼看前方。

2. 垂臂落手：两臂缓缓下垂，两手落于大腿外侧，与肩同宽；眼看前方。

3. 并步还原：左脚轻轻提起与右脚并拢，脚前掌先着地，随之全脚踏实，恢复成预备姿势；眼看前方。

三、太极拳比赛规则简介与欣赏

（一）太极拳比赛规则解析

1. 比赛裁判组成人员为：裁判长1人，副裁判长1人，裁判5人，计时、记分员1人，套路检查员1人。运动员结束套路演练后，5名裁判亮分，去其最高分和最低分，取中间3个分数的平均值，即为运动员的应得分。

2. 完成一套太极拳演练，时间为5～6分钟。到5分钟时，裁判长应鸣哨示意。时间不足或超时均会被扣分。

3. 比赛规定套路时，运动员的动作应与规定动作相符；比赛自选套路时，整个套路至少要包括四种腿法和六种不同组别的动作，发劲及跳跃动作可要也可不要。

4. 太极拳的评分标准总分为10分。其中，动作规格的分值为6分，即对手型、步型、手法、步法、身法、腿法等方面的要求；劲力、协调的分值为2分，即对运劲顺达、沉稳准确、连贯圆活、手眼身法步协调等方面的要求；精神、速度、风格、内容、结构、布局的分值为2分，即对意识集中、精神饱满、神态自然、内容充实、速度适中、结构合理、布局匀称等方面的要求。

另外，在观看运动员比赛时，应注意其拳架的高低（显示练习者功底是否深厚）、动作是否符合规格、重心是否有起伏、是否有断劲现象等，这样才能真正做到"内行看门道"。

（二）太极拳比赛欣赏

太极拳比赛时，运动员由静至动，暗合"无极生太极、太极生两仪、两仪生四象、四象生八卦"之高深哲理。其动作匀速缓慢，如同滔滔江河连绵不绝；其动作动静开合、虚实刚柔、姿态优雅，给人以心旷神怡之感。因此，太极拳具有很高的欣赏价值。如个人会练太极拳，再了解一些比赛规则，则可进一步提高自身欣赏太极拳比赛的水平。

太极皇后高佳敏：一人一太极

高佳敏，第一届世界武术锦标赛太极拳冠军、第三届亚洲武术锦标赛冠军、第

十二、十三届亚运会太极拳冠军……是唯一包揽了世界武术锦标赛、亚运会、东亚运动会、亚洲武术锦标赛、全运会、全国武术锦标赛、全国太极拳剑锦标赛等赛事的大满贯冠军。被誉为"中国的十大武星"之一、"太极皇后"。

问：这么多年的习练太极拳给您的性格带来的最大变化是什么？它影响您看问题的角度吗？

高：我是练了8年太极拳以后，才开始真正上手拿成绩的，这一上手基本保持了10年，拿了32枚金牌。太极拳改变了我的性格和看问题的角度，它让我懂得做任何事情都需要时间，需要循序渐进，踏踏实实地做。我以前的性格是动中有静，现在我是静中有动。太极拳很细腻，除了比别人多练以外，更需要磨和悟。太极拳是思维拳，是智慧拳，除了比专项技术水平外，还比的是心理素质，是稳，是定。

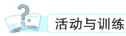
活动与训练

稳如磐石

一、游戏目的

强化下肢的力量和躯干的稳定性。

二、游戏方法

两人面对面无极桩站立，甲乙双方同上左步，左手交握，双方改变用力的大小、方向、快慢迫使对方失去平衡即可。

三、游戏须知

用力请勿过于猛烈，点到为止，注意保护自己和对方。

四、游戏小技巧

不是两个人用胳膊的力量来看谁最强，而是强调在外力变化的情况下，能够自由灵活地转换下肢重心。

探索与思考

1. 太极拳运动的特点是什么？
2. 太极拳和少年拳进行比较，它们各有什么风格？你最喜欢哪套拳，为什么？

单元 11.2 毽 球

 学习目标

1. 了解毽球运动的起源与发展。
2. 学习踢毽主要技术和四种踢法,掌握动作要领。
3. 更好地欣赏和参与毽球运动。

 导入案例

踢毽子起源于什么时候

据历史文献和出土文物证明,踢毽子起源于我国汉代,盛行于六朝、隋、唐。

唐《高僧传》二集卷十九《佛陀禅师传》中记载:有一个叫跋陀的人到洛阳去,在路上遇到了12岁的惠光,在天街井栏上反踢毽子,连续踢了500次,观众赞叹不已。跋陀是南北朝北魏时(公元467—499年)人,为河南嵩山少林寺的祖师,他非常喜欢惠光,并将他收为弟子,惠光便成了少林寺的小和尚。

宋朝高承在《事物记源》一书中,对踢毽子有较详细的记载:"今时小儿以铅锡为钱,装以鸡羽,呼为毽子,三四成群走踢,有里外廉、拖枪、耸膝、突肚、佛顶珠等各色。"

一、毽球运动的魅力

毽球从中国古老的民间踢毽子游戏演变而来,它在花毽的趣味性、观赏性、健身性基础上,增加了对抗性,集羽毛球的场地、排球的规则、足球的技术为一体,是一种隔网相争的体育项目,深受人民群众的喜爱。

1984年,原国家体委将毽球列为正式比赛项目,并组织了全国毽球邀请赛。在政府和体育部门的倡导下,毽球运动在北京、湖北、山东、广东、上海、陕西、河南、山西及东北各地广泛开展，各地相继组织了各种类型的毽球比赛，越来越多的人民群众参加到了这项活动之中，充分显示了毽球运动的强大生命力。

毽球作为一项简单有趣的运动项目，既可以作为正规的比赛，也可以不受场地限制，在室内或者室外空旷场地随意游戏，踢法容易上手，体力消耗可大可小，男女老少均可参与，体质强弱皆宜。常踢毽球，可以增强身体柔韧性，提高反应能力及灵敏性，有助于培养机智、果断的优良品质。《辞海》上说，踢毽子"对活动关节，加强韧带、发展灵敏和平衡有良好的作用"。

二、踢毽主要技术

1. 脚内侧踢法

膝关节向外张，大腿向外转动，稍有上摆，髋和膝关节放松，小腿向上摆，踢毽时踝关节发力，脚放平用足弓踢毽。

2. 脚外侧踢法

稍侧身，小腿向体侧甩勾脚尖，用脚外侧踢毽，如图11-25所示。

1　　　　　　　　　2　　　　　　　　　3

图11-25　脚外侧踢法

3. 脚背踢法

用正脚背踢毽，要注意绷脚尖和抖动脚腕发力击球。

4. 身体触球法

身体膝关节以上部位的接毽都叫触球。可分为大腿触球、胸部触球、头部触球，如图11-26所示。

5. 发球

发球动作一般有三种：脚内侧发球、脚正背发球、脚外侧发球。

 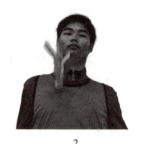 

图 11-26 身体触球法

6. 毽球拦网技术

拦网是毽球防守中非常重要的技术，是守方的第一道防线，是攻防转换的关键。拦网时不能闭眼，起跳不要过于用力，要根据对手的攻击力情况选择拦网的距网距离。

三、四种踢法和练习方法

（一）盘踢

1. 踢法

双脚自然分开站立，近似肩宽，盘踢时用足内侧互换踢毽子，膝向外张，大腿向外转动，小腿向内侧自然抬起，踢毽时踝关节发力，踢起的毽子高度一般不超过下颌。

2. 练习方法

先左足踢一次，要求足距地面40~50厘米时接触毽子。毽子踢起时一般离身体40~50厘米的位置较为适宜。用手接住，右足再踢一次用手接住，较熟练后，左右足可连续踢后，再进行左右足各踢1次接住、各踢2次接住、各踢3次、4次……接住，踢得灵活了就可连续踢。

（二）磕踢

1. 踢法

双脚自然站立，一腿为支撑腿，另一腿提膝将落下的毽子用距膝盖尽头8~10厘米处将毽子踢起，然后两腿互相交踢。在做磕踢时还要微收腹、稍挺胸，要求自然放松。踢起的毽子距胸前30~40厘米即可。

2. 练习方法

用一手将毽子在胸前抛起，左腿提膝将落下的毽子用距膝盖尽头 8～10 厘米处将毽子踢起，用手接住，同盘踢练习一样，一踢一接，协调后两膝互踢。

（三）拐踢

1. 踢法

用两足外侧互换踢毽。右脚拐踢时，左腿为支撑腿，右大腿用力向左摆动，右小腿同时抬起，右脚腕呈钩形，用右脚外侧后 1/2 处将下降的毽子踢起，高度可比盘踢略高一些，但一般以齐胸为准。然后用左脚以与右脚拐踢时的同样方法进行拐踢，形成左右互换交踢。

2. 练习方法

练习时可采用盘踢的练习方法，拐踢起的毽子要求正对身前、直上直下而不是左右摆动。踢起的毽子距胸前 50 厘米左右较为宜。

（四）绷踢

1. 踢法

双脚自然站立、用一手将毽子在胸前抛起，一腿为支撑腿，另一腿先屈膝、后脚跟随之抬起、脚尖猛离地面将下降的毽子用足尖外三趾向上猛地用力踢起，待毽子再下降时起另一脚用同样方法踢起形成互换交踢。

2. 练习方法

练习时可采用盘踢的练习方法。练习绷踢时要微收腹、稍低头、全身放松。

绷毽时脚掌离地面高度为 20～30 厘米，毽子踢起高度距地面为 40～60 厘米较为适宜，如图 11-27 所示。

图 11-27　绷毽

四、比赛规则简介

(一) 场地（如图 11-28 所示）

(1) 团体、双人和混合双人赛的赛场场地长 11.88 米，宽 6.10 米。

(2) 单人比赛场地长 11.88 米，宽 5.18 米。

(3) 场地上空 6 米以内（由地面计算）和场地四周 2 米以内不得有障碍物。

(二) 器材

毽球由毽毛、毽垫等构成。毽毛为四支白色或彩色鹅羽成十字形插在毛管内，每支羽毛宽 3.20~3.50 厘米。毽垫直径 3.80~4 厘米，厚 1.30~1.50 厘米。毛管高 2.50 厘米。毽球的高度为 13~15 厘米。毽球的重量为 13~15 克。如图 11-29 所示。

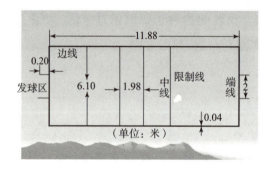

图 11-28 毽球场地图

图 11-29 毽球比赛用球

(三) 比赛方法及规则简介

1. 比赛队员及场上位置（如图 11-30 所示）

(1) 比赛队由 5 人组成，上场队员 3 人，其中队长 1 人。

(2) 双方队员必须站在本方场区内。站在靠近球网的两名队员从左至右分别为 3 号位和 2 号位，靠近端线的队员为 1 号位。

图 11-30 毽球比赛

2. 比赛局数、得分、场区选择

（1）各项比赛采用三局两胜每球得分制，团体赛每局 21 分，其他各项每局 15 分。

（2）比赛前抽签获胜的一方选择一个场区或另一个场区；发球或接发球，第一局结束后双方交换场区和发球。

（3）决胜局开始前，正裁判员召集双方队长重新选择场区或发球。决胜局比赛中，任何一队先得 10 或 8 分时两队应交换场区。交换时，不得进行场外指导。交换场区后，双方队员的轮转位置不得变换。经记录员查对后，由原发球队队员继续发球。如未及时交换场区，一旦裁判员或任何一方发现时，应立即交换，比分不变。

3. 暂停与公共暂停

（1）比赛成死球，教练员或场上队长可以向裁判员请求暂停。

（2）暂停时，教练员可以在场外进行指导，但场上队员不得出场，不得与场外其他任何人讲话，场外人员也不得进入场内。

（3）每局比赛中，每队可以请求两次暂停，每次暂停时间不得超过 30 秒钟。某队在一局中请求第三次暂停，应判该队违例并失 1 分。一局内，某方的暂停次数不得移至另一局使用。

（4）单人比赛任何一方先得 8 分时，增加一次 30 秒的公共暂停，允许双方队员在场内休息，但不准场外指导。公共暂停不记录在双方暂停次数内。

4. 换人

（1）团体赛允许换人。比赛成死球时，教练员或场上队长可以向裁判员请求换人。换人时，场外人员不得向场内队员进行指导，场内队员也不得离开场地。

（2）每队每局换人不得超过 3 人次。

（3）替补队员上场前，应在记录台附近做好准备，换人时不得超过 15 秒钟，否则判该队一次暂停。如该队在该局已暂停过两次，则判该队失 1 分。

（4）教练员或场上队长请求换人时，应向裁判员报告下场和上场队员的号码。

（5）比赛中因故被取消比赛资格的队员，不能继续参加该场比赛，可由替补队员替换。如某队在该局已换人 3 人次，或场外无人替换时，则判某队为负局。

5. 发球与接发球

（1）发球。

①各项比赛的发球队员须站在本方发球区内，用手持球，将球抛起，用脚将球

从网上踢入对方场区，使比赛进行。发球队员必须在发球区内发球，在球发出后才能进入场区。

②团体赛发球时，2、3号位队员不得有任何掩护动作，否则，判由对方得1分。

③比赛各局若出现20或14平，执行轮换发球法，即每方轮发1分球。

（2）发球失误。

发生下列情况之一时，即判发球失误并失1分：

①队员发球时，踏及端线或发球区线及其延长线。

②球未过网或触及标志杆。

③球从网下穿过。

④球从标志杆及其延长高度以外过网。

⑤球触及任何障碍物，或在进入对方场区前触及本队队员。

⑥球落在界外。

⑦发球延误时间超过5秒钟。

⑧裁判员鸣哨后球坠落在地上。

（3）重发球。

发生下列情况之一时，须重发球：

①比赛进行中，球挂在网上（最后一次击球挂网除外）。

②比赛进行中，毽毛和毽垫在飞行时脱离。

③裁判员鸣哨之前发球。

④比赛进行中，其他人或物品进入场区。

（4）团体赛发球次序错误。

①未按照记分表上登记的发球次序进行发球，叫作发球次序错误。

②发球队员击球的一刹那，裁判员发现该队发球次序错误，则判该队失分，并恢复正确位置。如犯规队已得分，取消该队因该次发球次序错误所得的分数。

6. 比赛进行中的击球与附加动作

（1）团体赛每队在将球踢入对方场区前，在本方场区最多只能有3人次共击球4次，双人、混合双人赛为3人次、3次击球过网，单人赛为2次击球过网。

（2）1人次是指某队员触球次数，每名队员可触球1次也可以连续触球2次。

（3）不得用手、臂触球，但防守队员在手臂自然下垂的前提下拦网时的手球不判违例。

（4）球不得明显地停留在队员身体的任何部位。

7. 触网球

比赛进行中球触及两标志杆以内的球网为好球，球触标志杆为失误。

8. 触网

（1）比赛进行中，队员身体任何部位触及两标志杆以内的球网，均为触网违例。

（2）队员击球后，触及标志杆或标志杆以外的球网、网柱、网绳或其他物体，不判违例。

9. 进入对方场区和空间

（1）过网击球为犯规。

（2）比赛进行中，身体任何部位不得从网上标志杆以内区域进入对方场区的空间。

（3）队员若用头攻球时，必须在限制线以外起跳，落地时两脚可落在限制线内。防守队员在限制区内，拦网时头部无意识触球过网不判违例。

（4）比赛进行中，除脚以外，身体任何部位不得触及中线。脚不得完全越过中线。

10. 死球与中断比赛

（1）球触地及违例为死球。

（2）中断比赛：其他人或物品进入比赛场区；更换损坏的器材；运动员发生意外事故等。发生以上情况，裁判员应鸣哨，中断比赛。上述情况终结即鸣哨恢复比赛。

11. 计胜方法

（1）各项比赛先得21或15分的队为胜一局；如比分是20或14平时，比赛应继续进行，直至某队领先2分，方为胜一局。

（2）某局出现20或14平时则实行轮换发球法，即首先由有发球权一方发球，无论得、失分后，均由对方发球，依此类推，直至某队领先2分结束比赛。

罗攀：那就朝着冠军前进

罗攀，25岁，祖籍江西省，从小随父母到深圳读书、生活。多次获国际、全国赛事毽球比赛冠军，2012年获法国国际毽球公开赛3项冠军；2015年获毽球世界锦标赛冠军。2017年毕业于天津体育学院，现为莲南小学体育教师，任毽球队主教练。他到学校后组建毽球队仅两年，就带领学生在市级比赛中获得冠军。2019年5月底，他参加在乌海举办的2019年全国毽球邀请赛获得竞技组比赛冠军。随即又备战8月份举行的2019年第十一届毽球世锦赛，作为国家毽球队队员参赛。

毽球世锦赛冠军罗攀为什么会选择到莲南小学来任教呢？罗攀的回答很简单，一是想推广毽球，传承这项中华民族传统项目；二是喜欢当老师，希望回到深圳这个熟悉的地方。

"既然要带一支队伍，那就朝着冠军前进"。在这位世锦赛冠军教练罗攀的带领下，莲南小学第二年派学生出战就站上了最高领奖台。

活动与训练

毽球的儿歌伴唱踢法

游戏说明："一锅底，二锅盖，三酒盅，四牙筷，五钉锤，六烧卖，七兰花，八把抓，九上脸，十打花。"唱一句，踢一下，做一个动作。让踢起的毽子依次落在：一、伸直的手心里；二、伸直的手背上；三、五指窝成的"酒盅"里；四、伸直的两指（中、食）上；五、握紧的拳头上；六、撮起的手掌中；七、手指有曲有伸的"兰花瓣"上；八、抓取的手心中；九、仰着的脸颊上；十、跳起的一脚上。踢得多者为胜利者。

探索与思考

1. 简述毽球主要技术和四种踢法，结合教材总结出适合自己的练习方法。
2. 掌握毽球比赛规则，组织一场毽球比赛。

模块十二　新兴体育运动

模块导读

新兴体育项目是指在国际上比较流行，国内开展不久或国内新创的，深受青少年喜爱并适合在学校开展的运动项目，如攀岩、轮滑、定向运动与野外生存、素质拓展等。体育本就是让人轻松愉快的事，新兴的体育项目能够满足不同人群对体育的独特偏好，可以作为校园体育的一种有益补充，让学生们能接触更加丰富多彩的体育项目，让我们的传统体育文化更具魅力及活力。

本模块主要介绍轮滑运动和拓展训练的起源与发展，以及轮滑运动的基本技术及其练习方法，帮助同学们更好地欣赏和参与轮滑运动。同时，学习拓展训练中系统思考的内涵，体验协作的真正意义和处理团队中出现的各种问题。发挥自身潜能，凝聚团队力量，迎接未来人生路上的各种挑战。

单元 12.1　轮　　滑

学习目标

1. 了解轮滑运动的起源与发展。
2. 学习并掌握轮滑运动的基本技术及其练习方法。
3. 更好地欣赏和参与轮滑运动。

轮滑鞋的历史

据说在公元 1100 年的时候，溜冰鞋是当时的猎人为了帮助自己能够在冬天进行打猎游戏而制作。他们将骨头装在长皮靴的脚掌上，轮滑鞋最早的样子就有了。

历史上第一双溜冰鞋却是创造于公元 1700 年，出自苏格兰人 Dutchman 之手。他希望自己能够在夏天模拟出冬天溜冰的感觉。于是把敲钉的线轴长条木附在他鞋子上钉的线轴上面。也就是在这一年，在爱丁堡，世界上第一个溜冰俱乐部诞生了。

一、轮滑运动的魅力

（一）轮滑运动概述

轮滑运动（如图 12-1 所示）原称为"溜旱冰"或"滑旱冰"，是一项融健身、竞技、娱乐、趣味、技巧、艺术、休闲、惊险于一体的体育运动项目。1987 年 1 月 1 日，我国根据国际通用名称，将这一运动正式更名为"轮滑"。轮滑运动可有效地改善和提高运动者的机体中枢神经系统功能，提高呼吸系统、消化系统、血液循环系统等内脏器官的功能，能够全面协调和综合发展人体的速度、力量、耐力、灵敏性

等各方面素质，特别是对青少年的身心发展具有积极作用。由于这一运动受气候和场地条件的限制很小，其用具便于携带、技术容易掌握。轮滑竞赛项目包括速度轮滑、花样轮滑、自由轮滑、轮滑球、极限轮滑。

（二）轮滑运动基本准备

1. 轮滑鞋

一般分为外壳和内胆两部分，但速滑鞋和个别的专业平花鞋是没有外壳和内胆之分的。轮滑鞋中，只有速滑鞋少了一个其他品种轮滑鞋都有的东西，叫 cuff。它的作用是保护脚踝，便于让脚踝的力量很好地发挥出来。内胆是在鞋里面那层厚厚的海绵的东西，可以掏出来单独清洗，它的作用是可以缓解脚部和外壳之间的摩擦，最重要的是厚实的内胆棉可以使轮滑鞋的包脚性非常好，从而把轮滑鞋的性能完美地发挥出来，更便于使用者学习轮滑技能。

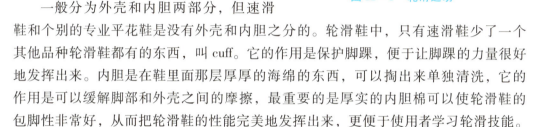

图 12 - 1　轮滑运动

轮滑鞋的刀架即为连接轮子及上鞋之间的金属框架。刀架的材质和结构形式是决定轮滑鞋性能的第二大要点。除了一些成人专业速滑鞋的刀架装有 5 个轮子，和一些非常简单的儿童玩具鞋的刀架只装 3 个轮子之外，其他所有的单排轮滑鞋的刀架都装有 4 个轮子。

轮滑鞋的轮子：现今的单排轮滑鞋的轮子一般都是 PU 轮这种材料的轮子可以适应各种场地和状况。轮子由外面的轮胶和里面硬质的轮毂构成。轮胶的硬度由 80 ~ 85A（A 为硬度标记）不等。数字越大，硬度越大，轮子就越耐磨。而轮子中的轴承安装在轮子的轮毂里面，轮子的两面各安装一个轴承，两个轴承之间装有一个轴承定位套，作用是给轴承定位，不让它在轮毂里有攒动，从而达到轴承转动的理想状态。

2. 护具

在轮滑时，人们非常容易忽视护具这一非常重要的装备。轮滑护具包括头盔、护掌、护肘和护膝。不同轮滑形式的护具也不尽相同，所以在购买护具时，不但要辨别护具的安全性能，还要购买适合自己轮滑形式的护具。带护具不仅能保护自己，还能保持良好的练习心态，从而更好完成此项运动的各种技术。

二、轮滑运动基本技术

（一）站姿

第一种是普通的平行站立，即将两只脚平行稍窄于肩，双膝微弯以保持重心，以

脚踝的力量控制好，不要让脚左右摆动，要保证轮子垂直地面。穿专业平花鞋平行站立时因为鞋的结构设计影响，两脚会自然地向外压外刃。第二种是应用于非平整地面的丁字形站立（也叫T字形站立），即一只鞋的最后一个轮子抵在另一只鞋的第二和第三只轮子之间，双膝微弯，双腿之间稍有间隙，以保持重心，仍然是以脚踝控制鞋子。

（二）起步

从T字形站姿起步，让一只脚保持前进姿势，脚尖向前，另一只脚向身体侧后方蹬地推出，就会有向前前进之力量。此时身体的重心应完全放在前脚上，身体稍向前倾（不是驼背），这样后脚的发力收回过程才能顺畅。后脚收回后，换另一只脚向身体侧后方蹬出，重心位置依然放在前脚上。以此类推。

（三）滑行

滑行时为保持较好的平衡，要尽量屈膝弯腰，目的是稳定重心和便于发力。

（四）身体的重心

滑行时身体的重心要始终稍向前倾，随着两脚的不断交替，重心要不断地转移。当一只脚向侧后方蹬出时，身体重心必须要完全放在另一条腿上，这样才能保证蹬出的腿很顺畅地收回来。当这条腿收回落地时，重心马上转移到这条腿上，再把另一条腿蹬出。切记每次蹬腿时身体重心都要完全放在另一条腿上。如此循环。

（五）滑行姿势

双膝微弯，身体稍向前倾以保持重心。滑行速度越快，屈膝弯腰的幅度越大。标准的速滑姿势为双手自然背后（无摆臂的情况下），背部与地面平行，大腿与小腿弯曲角度不大于120°。

（六）停止

以上述姿势滑行，双脚靠近保持平行，有煞车块的脚稍稍向前，使两脚距离相差约有半个脚，提起脚尖直到煞车块碰触到地面，然后慢慢将重心移到有煞车块的脚，增加压力，直到停下来。

三、轮滑运动基本技术练习方法

（一）直线滑行练习

静蹲姿势准备：首先身体将重心转移至一条腿上，另一条腿用脚内侧向斜后方蹬地，蹬地后迅速收回至静蹲姿势自由滑行，在此过程中上身始终保持静蹲姿势，不能变。接着重心转移另一侧，换用另一条腿蹬地，左右如此往复练习，要领同上。直线滑行练习，蹬出脚收回至静蹲姿势时不必再保持静蹲姿势自由滑行，而是一条腿蹬出收回后另一条腿马上再蹬出收回，如此循环练习。

滑行过程中加入摆臂动作的目的和我们陆地上跑步、走步摆臂的原理是一样的，都是为了更好地保持平衡以达到平稳加速的目的。两臂用力一前一后摆动，摆幅高度为向前摆时手的高度不超过面部，以视线以下为佳；向后摆动时，手要从身体下面过再向上摆动，手臂伸直，尽量向身体内侧收，不要太向外打，摆动高度为尽可能地向后摆的一个自由高度。弯道滑行时内侧的手臂自然背后，外侧的手臂用力摆动以保持平衡，此时摆臂的幅度可稍减小。

（二）弯道滑行练习

弯道滑行要克服的难点就是自身体重造成的离心力，由于弯道时的离心力，所以我们的身体就要向弯道内侧倾斜，而且转弯半径越小的弯道，身体倾斜度就得越大。平行转弯是直线滑行的基本转弯。入弯时两脚一前一后平行错开，弯道内侧的脚向前错，弯道外侧的脚向后错，然后身体重心向弯道内侧倒。

（三）滑行停止练习

所谓停止就是滑行中的刹车。最基本的刹车就是 T 刹，它适用于一般的直线滑行的刹停。而急速的速滑选手则需要进行减速之后再用一种叫"A 刹"的刹车方式停止。T 刹要领是在向前滑行中，先将重心完全放在一条腿上，该腿膝盖弯曲，同时把另一只脚横放在支撑脚脚后，让两脚脚尖角度为 90°，然后后面的脚轻拖地面，减缓滑行速度，直到停止滑行。在此过程中，重心始终放在前面的腿上，上身始终保持正直，后腿的膝盖朝向要和后脚脚尖的朝向一致，两膝盖不可紧挨。

四、赛事观赏

作为观众，应文明观赛。比赛中观众可为运动员鼓励加油，对精彩表演可当场报以热烈的、长时间的掌声和喝彩声。运动员离场时，观众应报以热烈掌声，条件许可时，观众也可与运动员握手表示祝贺。比赛进入高潮时，为运动员喝彩应整齐而有秩序。体育场上，不能使用污言秽语，不能用歧视性的语言侮辱、谩骂；观众观看比赛时如要拍照不能使用闪光灯。

五、赛事介绍

（一）国内轮滑赛事

国内轮滑赛事包括全国速度轮滑（场地）锦标赛、全国速度轮滑（公路）锦标赛、全国花样轮滑锦标赛、中国速度轮滑公开赛、中国轮滑公开赛、中国公路轮滑马拉松公开赛、全国少年速度轮滑锦标赛等，以上赛事每年举办一次或多次。

(二) 国际轮滑赛事

国际轮滑赛事包括世界速度轮滑锦标赛、世界花样轮滑锦标赛、世界轮滑球锦标赛等，以上赛事每年举办一次或多次。

天才少女：冯辉的轮滑人生

冯辉从9岁开始学习轮滑，16岁就已经是蝉联五届轮滑世锦赛平地花式青年女子组的冠军，被誉为天才轮滑少女。从2011年韩国南原轮滑公开赛中就开始崭露头角，到2011年新世界杯上海轮滑大奖赛中一鸣惊人，冯辉的轮滑成就震惊世界。她曾经上过湖南卫视、江苏卫视等各大综艺电视，并且成功与国影传媒签约，成为轮滑圈第一位轮滑明星艺人。她的比赛视频点击量超过3 000万，战绩赫赫的冯辉也是一位公益大使，连续5年的轮滑公益助学行的足迹遍布高海拔的大西藏。冯辉对于自由式轮滑运动而言，是一个里程碑式的人物，有太多人因为她才了解自由式轮滑这项运动。

谈到自己在轮滑上取得的成就，冯辉认为最重要的是兴趣。"我喜欢带轮子的东西，一开始学的时候我就对轮滑的兴趣非常浓厚。现在有空了还会跟爸爸去骑山地车。"冯辉说。此外，在接受了一个月的轮滑启蒙教育后，冯辉便加入当地一个高水平的轮滑俱乐部接受培训。"教练教完后，回家我再自己摸索，所以进步比较快。"冯辉说，"轮滑是学无止境的一项运动，有魔性，可以带给你很多，你可以发明自己的动作。"

 探索与思考

1. 轮滑运动如何进行刹车？
2. 弯道滑行练习时应注意什么？

单元 12.2 拓展训练

1. 了解拓展训练的起源与发展。
2. 学习系统思考的内涵，体验协作的真正意义和处理团队中出现的各种问题。
3. 发挥自身潜能，凝聚团队力量，迎接各种挑战。

我一定要活下去

在第二次世界大战时，大西洋上有很多船只受到攻击而沉没，大批船员落水，由于海水冰冷，又远离大陆，绝大多数的船员不幸牺牲了，但仍有极少数的人在经历了长时间的磨难后终于得以生还，当人们深入了解这些生存下来的人的情况后，发现了一个令人非常惊奇的事实，这就是在那些能生还下来的人中，他们既不是最年轻的，也不是体格最强壮的。经过一段时间的调查研究，专家们终于找到了这个问题的答案：这些人之所以能活下来，关键在于这些人有良好的心理素质，他们意志力特别顽强，家庭生活幸福，有强烈的责任感，有丰富的生存经验，有很多常人或缺的品质，包括团队的协调和配合能力，当然还有一点点运气。当他们遇到灾难的时候，有着坚定的信念：我一定要活下去。而那些年轻的海员可能更多想到的是：这下我完了，肯定不能活着回去了。

一、拓展训练的魅力

（一）拓展训练的起源与发展

拓展训练是一种"户外体验式学习"，源于西方英文 Outward Bound，它原是一

个航海术语，是用于召唤船员的旗语。当船就要出发时，船上就会打出旗语，船员们看到后会很快回到船上整装待发。

1941年，一位德国教育者Kurt Hahn和一位英国海运大亨Lawrence Holt爵士在威尔士的阿德伯威成立了世界上第一所拓展训练学校。这所学校最初有一个具体的任务，即让被德国潜艇轰炸的年轻英国海员心中充满较强的自立意识和精神韧性，同时还要摆脱传统的教学方式。Kurt Hahn发现人们能够从充满挑战刺激的环境中赢得信心、自尊和自立，还能够形成和同伴通力合作的精神。

20世纪60年代，拓展训练被Josh Miner引入美国，他发现性格发展对个人成功非常重要，在此基础上形成了一套课程即拓展训练，这种突破常规的教育模式也就成为体验式学习的真正权威。受到这种新颖理念和教育模式的启发，Miner在美国发起了拓展训练运动。

拓展训练是突破传统教育思想和模式要求的一种全新学习与教育方式，其课程独具创意，融思想性、教育性、挑战性、实用性和趣味性于一体。学员通过在高山大海中接受挑战练习，变得乐于面对困难，勇于接受挑战，具有积极的心态，并能够引发学习兴趣。拓展训练的独特创意和训练方式逐渐被推广开来，训练对象由海员扩大到军人、学生、工商人员等群体。训练目标也由单纯体能、生存训练扩展到心理训练、人格训练、管理训练等，拓展训练已成为一种体系化的课程，在越来越多的领域发挥其特有的教育作用。

中国拓展训练市场还处于早期开发阶段，前景光明。现代企业面临着竞争和压力，对从业者提出了很高的要求，除了具备良好的业务素质和明确的职业规范外，还需要特别健康的心理素质、坚强的意志、敢于进取冒险创新的精神和良好的人际关系、团队意识及组织协调能力，而这些都需要在实践或强化培训中培养。由于拓展训练符合完善人格、提高素质和回归自然的要求，因此成千上万的人们热衷于此，成为素质教育的新时尚。拓展训练已成为国家机关、外资企业和其他现代化企业、各类学校的日常培训课程。

1995年，北京某公司对新华社全体员工进行首次拓展训练，拓展训练首次进入中国。1999年，清华大学率先将体验式教育引入MBA和EMBA的教学体系中，拓展训练首次进入高校。2002年，北京大学开设了"体育综合素质课"，并把该课程命名为"素质拓展"。2005年，北京体育大学成立户外运动中心，同年开始招收该专业的学生。

拓展运动同时也是喜爱挑战的人们闲暇时间挑战自我、锻炼自我、展示自我的重要形式。一项运动最初都是由大众娱乐游戏开始，继而发展为成熟的运动项目，拓展训练也在走这条道路。拓展训练如今成为人们的竞赛项目之一，作为一项新兴的时尚体育运动，由"拓展培训"发展演变而来，利用自然地形地貌或人工修建的体育专属设施开展的以团队、双人和个人为单位的竞速、竞距、计数和具有对抗性质的系列运动。其主要由地面项目、低空项目、高空项目、水面项目4大类项目组成。

中国登山协会自 2004 年开始在开发拓展运动方面做了大量工作，针对拓展训练具有鲜明运动元素的特点，初步确定了全国比赛项目，制定了相应的竞赛规则，并于 2006 年举办了全国首届拓展运动展示大会，2008 年和 2010 年分别成功组织了全国山地运动会拓展比赛。随着我国社会经济发展，群众体育力度加大，许多高校、俱乐部等都热衷开展此项运动，从而推动了拓展运动的发展。2010 年 7 月底在吉林省吉林市北大湖举办的首届全国户外拓展大赛有 28 支代表队近 200 名运动员参赛，是国内首次组织开展的规模最大的一次全国性拓展运动赛事。

（二）拓展训练的目的及作用

现代社会是一个高度人际互动的社会，拓展训练融合高低挑战元素，学员在个人和团队的层面，都可通过危机感、领导、沟通、面对逆境的辅导和培训而得到提升。拓展训练课程分为水上、野外、场地三类。水上课程包括游泳、跳水、扎竹筏、划艇等。野外课程包括远足露营、登山攀岩、野外定向、户外生存技巧等。场地课程是在专门的训练场地上利用各种训练设施，开展各种团队课程，如攀岩、跳跃等训练活动。

另外拓展训练项目又可分为个人挑战项目和集体合作项目：个人项目主要是通过一定难度的考验，最大限度地激发学员体能和心理潜能，从而自我挑战、自我超越以及心志模式改变。团队项目则是以复杂性和艰巨性为特征，通过所有人的相互理解合作、信任，融合学员的团队意识，学习系统思考的内涵，体验协作的真正意义和处理团队中出现的各种问题。

（三）拓展训练环节

体验学习是拓展训练的基础理论架构，也是体验教育主要的学习模式，拓展训练环节主要分为 4 个部分，分别为体验（experience）、反思（reflecting）、归纳（generalizing）和应用（applying），这 4 个部分是一个循环模式，如图 12-2 所示。

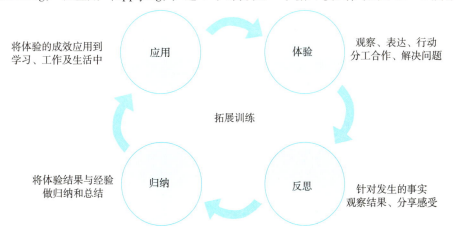

图 12-2　拓展训练环节

1. 体验阶段

体验者是以活动来促进团队成员利用自身的能力、团队的分工合作、人际沟通、领导与被领导、面对挑战或压力、问题解决等历程，有逻辑性且有方法地循序渐进达到活动设定的目标，并学习到有价值的观念。

2. 反思阶段

此阶段着重于此时此刻的经验与感受。就活动过程中发生的事实，带领者与参与者检视个人与团体在活动时所经历的问题状况，成员们互相分享活动感受，引起学员们内心的反思。

3. 归纳阶段

将反思的结果与经验做归纳和总结，形成概念以作为解决问题的最佳应用，是此阶段的重点。引导者一般会引导团体做如下思考：在活动中所发生的现象与事实，是否也存在于我们的生活中？过去个人在某些场合或情景中，是否曾发生类似的情形？借此转化与联结的过程，使客观的活动经验与成员的主观经历产生联结关系，出现更宽广的思考空间。

4. 应用阶段

此部分的应用焦点是需要引导者与参与者所设定的目标相配合。在这个阶段中，引导者可引导学员做思考：这个活动让我们对自己有什么认识？这个发现在面对未来的生活、工作或学业时，可以持续或改进的地方有哪些？体验者的成效，就是个人可以应用由参加活动中得来的经验，把所学到的方法、态度、知识与技能甚至是自我发现推理到外在世界并加以实践。此阶段着重在将这些活动经验应用到正确的情境，将体验学习的经验实行或是有意义地应用到个人的日常生活中。

这4个阶段是连续且随时都可以发生的，同时它也会影响未来的某一个经验。每个阶段会因环境、团队成员与引导者之间以及设施和装备等不同，彼此不断地互动，产生连贯性的交互作用。因此，如何在这多变的学习环境中，设计合适的活动与运用适宜的反思及分享方式，就成为影响探索教育成效的重要因素。

（四）拓展训练的特性

拓展训练利用室内和户外多种活动形式，模拟真实情景的训练形式和良好的训练效果，在教育培训领域里保持着极大的优势，拥有以下6大特点：

1. 锻炼综合性

拓展训练的所有项目都是以体验式活动为主导，学员通过游戏的体验引发出认知、情感,激发学员与他人的沟通、交往、合作行为。活动过程中团队有明确的任务,学员要发挥自身和团队优势才能更好地完成任务,对参与者的锻炼是综合性的。

2. 体验巅峰性

在拓展训练过程中,成员和团队都要完成指定的目标,就必须克服各种困难、跨越各种防线,在活动过程中、课程完成后,学员会获得发自内心巅峰般的胜利感和自豪感。

3. 挑战极限性

拓展训练的项目都具有一定的挑战性,在心理、生理、体能上都会经受到一定负荷的挑战,学员在活动中要不断地突破自我约束,挑战自己身心的"极限",完成"极限"蜕变。

4. 自我教育性

拓展训练过程本来就是学员学习成长的过程,学员要根据引导者的课程内容和活动要求在拓展训练过程中不断学习和突破。在训练后,学员在引导者的引导下进行活动的总结归纳,在日后的学习、工作和生活中起到教育作用。

5. 集体的荣誉性

拓展训练一般需要完成各项活动以达到熔炼团队的效果,而在挑战项目过程中往往又会分以不同小队展开竞争,期待每位学员竭尽全力为集体争取荣誉,在团队中发挥个人能力并借助集体的力量共同解决问题,优化行为。

6. 成效显著性

往往通过短期的拓展培训后,学员日常行为举止、生理心理会受到突破性冲击,在心里受到震撼性的影响,从而会有各种显著的培训成效,例如:认识自己的潜能、克服自己的心理障碍、磨炼战胜困难的意志力、改善人际关系等。这也是目前企业所看重的拓展训练活动的效果。

二、拓展训练在高职院校的发展情况

(一)高职院校学生的显著问题与社会对毕业生的期待

高等院校作为一个向社会过渡的学习与实践平台,它的根本任务是培养面向生产、建设、管理和服务第一线需要的"下得去、留得住、用得上"、实践能力强、具有良好职业道德的高素质技能型专门人才。但随着高职教育大众化的普及，生源结构的复杂，录取方式的多样性，"90后"学生日益凸显自我、独立、张扬以及多样化等性格特点，学生职业素养整体呈下滑趋势。部分学生在学习中，上课玩手机、实训发微信现象比比皆是；在生活中，为小事争执、为小挫折无病呻吟的现象普遍存在；在活动中，创新有限、守旧有余，好猎奇、喜刺激，格调不高；在学生组织中，沟通不畅通、团队合作意识差，重心不能下移，工作高位徘徊；走上工作岗位后，缺少吃苦耐劳、爱岗敬业的精神，只讲工资待遇，不图长远发展，"跳槽"频频出现。同时，高职院校还存在着"技能至上""能力越位"和片面追求"零距离上岗"的倾向，职业素质教育相对处于职业教育"边缘"的境地。

然而目前企业对用人的要求也在不断变化，因为企业在日常竞争中，内部团队合作能力的强弱，直接影响他们在未来参与工作的质量。企业对员工不光看重个人的硬实力（基础技能和专业技能），而更倾向于软实力（隐性的职业素养）的要求。社会中任何人才作用的发挥都离不开团队协作，小到工厂流水线，大到企业各部门间的协调，无不体现出在资源互补、多方共赢方面的社会需求。

而拓展训练作为体验式学习方式的代表，能满足高职院校学生职业素养的养成需求，纠正学生惯有的自我意识强、缺乏与人和谐相处能力的现象，培养学生的职业道德、动手能力、沟通协调能力，锻炼学生的综合素质和精神风貌，增强学生的团队精神和集体荣誉感，加强个人对自己和他人，对家庭和集体，对国家和社会所负责任的认识、情感和信念，以及与之相应的遵守规范、承担责任和履行义务的自觉态度。拓展培训进入教育体系是时代的潮流，在大学课程里加入拓展训练是一种积极的尝试。

（二）高职院校开展拓展训练的形式

1. 公共体育课形式

大部分高职院校在大一、大二的学习过程开设有公共体育课，根据大学新生的身心特点，在公共体育课里设置有拓展训练环节，有助于学生更好地适应大学环境，更快地融入大学生活。

2. 公共选修课

高职院校都开设有公共选修课，在选修课的范畴里可以尝试性地加入拓展训练类课程，如广东岭南职业技术学院就设有体验式拓展训练课，充分地利用学院的拓展基地资源，开发开设适合当代大学生的拓展训练课程。

3. 体育专业课

中国拓展训练市场正处于蓬勃发展阶段，各行各业都有内部拓展培训需求，而拓展训练开发和实施的人才紧缺，因此开设专业培养专门人才是当务之急。例如，广东体育职业技术学院、广东岭南职业技术学院等许多高职院校都在体育服务与管理专业开设有拓展训练课，直接编入人才培养方案，纳入专业课程体系里。

4. 校园趣味运动会

在校园运动会上增设趣味体育运动项目，此类项目可从拓展训练项目中演变而来，如"步调一致""同心鼓""风火轮"等，此类运动会是激发教职工工作热情、展现当代大学生精神风貌的一项重要活动。同时促进学生参加户外的"阳光体育活动"，全面提升学生的身体素质，促进学生的心理健康，加强学生的社会适应能力。校园趣味运动会如图12-3所示。

图12-3 校园趣味运动会

5. 学生的第二课堂活动

高职院校一般都成立有各种学生部门、学生协会，拓展训练也被广泛地运用到各种培训活动当中。例如：广东岭南职业技术学院的外包学院、外语学院、博雅教育学院等学院从2014年开始，每年都会开设此类培训活动。学生的各类协会、社团不定期地开展拓展训练活动，获得了良好的效果和评价。

6. 高校素质拓展培训机构

南方医科大学、汕头大学、北京师范大学香港浸会大学联合国际学院、广东岭南职业技术学院等多家高校已于近几年建立起各类学生素质拓展培训机构，如汕头大学的"高级户外拓展项目团队"、北京师范大学香港浸会大学联合国际学院成立的"全人教育体验拓展中心"。广东岭南职业技术学院博雅教育学院自加强素质教育工作以来，培养了一支具有丰富经验的拓展训练教师团队，并成立了"体验式拓展训练讲师团"。

三、拓展训练课程推介

（一）破冰课程

1. 热身

培训术语，也叫破冰，来源于英文 ice break。现代培训认为，培训老师与学院初次接触时会有陌生感，如同冻结的冰块，如果立刻开始授课会影响培训效果，因此应该通过特别设计的活动和游戏来消除两者之间的陌生和怀疑，然后再开始正式授课。这种通过活动和游戏消除"教"和"学"双方隔阂并调动学员学习热情的方式被称为"热身"。

2. 破冰理念

（1）让参加培训的学员清楚了解体验式培训的方式。

（2）清楚积极参与培训对自己、对团队、对企业的重要意义。

（3）提出团队培训对学院的要求：百分百地用心投入每一个项目的体验活动中。

（4）注重自己的项目感受，注意观察团队成员。

（5）付出就会有收获，获得的回报应该是方方面面的。

3. 破冰的任务

加强团队文化建设对企业的发展有着一定程度上的积极意义，拓展训练是通过体验的方式，达成团队凝聚力的提升。在拓展训练中需要选好优秀的团队领导，加大团队管理的授权，并给予团队成员充分的尊重，同时建立成员间的技能互补和角色分工，培养团队的创新精神和目标行动力。通过不断地演练和深化团队危机，恰到好处地分享得失，将拓展中体会到的理念与团队建设相融合，这样团队才会更加强大。

1. 常规的破冰游戏：团队组建

（1）全体队员分成3~4个小队，每队由一名培训师及助理培训师主持并配合本次拓展训练。

（2）各队推荐或自荐队长和队长秘书各一名。

（3）编队歌。可自编曲，也可原曲填词，要求简短且不带讽刺与宗教色彩。

（4）起队名。要形象、有意义。

（5）队伍口号。文字简练、朗朗上口，具有震撼力。

（6）制作队旗。共同创作，队旗要简单、蕴意深刻。要求全体队员于队旗上签名。

(7) 各队相互展示。解释队名、队歌、口号，展示队旗，为队伍造势。

团队组建在拓展训练中的意义：为团队获得更高昂的士气和战斗力，减少流动率和流失率，进行更和谐的沟通。

2. 常见的趣味破冰游戏

(1) 纸杯传递（如图 12-4 所示）。

活动目的：打破队伍成员之间的尴尬

活动人数：无限制

活动器材：纸杯或塑料杯、每人一支塑料吸管、若干水或乒乓球

活动场地：无限制

活动时间：5~10 分钟

活动说明：每人用嘴巴含住吸管，并以顶杯的方式从第一名队员依次传递至最后一名队员。或者每人咬住一个杯子，把杯中物品依次传递到最后一名队员。若出现失误，则从失误的队员继续开始。若想增加强度，可要求失误后从第一名队员重新开始任务。

图 12-4　纸杯传递

(2) 举"胖子"（如图 12-5 所示）。

活动目的：挑战团队的"不可能"心理

活动人数：6~20 人

活动器材：无限制

活动场地：室内室外均可

活动时间：5~10 分钟

活动说明：在成员中挑选一个块头最大、体重最重的"胖子"，再由其他成员共同挑选 5 名最瘦小的成员负责举"胖子"。5 名瘦小的队员只能用自己的 1~2 根手指，分别在"胖子"的身体受力点（建议是下巴、腋窝、脚后跟），合力将"胖子"举起。为了营造快乐的气氛，可以把人数增加。

图12-5 举"胖子"

(3)共同责任(如图12-6所示)。

活动目的:培养团队的责任感及承认错误的勇气,营造快乐氛围

活动人数:人数不限

活动器材:无限制

活动场地:室内室外均可

活动时间:10分钟

活动说明:列好队后,当培训师喊"1"时全体队员向左转;喊"2"时全体队员向右转;喊"3"时全体队员向后转;喊"4"时全体队员原地不动;喊"5"时后退一步。当有队员做错或做慢时判为违例,需走出队伍向大家鞠躬一次并举起右手报告"对不起,我错了",然后归队,直到几个回合后整体动作一致为止。为营造快乐氛围,可以要求犯错的队员做简单的表演。

图12-6 共同责任

(4)同心圆(如图12-7所示)。

活动目的:团队热身,舒展筋骨,营造快乐氛围

活动人数:人数不限

活动器材：无限制

活动场地：室内室外均可

活动时间：10分钟

活动说明：团队所有成员围成一个圈，双手背到左右隔壁队员的背部，紧紧牵住相隔一位队员伸过来的手。培训师有一套口令"高山流水、风吹草动、花开花落"，当听到"高山"所有队员一起往上跳；当听到"流水"所有队员一起往下蹲；当听到"风吹"所有队员上身一起往左边倾斜；当听到"草动"所有队员上身一起往右边倾斜；当听到"花开"所有队员一起往后仰，此时注意拉紧伙伴的手；当听到"花落"所有队员一起往前鞠躬一次。

图12-7 同心圆

(二) 团队项目

具体的团队项目对学员的锻炼目的不同，按项目分类的原则，对学员锻炼的针对性和拓展过程所关注的直观性进行分类，兼顾不同类别的项目都能让学员获得体验的机会，可分为高空项目、中低空项目、地面与心智项目。

1. 高空项目：空中断桥、跳出真我、毕业墙

（1）空中断桥（如图12-8所示）。

空中断桥是一个以个人挑战为主的项目，它属于高空类心理冲击的项目，整个过程需独立完成。"断桥一小步，人生一大步"浓缩了这个活动的精华。

人数：20~30人/组

活动器材：安全服、相应的安全设备（动力绳、锁扣、安全带及安全帽）

活动场地：空中断桥拓展场地一处

活动时间：60~90分钟

活动说明：

①出于安全考虑，所有成员必须学会使用头盔、安全绳、锁扣。

②挑战者沿立柱爬上高空断桥桥面，走到板头，两臂侧平举，然后大声问队友"准备好了吗？"当听到"准备好了"后，自己大喊"1，2，3"同时跨步跳到桥板另一端，单脚起跳单脚落地。

图 12-8　空中断桥

③桥面不允许助跑，跳跃时不许两手抓保护绳，完成后沿立柱慢慢爬下，随后进入加油队伍。

注意事项：

①有严重外伤病史，有严重心脑血管疾病、精神病、慢性病及并发症或医生建议不适合做此类挑战项目者，可以不参与此类挑战项目。

②摘除身上穿戴的所有硬物，系安全带、戴头盔，连接止坠器时要多次检查。

③一名成员在挑战时，另一名成员开始穿戴安全装备并接受辅导，前一名学员完成项目后，准备下一名学员开始。

④上断桥后，培训师先理顺保护绳，让学员背靠立柱，并为其扣上保护绳主锁，然后摘取上升器连接主锁。多次检查学员安全带和头盔穿戴问题。

⑤学员不敢过桥，培训师可先将其引至桥的一端，自己到另一端引导学员过桥；如果学员重心不稳、左右摇晃，可引导其放松背靠立柱，直到训练架不再共振为止。

思考与分享：

①站在高空断桥前，感受如何？

②当跨越心理障碍，完成挑战后你的感觉如何？如何帮同伴完成挑战？

③如何自我激励？

（2）跳出真我（如图 12-9 所示）。

"跳出真我"属于高空高难度项目，整个过程需严格把控，整个团队需紧密配合完成。

人数：20~30人/组

活动器材：安全服、相应的安全设备（动力绳、锁扣、安全带及安全帽）

活动场地：空中跳台、空中单杠拓展场地一处

活动时间：60~90分钟

活动说明：跳出真我是一个以个人挑战为主的项目，它属于高空类心理冲击的项目，整个过程需独立完成。

①出于安全考虑，所有成员必须学会使用头盔、安全绳、锁扣。

②挑战者沿立柱爬上高空单杠平台，站稳平台，两臂侧平举，然后大声问队友"准备好了吗？"当听到"准备好了"后，自己大喊"1，2，3"同时舒展身体跳出平台，双手抓住前方悬挂着的单杠。

③桥面不允许助跑，跳跃时不许两手抓保护绳，完成后沿立柱慢慢爬下，随后进入加油队伍。

图12-9　跳出真我

注意事项：

①有严重外伤病史，有严重心脑血管疾病、精神病、慢性病及并发症或医生建议不适合做此类挑战项目者，可以不参与此类挑战项目。

②摘除身上穿戴的所有硬物，系安全带、戴头盔，连接止坠器时要多次检查。

③一名成员在挑战时，另一名成员开始穿戴安全装备并接受辅导，前一名学员完成项目后，准备下一名学员开始。

④学员不敢跳出时，培训师可先语言鼓励其平缓心情后再做尝试；如果学员重心不稳、立柱摇晃，可引导其放松，平举双手保持平衡，直到训练架不再共振为止。

思考与分享：

①站在高空跳台上，感受如何？

②当跨越心理障碍完成挑战之后，感觉如何？有什么经验值得分享？

（3）毕业墙（如图12-10所示）。

图12-10 毕业墙

毕业墙又称逃生墙，墙体高4.2米，没有任何攀岩工具，最后学员们依靠搭人梯的方法全部学员都越过墙体。

人数：20~200人/组

活动场地：4.2米高墙/高板一堵

活动时间：90~120分钟

活动说明：

①所有学员在指定时间内全部翻越过高墙，不允许借助任何外力和工具，包括衣服、皮带等，必须沿墙面正壁爬上，不能蹬墙面。

②挑战过程中只有队长一人可发话，全程任何队员不得发出任何声响（难度提高，任何人不得出声，包括队长）。

③挑战前可由队长代表全队确定挑战目标。

注意事项：

①有严重外伤病史，有严重心脑血管疾病、精神病、慢性病及并发症或医生建议不适合做此类挑战项目者，可以不参与此类挑战项目。

②摘除身上穿戴的所有硬物，穿硬底鞋或胶钉底鞋的队员必须脱掉鞋子。

③如果采用搭人梯的办法，必须采用马步站桩式，不要将身体靠在墙上，注意腰部用力挺直，用手臂弯曲靠墙，以保持人梯牢固。要有人专门扶持人梯学员腰部，可以屈膝用腿支撑人梯学员的臀部。学员在攀爬过程中不可以踩人梯学员的头、颈椎、脊椎，只可以踩肩膀和大腿。

2. 中低空项目：信任背摔、蜘蛛网

（1）信任背摔（如图12-11所示）。

人数：8~30人

活动器材：约1米高的平台

活动场地：室内或室外场地皆可

活动时间：20~25分钟

活动说明：

①征求一位自愿者先开始，请他站在平台上，背部朝向团队。

②其他团队成员当保护者，面对面紧密排成两排，双手与对面的成员交错平举，手心向上，双脚踩弓箭步站姿。

③引导者需与自愿者站在一起，一方面注意自愿者所站位置，另一方面也要注意自愿者倒下的方向，适时让团队成员活动到最佳保护位置。

④在自愿者往后倒之前，必须要有确认口号。自愿者先说："我是某某某，你们愿意保护我的安全吗？"团队一起回答："我愿意！"自愿者再说："我要往后倒啦！"团队一起回答："请倒！"

⑤自愿者倒下的姿势要保持身体的挺直，双手紧握并放置在胸前，双脚固定放在平台上。当保护团队接到自愿者后，就慢慢温柔地降低自愿者，直到自愿者能安全地站在地上。

图12-11 信任背摔

⑥当第一位成员完成后，就轮流让其他成员体验这种感觉。

注意事项：

①因为此活动的进行会距离地面有一定的高度，故引导者在带领此活动前，必须评估团队有足够支持与信任程度。另外，此活动也涉及较多个人的心理安全层面，故提醒团队成员自发性选择挑战的理念，让团队成员做好足够的心理准备再挑战此活动。

②提醒团队成员和自愿者做好正确的信任倒姿势，特别是确保团队要随时保持专注和紧密靠在一起，不能在活动过程中出现缺口。

③提醒团队一个人的躯干比腿部还要重，必须要有比较多的人支撑躯干的部分。

④在活动过程中，团队成员身上的眼镜、手表、耳环、手环等饰品都必须拿

下来。

（2）蜘蛛网（如图12－12所示）。

图12－12 蜘蛛网

这是一个经典的拓展项目，是想象与挑战的完美结合，可以用来创建团队、培养合作精神、学习冲突处理技巧、培养领袖才能。

人数：8~12人

活动器材：口哨一个、秒表一个、小夹子、小铃铛若干

活动场地：用麻绳在两根柱子或支架中编织一张蜘蛛网

活动时间：20~25分钟

活动说明：

①游戏开场，模拟小组进入原始森林，唯一的通道被一张巨大的蜘蛛网封锁，必须从蜘蛛网中穿过才能获得生存。

②在穿越的过程中，任何人的任何部位不能碰到蜘蛛网，否则即宣告任务失败，全部人回到原点，重新开始任务。

③每个洞口只能使用一次，用了就用夹子标志不得再从此洞穿过。不同人必须从不同网洞穿越过去。

注意事项：不要让穿越者从网洞中滑落跌倒，以免发生意外。

3. 地面与心智项目：盲人多边形、极限时速

（1）盲人多边形（如图12－13所示）。

活动人数：8~12人

活动器材：一根50~70尺长的绳子、每位成员一人一个蒙眼的物品（如眼罩）

活动场地：室内或室外场地皆可，但需要较宽广的场地让团队活动

活动时间：40~60分钟

活动说明：

①情境塑造：在工作上你们是否曾经有过这样的感觉，在面对一个问题或整体

方案时，自己并不能看到整个局面。有没有这样的例子，在讨论计划书的时候你们都看得很清楚，但在开始完成任务的过程中，你们却是看不见的。

图12－13　盲人多边形

②向团队说明，此活动的目标是要所有团队成员蒙眼，将一条绳子围成一个正方形。

③让团队自行设定目标时间，总共需要多久来完成这项活动，在这段时间内，他们可以自由决定讨论计划书的时间。

④讨论完计划书后，在真正开始活动之前，所有的团队成员都必须用眼罩蒙着眼睛，要尽可能地在最短时间内围好正方形。

⑤所有团队成员都必须随时碰触到绳子，一旦他们拿到绳子就不能双手放掉或是把它再抓回来，然而他们可以在绳子上滑动他们的手做调整或是一次松开一只手。

⑥当整个团队觉得已经完成任务，就把团队最后塑造成的形状放在地上，一旦绳子被放在地上后，团队就可以拿掉他们的眼罩，看看他们所塑造出来的形状如何。

注意事项：

①提醒团队成员，一旦蒙眼后，双手就要放在胸前，做好缓冲的姿势。

②事先移走危险的障碍物，或是在团队成员接近任何危险时，先制止他们。

③当有团队成员觉得戴眼罩不舒服，他们可以拿掉眼罩，安静地走出来，然后观察活动的进行。

④这个活动通常实际操作起来会困难许多，所以引导者需要有时间上的限制，以确保团队不会在蒙眼太久后觉得很受挫。

活动变化：

①比较容易的方式是允许一位团队成员看得到，然后指挥其他蒙眼的成员。

②可以让团队塑造其他形状，任何形状都会比正方形还要困难。

③可以让团队一开始就蒙眼，通常当眼睛看不见时，讨论的对话就会比较困难，因为比较难整合团队和管理对话的效率。

④团队在讨论计划过程中可以用到绳子，一旦他们决定开始活动时，可以在整

个团队蒙眼后再将绳子放置在某处,让团队在塑造形状前,要先找出绳子的所在,此时就要更注意每个团队成员的移动方向。

引导讨论:

①如何在特殊情况下进行有效沟通?

②如何处理角色定位?如何更有效地完成本职工作?

③团队在处于不利情况时,如何才能消除负面影响?

(2)极限时速(如图12-14所示)。

图12-14 极限时速

活动人数:8~12人

活动器材:30个做好的数字贴(上面标示1~30)、秒表、一长条边界绳

活动场地:室内或室外场地皆可,但必须要有较宽广大的场地,提供团队成员奔跑

活动时间:40~60分钟

活动说明:

①在围成的圆形范围里,紧贴圆圈在地上摆放数字贴,此范围要与团队讨论计划的地点距离20~30米,让他们看不清楚摆放的数字。

②情境塑造,一个高团队凝聚力、表现优异的团队特质是由于团队成员们总是不断地追求进步及突破现状,以达到最好的结果。在下列活动中,队员将有5次的机会持续追求进步,任务很简单,只要用最短的时间和最好的品质,在大圈范围内完成操作,记录成绩将代表团队的整体表现。

③此活动的目标是在最短的时间内,由小到大碰触数字贴。

④团队会有5次尝试机会,在这5次机会内,团队要不断地进步,直到可能的最佳成绩出现为止。

⑤每一次的尝试是从第一位成员踏出起始线的那一刻开始计时,到最后一个成员返回为止。

⑥每一次按照顺序碰触数字点时,都只能有一个人在范围内,如果有任何的犯

规情况，团队的时间会自动加上10秒，以作为处罚。

⑦在每一回合结束后，告诉团队他们所花费的时间，并且给他们时间讨论修正计划。

⑧所有的讨论都只能在起始线的后面进行，而所有的数字点和界限皆不可被移动。

注意事项：

①因为此活动过程中会有跑步的动作，故必须注意地上如果潮湿或很滑就不适宜操作此活动，同时也要提醒团队成员注意跑步时的安全。

②引导者要注意团队犯规的情形，因为在活动中团队不会去注意他们的犯规行为，而要求团队做到完全诚实也是很大的挑战。

③团队总会想知道曾经最好的成绩，这时候引导者不要用其他团队的成绩来刺激团队的表现，应该鼓励他们找出自己最好的方法和以团队自己的成绩为努力的方向。

活动变化：

①放置两个重复号码，只要还是30个号码即可。这是一个有趣的方法，让团队处理无预期的状况。

②可将数字点改换成英文字母（从a到z）。

引导讨论：

①为了发展有效的计划，团队是如何讨论和沟通的？

②在这5个回合期间，团队的计划有改变吗？问题或改进的方式是否明确且完善地在团队里做好沟通，以达成共识改善问题呢？

③团队如何做才能持续改善队员们的表现？为了达到最好的团队表现，队员们解决了什么问题？是如何解决的？

④团队是如何组织和使用人员配置的？每个人的贡献都是一样的吗？每个人对团队的表现都有帮助吗？

⑤哪个最重要的因素影响团队的整体表现？

团队：马云和他的"十八罗汉"

众所周知，马云的创业团队有一个大名鼎鼎的名字："十八罗汉"。"十八罗汉"组建于1999年，距2019年已整整20年。当时，马云经过深入的思考，下定决心在杭州开始创业。在团队成员大会上，马云侃侃而谈，谈梦想，谈方向，谈计划，谈发展，当时被马云拉来的17个朋友听得热血沸腾，纷纷表示愿意跟着马云一起干。

就这样，包括马云在内的 18 个人共筹资了 50 万元，注册成立阿里巴巴公司。从此，大家同舟共济，不分昼夜地工作了起来。这 18 个人，各有所长，有的懂技术，有的懂市场，有的懂战略，他们的合作就好比是"少林寺十八罗汉阵"，配合无间，因此被称为"十八罗汉"。

2000 年左右，互联网行业进入寒冬时期，马云和他的团队却硬是挺了过来，"十八罗汉"在一起抱团取暖，共同迎来了阿里巴巴最温暖的春天。马云在谈起"十八罗汉"团队时就曾说过："阿里巴巴可以没有马云，但不能没有这个团队。"

 活动与训练

齐 眉 棍

活动名称：齐眉棍（如图 12-15 所示）。

活动人数：8~16 人

活动器材：一根轻质竹竿（或轻质直棍）

活动场地：室内或室外场地皆可

活动时间：20 分钟

活动说明：

①让所有的团队成员面对面站成两排，请每位成员伸出右手的食指，置于胸前并指向对方。

②引导者将齐眉棍放在两排团队成员的食指上，使每位团队成员的食指都能托住齐眉棍。

③向团队说明，此活动的目标是要整个团队一起同心协力将齐眉棍放在到地上。

④活动的规则就是只能用食指撑住齐眉棍，不能用手指压它或勾它，如果在活动过程中，有任何一位成员的食指离开齐眉棍，则活动必须重新开始。

图 12-15 齐眉棍

⑤若团队一直重新开始，引导者可以暂停活动，给团队一些时间讨论计划。

注意事项：

当引导者看到某成员食指离开齐眉棍，而要求团队重新开始时，不需要明确地指出是哪位成员，只要告诉团队有人食指离开，必须重来即可。

引导讨论：

①在整个活动过程中，发生了什么事？你们听到了什么声音？

②一开始听到这个任务与真正去执行后，你们的感觉有何变化？

③你们如何沟通讨论出最好的计划？

④你们觉得在这个活动中最需要发挥团队的什么优点？

⑤你们觉得一个人的努力是足够的吗？为什么？

⑥你们认为这个齐眉棍像是生活中的什么东西吗？

探索与思考

1. 简述拓展训练的起源及其发展概况。
2. 组织并策划一次为期一天的拓展训练方案。

参 考 资 料

[1] AUBERT S, BARNE S, ABDET A, et al. Global matrix 3.0 physical activity report card grades for children and youth: results and analysis from 49 countries [J]. Journal of Physical Activity & Health, 2018.

[2] STUBBS B, VANCAMPFORT D, HALLGREN M. et al. EPA guidance on physical activity as a treatment for severe mental illness: a meta-review of the evidence and Position Statement from the European Psychiatric Association (EPA), supported by the International Organization of Physical Therapists in Mental Health (IOPTMH) [J]. European Psychiatry, 2018, 54 (10): 124-144.

[3] DE GREEFF J W, BOSKER R J, OOSTERLAAN J, et al. Effects of physical activity on executive functions, attention and academic performance in preadolescent children: a meta-analysis [J]. Journal of Science and Medicine in Sport, 2017.

[4] 胡冰倩, 王竹影. 体育锻炼与心理健康的研究综述 [J]. 中国学校体育（高等教育）, 2017, 4 (6): 87-92.

[5] 高立庆. 高职高专体育与健康教程 [M]. 北京: 北京理工大学出版社, 2013.

[6] 肖薇. 大学体育 [M]. 北京: 北京理工大学出版社, 2011.

[7] 陈振辉, 赵双云. 新编高职体育与健康 [M]. 北京: 北京理工大学出版社, 2016.

[8] 杨忠伟. 体育运动与健康促进 [M]. 高等教育出版社, 2004.

[9] 杨铁黎, 贾书申, 刘昕. 体育与健康 [M]. 北京: 外语教学与研究出版社, 2016.

[9] 华奥星空. 从竞技到全民, 健身操舞大赛焕发无穷生命力 [EB/OL]. (2015-09-18) [2019-09-23]. http://gymnastics.sport.org.cn/cbba/aerobics_dance/2017-09-26/524825.html.

[10] BROMAN-FULKS J J, BERMAN M E, RABIAN B, et al, Effects of aerobic exercise on anxiety sensitivity [J]. Behaviour Research and Therapy, 2004, 42 (2): 125-136.

[11] 田金华. 体育运动与健康促进. 中国体育科技, 2003 (1): 38-40.

[12] BLAIR S N. Physical inactivity: the biggest public health problem of the 21st century [J]. British Journal of Sports Medicine, 2009, 43 (1): 1-2.

[13] WHO: Global recommendations on physical activity for health [C]. World Health Organization, Geneva, 2010.

[14] 孙志伟. 基于健康促进理论下大学生体育运动行为影响因素的调查研究 [D]. 上海: 华东师范大学, 2010.

[15] 短道速滑的缘起和发展. [EB/OL]. (2004-06-04) [2019-09-25]. http://skating.sport.org.cn/stss/knowledge/2004-06-04/42117.html.

[16] 速度滑冰的缘起和发展. [EB/OL]. (2004-06-04) [2019-09-25]. http://skating.sport.org.cn/sk/knowledge/2004-06-04/42398.html.

[17] 单人基本技术之基本滑行动作. [EB/OL]. (2004-06-03) [2019-09-28]. http://skating.sport.org.cn/fs/knowledge/2004-06-03/42191.html.

[18] 国家体育总局职业技能鉴定指导中心. 社会体育指导员国家职业资格培训教材: 滑雪 [M]. 北京: 高等教育出版社, 2011.

[19] 张鳃, 张西平. 社会体育指导员素质结构及培养课程体系浅析 [J]. 西安体育学院学报, 2002 (4).

[20] 单兆鉴. 滑雪运动指南 [M]. 北京: 人民体育出版社, 2004.

[21] 全国体育院校教材委员会. 冰雪运动 [M]. 北京: 人民体育出版社, 2001.

后　　记

在作者、编辑和教材专家的辛勤努力下，"高等职业教育公共基础课创新系列教材"中的《体育与健康》（第2版）（以下简称"本教材"）一书终于得以面世。

本教材由北京大学赫忠慧、天津职业技术师范大学张凯担任主编，王琦（北京工业职业技术学院）、胡德刚（北京建筑大学）、梁凤波（北京交通大学）、李影（安徽审计职业学院）、田治国（漳州卫生职业学院）担任副主编。

参加本教材编写的有关人员分工如下：赫忠慧（北京大学，拟定了全书编写提纲，编写了模块一、二、三、五、六）、张凯（天津职业技术师范大学，编写了模块四、制作了全书电子课件）、李影（安徽审计职业学院，编写了模块五）、田治国（漳州卫生职业学院，编写了模块五）、张晓鸿（漳州卫生职业学院，编写了模块六）、肖美财（泉州纺织服装职业学院，编写了模块六）、杜晓红（北京师范大学体育与运动学院，编写了模块七）、梁凤波（北京交通大学，编写了模块七）、王琦（北京工业职业技术学院，编写了模块八）、陈永发（北京交通大学，编写了模块八）、邹爱华（北京信息科技大学，编写了模块八）、胡德刚（北京建筑大学，编写了模块九）、韩立娟（北京大学，编写了模块九）、花琳（北京大学，编写了模块十）、郭美娟（北京工业大学，编写了模块十）、邢衍安（北京大学，编写了模块十一）、车磊（北京大学，编写了模块十一）、李贵森（北京大学，编写了模块十二）、勇刚（北京信息科技大学，编写了模块十二）。《中国培训》杂志编辑部苗银凤负责本教材的统稿工作。在本次修订工作中，芦荻、彭佳乐、杨钰莹等亦对教材的进一步完善做出了贡献，他们作为本书的作者，所做的工作包括：提出修改建议、重新编写了部分案例、验证了课后活动等。

本教材的编写得到了教育部职业技术教育中心研究所王文槿教授、天津职业技术师范大学张元教授的悉心指导，北京理工大学出版社的编辑们也为本书的出版做了大量的工作，在此一并感谢。

编　者

2024年4月